EMILY ESFAHANI SMITH

Die vier Säulen eines erfüllten Lebens

GOLDMANN
Lesen erleben

EMILY ESFAHANI SMITH

DIE VIER SÄULEN EINES ERFÜLLTEN LEBENS

Was wirklich zählt

Aus dem Amerikanischen
von Annika Tschöpe

GOLDMANN

Die amerikanische Originalausgabe erschien 2017 unter dem Titel »The Power of Meaning« bei Crown, New York.

Dieses Buch ist bereits 2018 unter dem Titel »Glück allein macht keinen Sinn« im Mosaik Verlag erschienen.

Dieses Buch ist auch als E-Book erhältlich.

1. Auflage
Vollständige Taschenbuchausgabe März 2020

Umschlag: Uno Werbeagentur, München
Umschlagmotiv: FinePic®, München
Redaktion: Nadine Lipp
Satz: Buch-Werkstatt GmbH, Bad Aibling
Druck und Bindung: Druck und Bindung: CPI books GmbH, Leck
Printed in the Czech Republic
KW · CB
ISBN 978-3-442-17841-4

Besuchen Sie den Goldmann Verlag im Netz

Für meine Eltern Tim und Fataneh
und meinen Bruder Tristan, liebevoll T-Bear genannt:
dustetun daram

Inhalt

Was war der Sinn des Lebens? Das war alles – eine schlichte Frage; eine, die sich mit den Jahren immer stärker aufdrängte. Die große Offenbarung war nie gekommen. Die große Offenbarung kam vielleicht nie. Stattdessen gab es kleine tägliche Wunder, Erleuchtungen, Zündhölzer, die unerwartet im Dunkeln angerissen wurden; hier war so eins.

VIRGINIA WOOLF

Vorwort

Seit Anbeginn der Menschheit stellt man sich die Frage, was das Leben lebenswert macht. Das erste große Werk der Literatur, das 4000 Jahre alte *Gilgamesch-Epos*[1], berichtet von einem Helden, der herausfinden will, wie er leben soll, obwohl er weiß, dass er sterben muss. Und auch viele Jahrhunderte nach der ersten Erzählung von Gilgamesch wird die Antwort noch immer dringend gesucht. Die Entstehung der Philosophie, der Religion, der Naturwissenschaften, der Literatur und auch der Kunst lässt sich – zumindest zum Teil – auf zwei Fragen zurückführen: »Welchen Sinn hat unsere Existenz?« und »Wie kann ich ein erfülltes Leben führen?«.

Die erste Frage befasst sich mit großen Themen.[2] Wie ist das Universum entstanden? Welchen Sinn und Zweck hat das Leben? Gibt es ein transzendentes Etwas – ein göttliches Wesen oder einen heiligen Geist –, das unserem Leben Bedeutung verleiht?

In der zweiten Frage geht es darum, in diesem Leben einen Sinn zu erkennen. Nach welchen Werten sollte ich mich richten? Welche Projekte, Beziehungen und Aktivitäten werden mir Erfüllung bringen? Welchen Weg soll ich einschlagen?

In der Vergangenheit lieferten religiöse und spirituelle Vorstellungen die Antwort auf diese Fragen. In den meisten Traditionen liegt der Sinn des Lebens in Gott oder einer ultimativen Realität, mit der sich der Suchende vereinen möchte. Ein moralischer Kodex, den es zu befolgen gilt, und Rituale wie

Meditation, Fasten und Mildtätigkeit bringen den Suchenden näher zu Gott oder zur ultimativen Realität und verleihen dem täglichen Leben einen Sinn.

Natürlich ist die Religion nach wie vor für Milliarden von Menschen von großer Bedeutung. Doch in den Industrieländern ist sie längst nicht mehr so dominant wie früher.[3] Zwar glauben weiterhin die meisten Menschen an Gott, und viele bezeichnen sich als religiös, doch immer weniger Menschen gehen in die Kirche, beten regelmäßig, gehören einer Gemeinde an oder betrachten die Religion als wichtigen Teil ihres Alltags.[4] War die Religion einst der vorgeschriebene Weg zum Sinn des Lebens, so ist sie heute ein Weg unter vielen. Diese kulturelle Veränderung hat viele Menschen haltlos gemacht.[5] Für Millionen, ob gläubig oder nicht, ist die Suche nach einem Sinn hier auf der Erde ungeheuer wichtig geworden – doch das Ziel ist ferner denn je.

Und dennoch gibt es Menschen, die für sich persönlich einen Sinn im Leben gefunden haben. Im Laufe dieses Buches werde ich Ihnen einige bemerkenswerte Persönlichkeiten vorstellen: Wir werden eine Gruppe Mittelalterfans kennenlernen, die in ihrer ganz speziellen Gemeinschaft Erfüllung finden. Wir erfahren von einer Zooleiterin, was ihrem Leben Bedeutung verleiht. Uns wird berichtet, wie ein Querschnittsgelähmter durch ein traumatisches Erlebnis seine Identität neu definierte. Und wir folgen sogar einem ehemaligen Astronauten ins Weltall, wo er seine wahre Berufung fand.

Manche der Geschichten sind ganz alltäglich, andere außergewöhnlich. Doch während ich diese Suchenden auf ihrer Reise begleitete, stellte ich fest, dass ihre Leben bestimmte Gemeinsamkeiten aufwiesen, die eine Vermutung nahelegen, welche die Wissenschaft mittlerweile bestätigt: Die Welt ist voll von Sinnquellen, und wenn wir diese Quellen anzapfen, können wir nicht nur selbst ein erfüllteres, zufriedenstellendes Leben führen, sondern auch anderen dabei helfen. Dieses Buch wird solche Quellen des Sinns aufzeigen und erklären, wie wir sie uns zunutze machen können, um unserem Leben mehr Tiefgang zu verleihen. Dabei werden wir erfahren, welche Vorteile ein sinnerfülltes Leben mit sich bringt – für uns selbst, für unsere Schulen, Arbeitsplätze und die Gesellschaft insgesamt.

Einleitung

Die Suche nach dem Sinn

Als Teenager führte mich die Suche nach dem Sinn zur Philosophie. Die Frage, wie man ein sinnerfülltes Leben führt, war einst die zentrale Antriebskraft dieser Disziplin, in der Denker von Aristoteles bis Nietzsche ihre eigenen Vorstellungen von einem guten Leben darlegten. Am College musste ich jedoch bald erfahren, dass die akademische Philosophie dieses Thema weitestgehend ad acta gelegt hatte.[1] Stattdessen befasste man sich mit esoterischen oder technischen Fragen wie der Natur des Bewusstseins oder der Computerphilosophie.

Allgemein zeigte man auf dem Campus nur wenig Interesse für die Fragen, die mich überhaupt zur Philosophie geführt hatten. Viele meiner Kommilitonen strebten in erster Linie nach beruflichem Erfolg. Von klein auf hatten sie erbittert um Auszeichnungen gekämpft, mit denen sie sich einen Platz an einem angesehenen College sichern konnten, der wiederum ein Studium an einer Eliteuniversität oder einen Job an der Wall Street versprach. Auch bei ihren Kursen und Aktivitäten an der Uni hatten sie stets im Hinterkopf, welche Ziele sich damit erreichen ließen. Zudem spezialisierten sich diese blitzgescheiten Köpfe zumeist auf einen bestimmten Bereich ihrer jeweiligen Studienfächer, sodass sie mit dem Abschluss bereits erstaunliche Fachkenntnisse vorweisen konnten. Ich lernte Leute kennen, die mühelos erläuterten, wie sich die öffentliche Gesundheitsversorgung in der Dritten Welt verbessern ließe, wie man mit statistischen Modellen Wahlergebnisse vorhersagt und wie man einen literarischen Text »zerlegt«. Allerdings hatten sie so gut wie keine Ahnung davon, was dem Leben einen Sinn verleiht oder welches größere Ziel es neben einer Menge Geld oder einem prestigeträchtigen Job noch geben könnte. Abgesehen von gelegentlichen Gesprächen im Freundeskreis gab es an der Uni kein Forum, in dem man solche Fragen erörtern oder sich damit auseinandersetzen konnte.

In den letzten Jahren ist jedoch eine interessante Entwicklung eingetreten. An unseren Universitäten befasst man sich wieder mit dem Sinn des Lebens[2]: Seit geraumer Zeit beschäftigt sich eine Gruppe Sozialwissenschaftler mit der Frage, was ein gutes Leben ausmacht.

Viele von ihnen sind in der sogenannten Positiven Psychologie[3] tätig – einer Disziplin, die wie die Sozialwissenschaften aus der Forschungsuniversität hervorgegangen ist und sich auf empirische Studien stützt, jedoch auch auf die umfassende Tradition der Humanwissenschaften[4] zurückgreift. Begründer der Positiven Psychologie[5] ist Martin Seligman von der University of Pennsylvania, der nach jahrzehntelanger psychologischer Forschung zu der Überzeugung gelangt war, sein Fachbereich befinde sich in einer Krise. Zwar konnten er und seinesgleichen Depressionen, Hilflosigkeit und Angstzustände kurieren, doch ihm wurde klar, dass ein Mensch nicht zwangsläufig ein gutes Leben führt, wenn man ihn von seinen Leiden befreit. Deshalb forderte Seligman seine Kollegen im Jahr 1998 auf zu ermitteln, was das Leben zu einem erfüllten und lebenswerten macht.

Die Sozialwissenschaft folgte seinem Ruf, doch viele Wissenschaftler gelangten zu einem sehr naheliegenden und offenbar leicht zu messenden Ergebnis: Glück. Manche Forscher befassten sich mit den Vorzügen des Glücklichseins, andere mit den Ursachen.[6] Wiederum andere untersuchten, wie wir erreichen können, im Alltag häufiger glücklich zu sein. Obwohl sich die Positive Psychologie eigentlich ganz allgemein mit einem guten Leben befassen wollte, wurde sie in der Öffentlichkeit schon bald als empirische Glücksforschung wahrgenommen. Gegen Ende der 1980er- und Anfang der 1990er-Jahre wurden jedes Jahr mehrere Hundert Studien zum Thema Glücklichsein veröffentlicht; bis 2014 wurden es über 10000 pro Jahr.[7]

Die Psychologie erlebte eine spannende Veränderung, auf die die Öffentlichkeit bereitwillig ansprang. Alle wichtigen Medien berichteten über die neuen Forschungsergebnisse[8], die schon bald zu Geld gemacht wurden: Unternehmen gründeten Start-ups und programmierten Apps, über die jedermann von den neuen Erkenntnissen profitieren konnte. Eine Flut von Stars, Persönlichkeitstrainern und Motivationsrednern predigte von der Bedeutung des Glücks. Laut *Psychology Today*[9] erschien im Jahr 2000 die überschaubare Anzahl von 50 Büchern zum Thema Glück, 2008 war diese Zahl auf 4000 in die Höhe geschossen. Auch Google-Anfragen lassen erkennen, dass sich das Interesse am Thema Glück seit Mitte der 2000er-Jahre[10] verdreifacht hat. In ihrem Bestseller *The Secret – Das Geheimnis* aus dem Jahr 2006 schreibt die Autorin Rhonda Byrne: »Um alles zu bekommen, was Sie sich vom Leben erhoffen, müssen Sie lediglich glücklich SEIN und sich glücklich FÜHLEN!«[11]

Dieser Glückswahn birgt jedoch ein Problem: Er kann sein Versprechen nicht einlösen. Obwohl die Glücksindustrie weiterhin floriert, sind wir als Gesellschaft insgesamt unzufriedener als je zuvor.[12] Die Sozialwissenschaft hat ein trauriges Paradoxon entdeckt – die Suche nach dem Glück macht unglücklich.[13]

Wer sich mit der humanistischen Tradition auskennt, dürfte davon nicht überrascht sein. Philosophen bezweifeln seit Langem, dass Glück für sich allein einen hohen Wert hat. »Es ist besser, ein unzufriedener Mensch zu sein als ein zufriedenes Schwein; besser ein unzufriedener Sokrates als ein zufriedener Narr[14]«, schrieb der Philosoph John Stuart Mill im 19. Jahrhundert. Dazu ergänzt der Harvard-Philosoph Robert Nozick: »Obgleich es vielleicht das Allerbeste ist, ein zufriedener Sokrates zu sein, der sowohl Glück als auch Tiefgang hat, würden wir zugunsten des Tiefgangs auf etwas Glück verzichten.«[15]

Nozick sah das Glück durchaus skeptisch. Seinen Standpunkt verdeutlichte er mit einem Gedankenexperiment. Man solle sich nur einmal vorstellen, so Nozick, man könne in einem Tank leben, der einen »alles erleben lässt, was man möchte«. Das erinnert an den Film *Matrix:* »Fantastische Neuropsychologen lassen Sie durch Stimulation Ihres Gehirns denken und fühlen, dass Sie einen tollen Roman schreiben, eine neue Freundschaft schließen oder ein interessantes Buch lesen. Dabei würden Sie die ganze Zeit über in einem Tank schweben, während Ihr Gehirn an Elektroden angeschlossen ist.« Dann fragt er weiter: »Würden Sie sich ein Leben lang an diese Maschine anschließen und alle Erfahrungen in Ihrem Leben vorprogrammieren lassen?«

Wäre Glücklichsein wirklich das ultimative Ziel im Leben, würden sich die meisten Menschen für das Glück im Tank entscheiden. Das Leben wäre dort ganz leicht, ohne jegliche Rückschläge, Trauer oder Verluste. Man würde sich immer gut oder auch wichtig fühlen. Ab und an könnte man den Tank verlassen und sich neue Erfahrungen einprogrammieren. Wer sich nicht zu einer Entscheidung durchringen kann oder die Vorstellung von einem Leben im Tank unbehaglich findet, sollte alle Bedenken fallen lassen. Nozick fragt: »Was ist schon das kurze Unbehagen im Vergleich zu einem Leben voller Glückseligkeit (wenn Sie sich dafür entscheiden) und wieso ist Ihnen überhaupt unbehaglich zumute, wenn das doch die beste Entscheidung *ist?*«

Wenn Sie tatsächlich im Tank leben und rund um die Uhr glücklich sind, führen Sie dann ein gutes Leben? Ist das das Leben, das Sie sich für sich selbst oder Ihre Kinder wünschen? Wenn wir – wie die meisten Menschen – Glück für das Allerwichtigste im Leben halten, dann müsste das Leben in einem solchen Tank doch all unsere Wünsche erfüllen.[16]

Theoretisch schon. Und dennoch würden die meisten Menschen ein Leben im Glückstank ablehnen. Wieso nur? Laut Nozick schreckt uns ein solches Leben ab, weil das Glück, das wir dort empfänden, leer und nicht verdient wäre – es wäre nicht echt.[17] Man mag sich im Tank glücklich fühlen, aber man hat keinen echten Grund, glücklich zu sein. Man mag sich gut fühlen, aber das Leben ist nicht wirklich gut. Ein Mensch, der »im Tank schwimmt«, so Nozick, ist »ein undefiniertes Etwas«. Er hat keine Identität und verliert jedes Bewusstsein für einen tieferen Sinn. Darüber hinaus, erläutert Nozick, widmen wir uns vielen Projekten und Zielen nicht etwa deshalb, weil sie uns glücklich machen, sondern weil wir davon überzeugt sind, dass ihnen ein bestimmter Wert innewohnt. »Uns kommt es nicht nur darauf an, welche Gefühle in uns geweckt werden«, so Nozicks Schlussfolgerung, »Glücklichsein ist nicht das Wichtigste im Leben.«

»Glücklichsein ist nicht das Wichtigste im Leben.«

Vor seinem Tod im Jahr 2002 hatte Nozick mit Martin Seligman und anderen an der Definition der Ziele und der Vision der Positiven Psychologie gearbeitet. Da sie schon früh erkannten, dass die auf Glück ausgerichtete Forschung großen Anklang finden und von den Medien dankbar aufgenommen werden würde, wollten sie eine Entwicklung zur »Glücksforschung« gezielt vermeiden. Vielmehr wollten die Forscher wissenschaftlich beleuchten, wie der Mensch ein erfülltes, zufriedenstellendes Leben führen kann. Und mit genau dieser Frage haben sich in den letzten Jahren immer mehr Wissenschaftler befasst. Auf der Suche nach dem, was das Leben lebenswert macht, hat man über das bloße Glück hinausgeschaut und dabei vor allen Dingen festgestellt, dass es einen Unterschied zwischen einem glücklichen und einem erfüllten Leben gibt.[18]

Dieser Unterschied ist in der Philosophie nicht neu – dort kennt man seit Tausenden von Jahren zwei Wege zu einem guten Leben.[19] Der erste ist *hedonia* oder das, was wir in der Tradition von Sigmund Freud gemeinhin als Glück bezeichnen.[20] Die Menschen, so schreibt Freud, »streben nach dem Glück, sie wollen glücklich werden und bleiben« – und dieses

»Lustprinzip«, wie er es nennt, ist es, was für die meisten Menschen »den Lebenszweck setzt«. Für den altgriechischen Philosophen Aristipp, einen Schüler des Sokrates, war das Streben nach *hedonia* der Schlüssel zu einem guten Leben. »Die Kunst zu leben«, schrieb Aristipp, »liegt darin, die an uns vorüberziehenden Freuden zu ergreifen. Die größten Freuden sind nicht die geistigen, und moralisch sind sie auch nicht immer.«[21]

Etliche Jahrzehnte später vertrat Epikur eine ähnliche Auffassung, indem er argumentierte, ein gutes Leben sei im Genuss zu finden – und Genuss war für ihn ein Zustand ohne körperliche und geistige Beeinträchtigungen, wie zum Beispiel Ängste. Im Mittelalter verlor diese Vorstellung an Bedeutung, wurde jedoch durch Jeremy Bentham, den Begründer des Utilitarismus, im 18. Jahrhundert wieder populärer. Für Bentham war das Streben nach Genuss unsere zentrale Antriebskraft. »Die Natur hat die Menschheit unter die Herrschaft zweier souveräner Kräfte gestellt, *Schmerz* und *Freude*«, lautet ein bekanntes Zitat von ihm. »Sie lenken uns in allem, was wir tun, sagen und denken.«[22]

In dieser Tradition definieren viele moderne Psychologen Glück als positiven geistigen und emotionalen Zustand. Zur Beurteilung des Glücksempfindens sollen Testpersonen bei sozialwissenschaftlichen Studien beispielsweise oft angeben[23], wie häufig sie positive Gefühle verspüren wie Stolz, Begeisterung und Achtsamkeit im Vergleich zu negativen wie Angst, Unruhe und Scham. Je größer der Anteil an positiven Gefühlen, desto glücklicher ist die Person.

Dabei sind unsere Gefühle natürlich nicht von Dauer. Zudem sind sie längst nicht alles – das hat das Gedankenexperiment von Nozick gezeigt. Wir mögen vergnügt ein Boulevardblatt lesen, während uns die Betreuung eines kranken Angehörigen belastet – allgemein sind wir uns jedoch einig, dass Letzteres erheblich bedeutsamer ist. Wir fühlen uns bei dieser Tätigkeit zwar nicht unmittelbar gut, doch wenn wir uns davor drückten, würden wir diese Entscheidung später bereuen. Mit anderen Worten: Diese Tätigkeit lohnt sich, weil sie sinnvoll ist.

Sinn ist der andere Weg zu einem guten Leben.

Sinn ist der andere Weg zu einem guten Leben[24] und lässt sich am besten verstehen, wenn wir uns das Konzept der *eudaimonia,* altgriechisch für »Gedeihen des Menschen«, verdeutlichen, das auf den griechischen Philosophen Aristoteles[25] zurückgeht. Da sich *eudaimonia* mit »Glückseligkeit«[26] übersetzen lässt, schreibt man Aristoteles häufig die Auffassung zu, Glückseligkeit sei das höchste Gut und oberste Ziel im Leben. Dabei äußerte sich Aristoteles in Wirklichkeit ziemlich kritisch[27] über Menschen, die nur nach Vergnügen und »dem Genussleben« streben. Er bezeichnete sie als »sklavisch« und »vulgär«, denn er argumentiert, der Wohlfühlweg zu einem guten Leben, den seiner Ansicht nach die »meisten Menschen« einschlagen, sei eher für Tiere geeignet denn für Menschen.

Eudaimonia ist für Aristoteles kein flüchtiges angenehmes Gefühl, sondern vielmehr eine Tätigkeit. Wer ein Leben der *eudaimonia* führt, so Aristoteles, muss seine besten moralischen und intellektuellen Eigenschaften kultivieren und seine Fähigkeiten optimal einsetzen.[28] Ein solches Leben ist aktiv, ein Leben, in dem man seinem Beruf nachgeht und einen Beitrag zur Gesellschaft leistet, sich in die Gemeinschaft einbringt und vor allen Dingen sein Potenzial ausschöpft, statt die eigenen Talente zu verschleudern.

Diese Unterscheidung des Aristoteles haben etliche Psychologen aufgegriffen.[29] Definiert man *hedonia* als »sich gut fühlen«[30], so argumentieren sie, dann bedeutet *eudaimonia* »gut sein und Gutes tun«[31] – beziehungsweise das »Bestreben, die eigenen Fähigkeiten optimal zu nutzen und weiterzuentwickeln«[32], und zwar in einer Weise, die den eigenen »grundlegenden Prinzipien« entspricht. Drei Forscher drücken es so aus: »Je unmittelbarer ein Mensch darauf abzielt, größtmöglichen Genuss zu empfinden und Schmerzen zu vermeiden, desto wahrscheinlicher ist es, dass er stattdessen ein Leben ohne Tiefgang, Sinn und Gemeinschaftsgefühl führt.«[33] Wer jedoch nach einem Sinn strebt, führt letztlich ein erfüllteres – und glücklicheres – Leben.

Natürlich lässt sich das Sinnempfinden kaum im Labor messen. In der Psychologie geht man jedoch davon aus, dass ein Mensch sein Leben dann als sinnvoll beurteilt, wenn drei Bedingungen erfüllt sind: Das Leben ist bedeutungsvoll und lohnend, weil es Teil von etwas Größerem ist; es hat einen Sinn; es gibt eine Bestimmung im Leben.[34] Einige Sozialwissenschaftler vertreten die Auffassung[35], dass Glück und Sinn ein und dasselbe sind, doch Forschungsergebnisse weisen darauf hin, dass ein bedeutungsvolles Leben nicht einfach mit einem glücklichen Leben gleichgesetzt werden kann.[36] Eine Studie aus dem Jahr 2013 zeigte den Unterschied auf: Unter der Leitung von Roy Baumeister von der Florida State University[37] befragte ein Forscherteam fast 400 Amerikaner im Alter zwischen 18 und

78 Jahren, ob sie glücklich seien und ob sie meinten, ihr Leben habe einen Sinn. Die Sozialwissenschaftler werteten die Antworten unter Berücksichtigung von Faktoren wie Stressbelastung, Umgang mit Geld und Familienverhältnisse aus. Dabei stellten sie fest, dass ein sinnvolles und ein glückliches Leben sich zwar in einigen Bereichen überschneiden[38] und zum Teil auch gegenseitig bedingen, jedoch »einige grundsätzlich unterschiedliche Wurzeln« aufweisen.

Baumeister und sein Team fanden heraus, dass das glückliche Leben ein einfaches ist, ein Leben, in dem wir uns die meiste Zeit über gut fühlen und nur wenig Stress oder Sorgen empfinden. Zudem geht es meist mit guter körperlicher Gesundheit und der Möglichkeit einher, alles kaufen zu können, was man braucht und möchte. So weit, so erwartungsgemäß. Überraschend war jedoch, dass das Streben nach Glück selbstsüchtig macht – die betreffenden Menschen waren keine »Geber«, sondern »Nehmer«.

»Glück ohne Sinn«, so schreiben die Forscher, »entspricht einem relativ seichten, egozentrischen oder gar selbstsüchtigen Leben, in dem alles gut läuft, Bedürfnisse und Wünsche rasch befriedigt und schwierige oder anstrengende Verwicklungen vermieden werden.«

In den Ergebnissen der Studie ist der Mensch in einem sinnerfüllten Leben ein »Geber«, und dieses Leben ist von Verbundenheit mit und Engagement für etwas charakterisiert, das über das eigene Ich hinausgeht. Typische Merkmale eines sinnerfüllteren Lebens sind beispielsweise Geschenke für andere, die Betreuung von Kindern oder auch Diskussionen – nach Ansicht der Forscher zeigt dies, dass die Betreffenden bestimmte

Überzeugungen und Ideale haben, für die sie zu kämpfen bereit sind. Das erfordert Engagement für etwas Größeres, sodass ein sinnerfülltes Leben mehr Sorgen, Stress und Ängste mit sich bringt als ein glückliches Leben. Das Leben mit Kindern beispielsweise wird generell als sinnerfüllt empfunden, ist jedoch bekanntermaßen weniger unbeschwert; dies traf auch auf die Eltern in dieser Studie zu.

Sinn und Glück können sich gelegentlich widersprechen.

Mit anderen Worten: Sinn und Glück können sich gelegentlich widersprechen.[39] Die Forschung hat jedoch festgestellt, dass sinnvolle Unterfangen im Laufe der Zeit eine tiefere Form des Wohlbefindens hervorrufen können. So lautete die Schlussfolgerung einer Studie aus dem Jahr 2010, die Veronika Huta von der University of Ottawa und Richard Ryan von der University of Rochester durchführten.[40] Sie ließen eine Gruppe Studenten über einen Zeitraum von zehn Tagen entweder nach Sinn oder nach Glück streben; dazu sollten sie täglich mindestens eine Sache tun, die *eudaimonia* oder *hedonia* förderte. Nach jedem Tag berichteten die Studienteilnehmer den Forschern, was sie getan hatten. Häufige Antworten der Sinn-Gruppe lauteten, sie hätten einem Freund verziehen, für das Studium gelernt, über die eigenen Wertvorstellungen nachgedacht oder einen anderen Menschen unterstützt oder getröstet. Die Studenten in der Glück-Gruppe dagegen hatten lange ausgeschlafen, Spiele gespielt, eingekauft oder Süßigkeiten gegessen.

Nach Abschluss der Studie sollten die Teilnehmer beschreiben, wie sich das Erlebte auf ihr Befinden ausgewirkt hatte. Dabei stellten die Forscher fest, dass die Studenten in der Glück-Gruppe unmittelbar nach der Studie mehr positive und weniger negative Gefühle erlebt hatten. Drei Monate später war das Stimmungshoch jedoch verflogen. Die zweite Studentengruppe – diejenigen, die sich auf den Sinn konzentriert hatten – war zwar direkt nach dem Experiment nicht so glücklich gewesen, hatte ihr Leben jedoch als sinnvoller empfunden. Drei Monate später bot sich dagegen ein anderes Bild. Die Studenten, die nach Sinn gestrebt hatten, fühlten sich nach eigener Aussage »erfüllter«, »inspiriert« und »als Teil von etwas Größerem«. Zudem gaben sie an, seltener schlecht gelaunt zu sein. Langfristig hatte die Suche nach Sinn also tatsächlich die psychologische Gesundheit gefördert.

Das hätte den Philosophen John Stuart Mill nicht überrascht.[41] »Glücklich sind nur die«, so schrieb er, »die nach etwas anderem als ihrer eigenen Glückseligkeit streben, nach dem Glück anderer, nach der Verbesserung der Menschheit oder auch nach einer Kunst oder einer Beschäftigung, die nicht als Mittel zum Zweck, sondern als Ideal gilt. Wer so auf etwas anderes abzielt, findet beiläufig zum Glück.«

> *»Glücklich sind nur die, die nach etwas anderem als ihrer eigenen Glückseligkeit streben.«*
>
> JOHN STUART MILL

Psychologen wie Baumeister und Huta gehören einer wachsenden neuen Bewegung an, die dazu beiträgt, dass sich unsere Vorstellung von einem guten Leben grundlegend wandelt.

Ihre Arbeit zeigt, dass die Suche nach einem Sinn weitaus mehr Erfüllung verspricht als das Streben nach persönlichem Glück, und verrät, wie sich dieser Sinn im Leben finden lässt.[42] Mit ihren Studien wollen sie große Fragen beantworten: Muss jeder Mensch für sich selbst einen Sinn finden, oder gibt es bestimmte universelle Sinnquellen, aus denen wir alle schöpfen können? Wieso wird das eigene Leben in bestimmten Kulturen und Gemeinschaften häufiger als sinnvoll empfunden als in anderen? Wie wirkt sich ein sinnerfülltes Leben auf unsere Gesundheit aus? Wie erkennen wir im Angesicht des Todes einen Sinn – beziehungsweise ist das überhaupt möglich?

In dieser Forschung spiegelt sich eine Veränderung, die sich in unserer Kultur allgemein feststellen lässt. Im ganzen Land, ja, auf der ganzen Welt nehmen Lehrende, Wirtschaftsgrößen, Ärzte, Politiker und ganz normale Menschen allmählich Abschied vom Evangelium des Glücks und wenden sich der Suche nach einem Sinn zu. Mit solchen Menschen nahm ich Kontakt auf, als ich mich eingehender mit der psychologischen Forschung befasste.

Meine Gespräche mit Forschern und die Geschichten von Menschen, die Sinn suchten und fanden, erinnerten mich immer wieder an die Sufis, die mich überhaupt erst in diese Richtung gelenkt hatten.

Jeden Donnerstag und Sonntag kam abends eine Gruppe Suchender in einem großen Raum meines Elternhauses mitten in Montreal zusammen, das als Sufi-Versammlungsstätte diente. Sufismus ist die mystische Strömung des Islam, und meine Familie gehörte dem Sufi-Orden Nimatullahi an, der im 14. Jahrhundert in Iran entstand und heutzutage auf der ganzen Welt Versammlungsstätten betreibt. Zweimal pro Woche saßen die Darwische[43] – die Ordensmitglieder – auf dem Boden und meditierten mehrere Stunden lang. Mit geschlossenen Augen, das Kinn auf die Brust gesenkt, wiederholten sie bei traditioneller iranischer Sufi-Musik stumm einen Namen oder eine Eigenschaft Gottes.

Als Kind fand ich das Leben im Sufi-Versammlungshaus bezaubernd. Unsere Wände zierten Plastiken mit arabischen Schriftzeichen, die mein Vater aus Holz schnitzte. Ständig wurde Tee aufgebrüht, sodass stets der Duft von Bergamotte in der Luft lag. Nach der Meditation tranken die Sufis den Tee, den meine Mutter mit Datteln oder iranischen Süßigkeiten aus Rosenwasser, Safran, Kardamom und Honig anbot. Manchmal übernahm auch ich das Servieren und kniete dann mit dem Tablett voller Gläser, Untertassen und Würfelzucker vorsichtig vor jedem Darwisch nieder.

Die Darwische tauchten gerne einen Zuckerwürfel in den Tee, steckten ihn dann in den Mund und sogen das heiße Getränk durch das Zuckerstückchen. Sie sangen oft Gedichte der Sufi-Weisen und Heiligen aus dem Mittelalter, zum Beispiel von Rumi[44]: »Seit man mich aus der Heimat Röhricht schnitt, weint alle Welt bei meinen Tönen mit«, oder von Attar[45]: »Da die Liebe in deiner Seele gesprochen hat«, schreibt er über den Suchenden, »lass das Selbst fahren, diesen Strudel, der unser Leben vernichtet.« Auch saßen sie gerne schweigend beieinander, genossen die Gemeinschaft und waren in stiller Andacht bei Gott.

Den Darwischen galt der Sufismus als »Pfad der Liebe«.[46] Wer diesen Pfad einschlug, war auf dem Weg zu Gott, dem Geliebten, der verlangt, das Selbst aufzugeben und ständig und ohne Unterlass an Gott zu denken und ihn zu lieben. Gott zu lieben und zu ehren bedeutete für die Sufis, die gesamte Schöpfung und alle Menschen, die Teil dieser Schöpfung sind, zu lieben und zu ehren. *Mohabbat* oder Barmherzigkeit ist ein zentrales Element ihres Glaubens.

Als wir in unser neues Heim in Montreal einzogen, kamen Sufis aus ganz Nordamerika für mehrere Tage, um meinen Eltern dabei zu helfen, das Stadthaus, das früher eine Rechtsanwaltskanzlei beherbergt hatte, für die regelmäßigen Meditationstreffen *majlis* umzubauen. Einmal klopfte ein Obdachloser, der auf etwas zu essen und ein Nachtlager hoffte, an unsere Tür und wurde freundlich hereingebeten. Und als mein Vater den Schal eines anderen Darwischs bewunderte, schenkte der Darwisch meinem Vater diesen Schal nur zu gerne. (Danach äußerte man sich in meiner Familie nur noch äußerst vorsichtig über das Eigentum anderer Menschen!)

Zu besonderen Anlässen, zum Beispiel, wenn ein Scheich zu Besuch war oder ein neuer Darwisch in den Orden aufgenommen wurde, übernachteten Sufis aus Kanada und den USA mehrere Tage lang im Versammlungshaus; sie schliefen auf dünnen Matten im Meditationsraum oder in der Bibliothek – im Grunde überall, wo ein freies Fleckchen zu finden war. Nachts war lautes Schnarchen zu hören, tagsüber hieß es vor dem Badezimmer Schlange stehen, doch das schien niemanden zu stören. Die Darwische waren voller Freude und Wärme. An solchen Wochenenden wurde viele Stunden meditiert, doch man spielte auch traditionelle Sufi-Musik auf persischen Instrumenten wie der *daf*, einer Rahmentrommel, oder dem Saiteninstrument *tar* und sang dazu Sufi-Lyrik. Ich saß dann auf dem abgewetzten Perserteppich und lauschte, tauchte genau wie die Darwische Zuckerwürfel in meinen Tee – und versuchte, genauso zu meditieren wie sie.

Das Leben der Sufis war zudem von förmlichen Ritualen bestimmt. Die Darwische begrüßten einander mit den Worten *ya haqq*, »die Wahrheit«, und einem speziellen Handschlag, bei dem man die Hände herzförmig zusammenlegte und dieses Herz dann küsste. Beim Betreten oder Verlassen des Meditationsraums »küssten« sie den Boden, indem sie ihn mit den Fingern berührten und diese dann an die Lippen führten. Wenn meine Mutter gemeinsam mit anderen Sufis iranische Speisen zubereitete, aßen die Darwische auf dem Boden, rund um ein darauf ausgebreitetes Tischtuch. Ich half dabei, die Plätze vorzubereiten, und wartete dann mit meinen Eltern, bis sich die anderen Darwische hingesetzt hatten, bevor wir uns selbst niederließen. Die Sufis aßen schweigend. In der Regel sprach niemand, bevor der Scheich das Wort ergriff – und es galt, dass jeder seine Mahlzeit vor dem Scheich beendet haben sollte, damit er nicht warten musste. (Allerdings aß der Scheich oft bewusst langsam, um die Nachzügler nicht in Bedrängnis zu bringen.) Diese demütigen Rituale waren den Sufis sehr wichtig und halfen ihnen, das Selbst zu überwinden, das nach der Sufi-Lehre der Liebe im Weg steht.

Diese Lebensweise gefiel den Darwischen, von denen viele aus Iran und anderen unfreien Gesellschaften nach Kanada oder in die Vereinigten Staaten gezogen waren. Für manche Muslime sind Sufis mystische Ketzer, im Nahen Osten werden sie verfolgt. Doch obwohl viele der Sufis, die ich kannte, ein schweres Schicksal hinter sich hatten, blickten sie stets nach vorn. Ihre streng spirituelle Lebensweise, bei der Selbstaufgabe, Dienstfertigkeit und Mitgefühl wichtiger waren als persönlicher Gewinn, Bequemlichkeit und Vergnügen, gab ihnen Zuversicht – sie sorgte dafür, dass sie ihr Leben als sinnvoll empfanden.

Diese Menschen, für die der Sinn an höchster Stelle stand, lebten zumeist sehr bescheiden. Nicht allen fiel es leicht, ein sinnerfülltes Leben zu führen, und dennoch bestand ihr Hauptziel darin, die Welt für andere besser zu machen. Ein großer Sufi hat einmal gesagt: Selbst wenn ein Darwisch nur den ersten Schritt auf dem Weg zur Barmherzigkeit tut und dann nicht weitergeht, hat er sich für andere aufgeopfert und damit etwas für die Menschheit getan. Und das gilt auch für jeden, dem es wichtig ist, ein sinnvolles Leben zu führen. Diese Menschen verändern die Welt im Großen und im Kleinen, indem sie hehre Ziele und Ideale verfolgen.

Diese Menschen verändern die Welt im Großen und im Kleinen, indem sie hehre Ziele und Ideale verfolgen.

Genau wie neue wissenschaftliche Erkenntnisse uns zurück zu den alten Weisheiten der Geisteswissenschaften geführt haben, hat die Arbeit an diesem Buch bestätigt, was ich schon als Kind im Sufi-Haus wusste. Nach außen hin waren die Darwische ganz normale Rechtsanwälte, Bauarbeiter, Techniker und Eltern, doch ihre innere Einstellung verlieh allem, was sie taten, eine tiefere Bedeutung – ob sie nach einem Festmahl beim Aufräumen halfen oder die Gedichte von Rumi und Attar sangen und deren Weisheiten befolgten. Für die Darwische kam es nicht infrage, nach persönlichem Glück zu streben. Sie waren stets bemüht, sich für andere einzusetzen, damit andere sich glücklicher und besser fühlten, und eine Verbindung zu etwas Größerem herzustellen. Sie gestalteten Existenzen, die Bedeutung hatten. Damit bleibt für uns andere nur eine Frage offen: Wie kann uns das ebenfalls gelingen?

1.

Die Sinnkrise

An einem Herbsttag im Jahr 1930 fegte der Historiker und Philosoph Will Durant im Hof seines Hauses in Lake Hill, New York, gerade Laub, als ein gut gekleideter Mann auf ihn zukam.[1] Der Mann verkündete Durant, er werde sich das Leben nehmen, es sei denn, der bekannte Philosoph könne ihm »einen guten Grund« zum Weiterleben nennen.

Entsetzt wollte Durant eine aufmunternde Antwort formulieren – doch ihm fiel nichts Gutes ein: »Ich empfahl ihm, sich einen Job zu suchen, doch er hatte schon einen; er solle sich ein schönes Essen gönnen, doch er hatte keinen Hunger. Er ging wieder, ohne dass ihn meine Argumente überzeugen konnten.«

Durant, ein Schriftsteller und Intellektueller, der 1981 im Alter von 96 Jahren verstarb, ist besonders für seine Bücher bekannt, die der breiten Öffentlichkeit philosophische und historische Themen vermitteln. Das 1926 veröffentlichte Werk *Die großen Denker* wurde ein Bestseller, und seine mehrbändige *Kulturgeschichte der Menschheit,* die er über einen Zeitraum von 40 Jahren gemeinsam mit seiner Frau Ariel Durant verfasste, wurde für den Band *Rousseau und die Französische Revolution* mit dem Pulitzer-Preis ausgezeichnet. Durant war äußerst vielseitig interessiert und schrieb über Literatur, Religion und Politik. 1977 erhielt er die Presidential Medal of Freedom, eine der höchsten Auszeichnungen, die die US-Regierung an Zivilisten vergibt.

Durant wurde katholisch erzogen, besuchte eine jesuitische Akademie und wollte eigentlich Priester werden. Als Student jedoch entwickelte er sich zum Atheisten, nachdem er die Werke von Charles Darwin und Herbert Spencer gelesen hatte und deren Ideen seine »ererbte Theologie« zum »Schmelzen« brachten. Nach dem Verlust seiner religiösen Überzeugung grübelte er viele Jahre lang über die Frage nach einem Sinn nach, fand jedoch nie eine befriedigende Antwort. Als Agnostiker und empirisch ausgerichteter Philosoph musste Durant schließlich einräumen, dass er sich nicht erklären konnte, weshalb Menschen selbst dann weiterleben, wenn sie vollkommen verzweifelt sind. Der große Gelehrte seiner Zeit hatte keine überzeugende Antwort für den Lebensmüden, der ihn 1930 aufsuchte – im Jahr nach dem Börsencrash, der die Große Depression verursacht hatte.

Weshalb leben Menschen selbst dann weiter, wenn sie vollkommen verzweifelt sind?

Deshalb beschloss Durant, an die größten Koryphäen aus Literatur, Philosophie und Wissenschaft zu schreiben, von Mohandas Gandhi und Mary E. Woolley über H. L. Mencken bis zu Edwin Arlington Robinson, und sie zu fragen, wie sie in diesen unruhigen Zeiten im Leben Sinn und Erfüllung fanden. »Dürfte ich Sie bitten, Ihre Arbeit einen Augenblick lang zu unterbrechen«, so beginnt Durant seinen Brief, »und sich auf ein philosophisches Spiel einzulassen? Ich befasse mich gerade mit einer Frage, die sich unsere Generation offenbar allzu gerne stellt – vielleicht bereitwilliger als jede vor ihr – und doch nicht beantworten kann: Welchen Sinn oder Wert hat das menschliche Leben?« Die Antworten trug er in dem Buch *On the Meaning of Life* zusammen, das 1932 erschien.

Durant untersucht, weshalb so viele seiner Zeitgenossen das Gefühl hatten, in einem existenziellen Vakuum zu leben. Schließlich hatte die Menschheit seit Jahrtausenden an die Existenz eines transzendenten, übernatürlichen Reichs geglaubt, das von Göttern und Geistern bevölkert wird und jenseits der wahrnehmbaren Welt der täglichen Erfahrung liegt. Menschen nahmen regelmäßig dieses spirituelle Reich, das der Alltagswelt einen Sinn verlieh, wahr. Die moderne Philosophie und Naturwissenschaft jedoch, so argumentierte Durant, habe gezeigt, dass der Glaube an eine solche Welt – eine Welt, die man nicht sehen oder anfassen kann – bestenfalls naiv und schlimmstenfalls abergläubisch sei. Damit sei eine weitgehende Entzauberung eingetreten.

In seinem Brief erläutert er, wieso der Verlust dieser traditionellen Sinnquellen so tragisch ist. »Astronomen haben uns erklärt, dass das menschliche Dasein nur einen Bruchteil des Weges währt, den ein Stern zurücklegt«, schreibt Durant, »von Geologen wissen wir, dass die Zivilisation nur ein prekäres Zwischenspiel zwischen zwei Eiszeiten darstellt, die Biologen haben uns gelehrt, dass das Leben immer Krieg ist, ein Existenzkampf unter Individuen, Gruppen, Nationen, Verbündeten und Spezies, Historiker erläutern, dass ›Fortschritt‹ nur eine Illusion ist, die unweigerlich zum Niedergang führt, während die Psychologen uns vermitteln, dass Wille und Ich hilflose Werkzeuge der Vererbung und Umwelt sind und die einst so unbestechliche Seele nur ein flüchtiges Flackern des Gehirns.« Derweil seien Philosophen, die meist durch logische Schlussfolgerungen zur Wahrheit gelangen, zu der Erkenntnis gekommen, das Leben sei ohne Bedeutung: »In dieser totalen Perspektive der Philosophie ist das Leben ein krampfhaftes Sprießen menschlicher Insekten auf der Erde, ein Ekzem des Planeten, das vielleicht bald schon geheilt sein wird.«

In seinem Buch berichtet Durant von einem Polizeibeamten, der einen Selbstmörder daran hindern wollte, von einer Brücke zu springen. Die beiden unterhielten sich eine Weile und stürzten sich schließlich gemeinsam in die Tiefe. »So weit haben uns Naturwissenschaft und Philosophie gebracht«, meint Durant. Von seinen Briefen an die Geistesgrößen erhoffte er sich eine Antwort auf den Nihilismus seiner Zeit – eine Antwort für den niedergeschlagenen Fremden, der ihn sprachlos gemacht hatte. Durant bat um Antwort auf die Frage, was das Leben lebenswert macht – was den Menschen antreibt, inspiriert und mit Energie, Hoffnung und Trost erfüllt.

Hat das Leben einen Sinn?

Durants Fragen sind heute wichtiger als je zuvor. Hoffnungslosigkeit und Unglück sind nicht nur auf dem Vormarsch, sondern haben sich förmlich zu einer Epidemie entwickelt. In den Vereinigten Staaten ist der Anteil der Menschen, die an Depressionen leiden, seit 1960 dramatisch angestiegen[2], und zwischen

1988 und 2008 hat sich der Verbrauch an Antidepressiva um 400 Prozent erhöht.[3] Diese Zahlen lassen sich nicht einfach auf eine bessere medizinische Versorgung zurückführen. Laut Weltgesundheitsorganisation[4] sind die Selbstmordraten seit dem Zweiten Weltkrieg weltweit um 60 Prozent in die Höhe geschossen. Manche Bevölkerungsgruppen sind besonders gefährdet: So hat sich in den Vereinigten Staaten der Anteil der 15- bis 24-Jährigen, die sich das Leben nehmen, in der zweiten Hälfte des 20. Jahrhunderts verdreifacht.[5] 2016 erreichte die Selbstmordrate in der Gesamtbevölkerung den höchsten Wert seit 30 Jahren[6], und bei Erwachsenen mittleren Alters ist sie seit 1999 um über 40 Prozent gestiegen. Jahr für Jahr begehen 40 000 Amerikaner Selbstmord[7], und weltweit liegt diese Zahl bei etwa einer Million[8].

Was ist nur los?

Eine Studie von Shigehiro Oishi von der University of Virginia und Ed Diener vom Gallup-Institut aus dem Jahr 2014 liefert eine Antwort auf diese Frage.[9] Obwohl die Studie die enorme Anzahl von fast 140 000 Teilnehmern aus 132 Ländern der Welt involvierte, war sie ziemlich einfach gehalten. Einige Jahre zuvor hatten Forscher vom Gallup-Institut diese Menschen gefragt, ob sie mit ihrem Leben zufrieden seien und ob sie den Eindruck hätten, ihr Leben diene einem wichtigen Zweck oder habe einen Sinn. Oishi und Diener analysierten die Daten nach Ländern und verglichen das genannte Maß an Glück und Sinn mit Variablen wie Wohlstand, Selbstmordraten und anderen sozialen Faktoren.

Dabei kamen überraschende Erkenntnisse zutage. Menschen in eher wohlhabenden Regionen wie Skandinavien waren nach eigenen Angaben glücklicher als die Bewohner ärmerer Länder, zum Beispiel im südlichen Afrika. In Sachen Sinn bot sich jedoch ein ganz anderes Bild. Besonders schlechte Sinn-Werte gab es in wohlhabenden Teilen der Welt, beispielsweise in Frankreich und Hongkong, während sie in den armen Nationen Togo und Niger außergewöhnlich hoch waren – dabei waren die Einwohner dieser Länder laut der Studie besonders unglücklich. Auch die Ergebnisse zu den Selbstmordraten waren beunruhigend. Wohlhabende Nationen, so stellte sich heraus, wiesen deutlich höhere Selbstmordraten auf als die ärmeren. So nehmen sich beispielsweise in Japan, einem Land mit einem Bruttoinlandsprodukt von 34 000 US-Dollar pro Kopf, mehr als doppelt so viele Menschen das Leben als in Sierra Leone, wo das Bruttoinlandsprodukt bei 400 US-Dollar pro Kopf liegt.[10] Auf den ersten Blick erscheint dies unerklärlich. Menschen in wohlhabenden Ländern sind in der Regel glücklicher, und im Vergleich zu Ländern wie Sierra Leone, das von endemischen Krankheiten, schlimmer Armut und den Folgen eines verheerenden Bürgerkriegs geplagt wird, sind die Lebensumstände dort geradezu paradiesisch. Wieso also sollten sie sich umbringen?

Den seltsamen Zusammenhang zwischen Glück und Suizid haben auch andere Forschungen bestätigt.[11] Glückliche Länder wie Dänemark oder Finnland weisen ebenfalls hohe Selbstmordraten auf. Manche Sozialwissenschaftler meinen, es sei eben besonders belastend, in einem Land unglücklich zu sein, in dem so viele andere glücklich sind – andere wiederum gehen davon aus, das Glücksempfinden sei in diesen Ländern deshalb besonders hoch, weil die Unglücklichsten sich selbst aus der Statistik streichen.

Die Studie von Oishi und Diener legt jedoch eine andere Erklärung nahe. Als sie sich eingehend mit den Zahlen befassten, entdeckten sie einen auffälligen Trend: Glück und Unglück ließen keinen Rückschluss auf die Selbstmordgefahr zu. Dieses Risiko wurde durch die Variable Sinn bestimmt – oder vielmehr durch das Fehlen von Sinn. Die Länder mit der geringsten Sinn-Quote, wie Japan, hatten auch die höchsten Selbstmordraten.

Viele Menschen dort haben mit dem gleichen Problem zu tun, das auch den lebensmüden Mann umtrieb, der vor 80 Jahren von Durant einen Grund fürs Weiterleben hören wollte. Obwohl seine Lebensumstände allgemein gut waren, hielt er das Leben dennoch für nicht lebenswert. Heutzutage gibt es Millionen von Menschen, die diese Auffassung teilen. Vier von zehn Amerikanern haben kein Lebensziel gefunden, das sie zufriedenstellt.[12] Und fast ein Viertel aller Amerikaner – etwa 100 Millionen Menschen – hat nicht den Eindruck, das eigene Leben sei besonders sinnvoll.

Wie können Menschen in modernen Gesellschaften Erfüllung finden?

Die Lösung für dieses Problem kann natürlich nicht darin bestehen, den Lebensstandard in den Vereinigten Staaten demjenigen in Sierra Leone anzupassen. Auch wenn der moderne Fortschritt dem Leben seinen Sinn nehmen kann, hat er zweifellos deutliche Vorteile. Aber wie können Menschen in modernen Gesellschaften Erfüllung finden? Wenn wir die Kluft zwischen einem bedeutungsvollen Leben und einem modernen Leben nicht überwinden können, wird dieser Zwiespalt weiterhin einen hohen Preis fordern. Der Religionswissenschaftler Huston Smith schrieb: »Jeder Mensch fragt sich von Zeit zu Zeit, ob das Leben sich lohnt, und damit fragt er sich im Prinzip, ob es sinnvoll ist, das Leben fortzusetzen, wenn es hart auf hart kommt. Wer zu dem Schluss gelangt, es lohne sich nicht, gibt auf; wenn auch nicht radikal durch Selbstmord, so doch Stück für Stück, indem er täglich kapituliert angesichts der schleichenden Trostlosigkeit der vergehenden Jahre«[13] – mit anderen Worten, indem er der Niedergeschlagenheit, dem Überdruss und der Verzweiflung das Feld überlässt.

Tolstois späte Erkenntnis

So erging es dem berühmten russischen Schriftsteller Leo Tolstoi.[14] In den 1870er-Jahren, als er etwa 50 Jahre alt war, stürzte Tolstoi in eine so schwere existenzielle Depression, dass er ständig den Drang verspürte, sich das Leben zu nehmen. Er war überzeugt davon, sein Leben sei vollkommen bedeutungslos, und diese Vorstellung erfüllte ihn mit Entsetzen.

Nach außen hin mag die Depression des Schriftstellers unverständlich gewirkt haben. Tolstoi, ein Adeliger, hatte alles: Er war vermögend, berühmt, verheiratet und hatte mehrere Kinder, und seine beiden Meisterwerke, *Krieg und Frieden* (1869) sowie *Anna Karenina* (1878) hatten jeweils großen Anklang gefunden. Man schätzte ihn weltweit als einen der größten Schriftsteller seiner Zeit, und Tolstoi konnte sich sicher sein, dass seine Werke bald als Klassiker der Weltliteratur gelten würden.

Die meisten Menschen wären schon mit weitaus weniger

zufrieden. Doch auf dem Gipfel seines Ruhms kam Tolstoi zu dem Schluss, dass diese Errungenschaften nur die Fallstricke eines bedeutungslosen Lebens darstellten – sie bedeuteten ihm also rein gar nichts.

1879 begann der verzweifelte Tolstoi mit der Arbeit an *Meine Beichte*, einem autobiografischen Bericht über seine spirituelle Krise. Zu Beginn von *Meine Beichte* zeichnet er auf, wie er als Student und später als Soldat ein zügelloses Leben führte. »Lüge, Raub, Wollust, Trunksucht, Gewalt, Mord – es gibt kein Verbrechen, das ich nicht begangen hätte«, schreibt er, wohl etwas überspitzt[15], »und für all das wurde ich geehrt und von meinen Zeitgenossen als verhältnismäßig moralisch angesehen.« In dieser Phase seines Lebens begann Tolstoi mit dem Schreiben, nach eigener Aussage motiviert durch »Eitelkeit, Geiz und Stolz« – durch den Wunsch, reich und berühmt zu werden.

Schon bald schloss er sich den literarischen und intellektuellen Kreisen in Russland und Europa an, die quasi eine säkulare Gemeinde bildeten, die dem Fortschrittsgedanken huldigte. Auch Tolstoi teilte diese Überzeugung. Doch dann offenbarten ihm zwei dramatische Erfahrungen, wie oberflächlich der Glaube an die Perfektionierbarkeit von Mensch und Gesellschaft war. Zum einen erlebte er 1857 in Paris, wie ein Mann mit der Guillotine hingerichtet wurde. »Als ich sah, wie der Kopf vom Leib getrennt wurde, und hörte, wie beide Teile in der Kiste aufschlugen«, so schreibt er, »wurde mir klar, nicht mit meinem Intellekt, sondern mit meinem ganzen Selbst, dass eine solche Tat durch keine Theorie der Rationalität des Seins oder des Fortschritts zu rechtfertigen ist.« Das zweite Ereignis war der sinnlose Tod seines Bruders Nikolai, der an der Tuberkulose starb. »Er litt fast ein Jahr lang«, so Tolstoi, »und starb einen qualvollen Tod, ohne überhaupt zu begreifen, weshalb er gelebt hatte, oder gar zu erfassen, weshalb er sterben musste.«

Diese Erlebnisse erschütterten Tolstoi, konnten ihn jedoch nicht aus der Bahn werfen. 1862 heiratete er, und das Familienleben lenkte ihn ebenso von seinen Zweifeln ab wie die Arbeit an *Krieg und Frieden,* mit der er kurz nach seiner Hochzeit begann.

Die Frage, was dem Leben Sinn verleiht, hatte Tolstoi schon immer interessiert, und dieses Thema zieht sich durch sein Werk. Levin, der gemeinhin als Tolstois Alter Ego gilt, hat in *Anna Karenina* mit eben diesem Problem zu kämpfen. Schließlich kommt er zu dem Schluss, dass sein Leben nicht sinnlos ist: »Mein Leben, mein ganzes Leben, wie auch immer es sich äußerlich gestalten mag, jeder Augenblick meines Lebens wird jetzt nicht zwecklos sein wie bisher, sondern zu seinem alleinigen, bestimmten Zweck das Gute haben. Denn das liegt jetzt in meiner Macht: meinem Leben die Richtung auf das Gute zu geben!«

Doch schon bald nach der Vollendung von *Anna Karenina* vertrat Tolstoi eine düsterere Sichtweise. Die Frage nach dem Sinn legte einen Schatten über alles, was er tat. Eine Stimme in seinem Kopf stellte Fragen: Warum? Warum bin ich hier? Welchen Zweck hat all das, was ich tue? Weshalb existiere ich? Und im Laufe der Jahre wurde diese Stimme lauter und hartnäckiger: »Bevor ich mich mit meinem Besitztum in Samara, mit der Erziehung meines Sohnes, mit der Abfassung von Büchern beschäftigte«, schreibt er in *Meine Beichte,* »müsste ich wissen, wozu ich das tue.« An anderer Stelle in *Meine Beichte* formuliert er die Frage mit anderen Worten: »Was wird das Ergebnis sein von dem, was ich heute tue, was ich morgen tun werde – was wird das Ergebnis meines ganzen Lebens sein? ... Wozu lebe ich? Wozu begehre ich? Wozu handle ich? Oder, anders ausgedrückt: Ist in meinem Leben ein Sinn, der nicht zunichte würde durch den unvermeidlichen, meiner harrenden Tod?« Da er das »Warum« seiner Existenz nicht beantworten konnte, kam er zu dem Schluss, sein Leben sei bedeutungslos.

> *»Was hat der Mensch für Gewinn von aller seiner Mühe, die er unter der Sonne hat?«*
> LEO TOLSTOI

»Nun gut«, schreibt er, »du wirst berühmter sein als Gogol, als Puschkin, als Shakespeare, als Molière, als alle Schriftsteller der Welt – nun, und dann!« Tolstoi fühlte sich wie der Prophet im Buch Kohelet: »Es ist alles ganz eitel, sprach der Prediger, es ist alles ganz eitel. Was hat der Mensch für Gewinn von aller seiner Mühe, die er unter der Sonne hat? Ein Geschlecht vergeht, das andere kommt, die Erde aber bleibt ewiglich.« Die einzige Wahrheit, derer wir uns ganz sicher sein können, so meinte Tolstoi, ist, dass das Leben mit dem Tod endet und von Leid und Sorge gekennzeichnet ist. Wir und alles, das uns wichtig ist – unsere Liebsten, unsere Errungenschaften, unsere Identitäten – werden irgendwann vergehen.

Tolstoi hat letztlich einen Weg aus dem Nihilismus gefunden. Er suchte nach Menschen, die mit ihrem Leben im Reinen waren, um zu erfahren, wo sie einen Sinn sahen. Die meisten

Menschen in seinem Umfeld – Aristokraten und die literarische Elite – führten ein oberflächliches Leben und hatten dessen Sinn nicht erkannt, so argumentierte Tolstoi. Deshalb verließ er sein eigenes soziales Umfeld und stellte zu seinem Erstaunen fest, dass viele Millionen ganz normaler Menschen offenbar die Lösung für das Problem kannten, das ihn verzehrte. Diese »einfachen Leute«, wie Tolstoi sie nannte, die ungebildeten Bauern, fanden den Sinn im Glauben – dem Glauben an Gott und an die Lehren des Christentums.

An der Universität war Tolstoi einst vom Glauben abgefallen, doch seine Sinnsuche führte ihn wieder zurück zur Religion. Aus Neugier, weshalb der Glaube den Bauern so unersetzlich war, studierte er verschiedene religiöse und spirituelle Traditionen, darunter auch den Islam und den Buddhismus. Während dieser spirituellen Reisen entwickelte er sich zum praktizierenden Christen. Zunächst wandte er sich der russisch-orthodoxen Kirche zu, der er von Geburt an angehört hatte, löste sich später jedoch von ihr und lebte nach seiner eigenen knappen Version des Christentums, die sich darauf konzentrierte, die Lehren Christi aus der Bergpredigt zu befolgen.

> *»Jede Antwort des Glaubens verleiht dem endlichen Dasein des Menschen den Sinn des Unendlichen.«*
>
> LEO TOLSTOI

Tolstois Definition des Glaubens ist sehr vage: Dieser ist für ihn das vollkommen irrationale »Wissen um den Sinn des menschlichen Lebens«. Er ist jedoch davon überzeugt, der

Glaube verbinde das Individuum mit etwas Größerem oder gar »Unendlichem«, das jenseits des Ichs liegt. »Welche Antworten auch der Glaube geben mag«, so schreibt er, »jede Antwort des Glaubens verleiht dem endlichen Dasein des Menschen den Sinn des Unendlichen – einen Sinn, der nicht durch Leiden, nicht durch Entbehrungen, nicht durch den Tod vernichtet wird.« Auch wenn Tolstoi nicht an die Wunder oder Sakramente der Kirche glaubte, fand er einen Sinn in »einem Leben, wie es von Gott gewollt war«, wie es einer seiner Biografen beschrieb – für Tolstoi bedeutete das, sich wie Christus für andere aufzuopfern, insbesondere für die Armen.

Mit der Fertigstellung von *Meine Beichte* war Tolstois Suche nach einem Sinn noch nicht vorbei; die Sinnfrage bestimmte die letzten Jahrzehnte seines Lebens. Er lebte nun ein einfaches Leben, verzichtete auf Alkohol und Fleisch, legte den Adelstitel »Graf« ab und lernte das Schuhmacherhandwerk, da er handwerkliche Arbeit für besonders tugendhaft hielt. Er verwandte viel Zeit darauf, die Not der Bauern in seiner Gemeinde zu lindern, und versuchte sogar, seinen gesamten Besitz an die Armen zu verschenken (diesen Plan lehnte seine Frau jedoch vehement ab). Zudem vertrat er fortschrittliche Ideen wie die Abschaffung von Privatbesitz, Pazifismus und die Doktrin vom Verzicht auf Widerstand gegen das Böse. Mit diesen Überzeugungen zog Tolstoi eine Gruppe von Schülern an, die seine Lehren wie die eines Gurus befolgten.

Gleichzeitig waren seine letzten Jahre nicht einfach. Sein Versuch, ein sinnerfülltes Dasein zu führen, stellte sein Leben auf den Kopf. Die russische Regierung denunzierte ihn als Radikalen, die russisch-orthodoxe Kirche exkommunizierte ihn, und seine Ehe ging in die Brüche. Von den ständigen Auseinandersetzungen mit seiner Ehefrau zermürbt, sehnte er sich nach einem noch spirituelleren Leben und verließ im Oktober 1910 das gemeinsame Anwesen, um mit dem Zug in den Kaukasus zu fahren. Er hoffte, dort seine letzten Jahre in religiöser Einsamkeit zubringen zu können. Doch dazu sollte es nicht kommen: Während der Reise starb er an einer Lungenentzündung. Seine Ideen und Überzeugungen wirkten jedoch weiter – und nicht nur durch seine Romane. Seine Lehre vom Verzicht auf Widerstand gegen das Böse inspirierte Gandhis politische Tätigkeit in Indien – und diese wiederum trug dazu bei, die Bürgerrechtsbewegung des Martin Luther King Jr. zu entfachen.

Brauchen wir den Glauben an etwas Unendliches?

Tolstoi hat den Sinn des Lebens im Glauben gefunden. Viele Menschen jedoch glauben nicht an Gott oder fühlen sich von religiösen Lehren nicht angesprochen. Andere sind zwar gläubig, suchen aber dennoch nach Antworten auf die Frage, wie sich hier auf der Erde ein sinnvolles Leben führen lässt. Kann man einen Sinn im Leben finden, ohne, um es mit Tolstoi zu sagen, an etwas Unendliches zu glauben, das unserer endlichen Existenz eine Bedeutung verleiht? Das fragen sich heutzutage viele Menschen.

Tolstoi hätte vermutlich mit Nein geantwortet. Aber vielleicht gibt es noch andere Wege zum Sinn, die die Wege des Glaubens entweder ergänzen oder auch ersetzen. Vielleicht können wir selbst dann ein sinnvolles Leben führen, wenn alles, für das wir uns mühen, alles und alle, die wir lieben, und alles, was wir sind und sein möchten – unser Vermächtnis –, eines Tages vergeht und vergessen wird. Das wollte der französische Schriftsteller und Intellektuelle Albert Camus mit seinem Essay *Der Mythos des Sisyphos* beweisen.[16]

Dass sich Camus, der diesen Essay mit Ende 20 verfasste, mit der Sinnfrage befasste, ist nicht überraschend. Im Gegensatz zu Tolstoi stammte Camus nicht aus einem reichen Elternhaus. Sein Vater, Lucien Camus, war Landarbeiter. Seine Mutter, eine hörbehinderte Analphabetin namens Catherine, arbeitete im Ersten Weltkrieg in einer Fabrik und später als Putzhilfe. Die beiden heirateten 1910, in dem Jahr, in dem Tolstoi starb. Drei Jahre später brachte Catherine in einer kleinen algerischen Küstenstadt namens Mondovi (heute Dréan) Albert zur Welt. Nach Ausbruch des Ersten Weltkriegs wurde sein Vater zur französischen Armee einberufen. Er kämpfte jedoch nicht lange: Bereits einen Monat später wurde er in der grausamen Schlacht an der Marne verwundet und erlag bald seinen Verletzungen. Albert Camus war noch kein Jahr alt, als er seinen Vater im Krieg verlor.

Etwa 16 Jahre später erfuhr Camus' Leben erneut einen großen Bruch. 1930 wurde bei ihm Tuberkulose festgestellt, die in seinem ärmlichen Umfeld in Algier häufig das Todesurteil bedeutete. Somit musste sich Camus bereits als Jugendlicher mit Sterblichkeit und Vergänglichkeit und der Willkür des Lebens auseinandersetzen. Auf dem Krankenlager las er den stoischen Philosophen Epiktet, der sich eingehend mit diesem Thema befasste – »Nicht Schmerz oder Tod sind furchtbar«, schrieb

Epiktet, »vielmehr Furcht vor Schmerz oder Tod« –, und als er wieder gesund war, versuchte er, in seinem Leiden einen Sinn zu finden. Der Vorteil seiner Erkrankung, so schloss er, bestand darin, dass sie ihn auf das unvermeidliche Ende vorbereitet hatte, das ihm bevorstand und uns alle erwartet.

Als er wieder die Schule besuchen konnte, hatte Camus für sich entschieden, dass das Leben sinnlos ist. Diesen Standpunkt vertrat er auch in einer autobiografischen Kurzgeschichte, die in der Literaturzeitschrift *Sud* veröffentlicht wurde: »Ich habe nichts mehr, ich glaube an nichts, und ich kann unmöglich leben, nachdem ich die Moral in mir vernichtet habe. Ich habe keinen Lebenszweck, keinen Grund mehr zu leben, und werde sterben.« Als Student an der Universität Algier entwickelte er seine schriftstellerischen Fähigkeiten weiter und befasste sich eingehender mit der Frage nach dem Sinn, indem er Philosophie studierte. 1936 schloss er sein Studium ab. In diesem Frühjahr vermerkte er in seinem Tagebuch die Absicht, ein »philosophisches Werk« zur »Absurdität« zu verfassen.

Mit der Arbeit am *Mythos des Sisyphos* begann er, während in Europa ein weiterer Weltkrieg heraufzog. Camus lebte in Paris, als die Nazis Anfang Juni 1940 einen Bombenhagel über der Stadt niedergehen ließen. Mitte Juni marschierten dann deutsche Truppen in die Hauptstadt ein und sollten anschließend vier Jahre lang als totalitäre Besatzungsmacht über Frankreich herrschen. Camus konnte wenige Tage vor ihrer Ankunft fliehen. Im bitterkalten Winter 1940 arbeitete er in einer unbeheizten Wohnung in Lyon an seinem Essay – dort verfasste er per Hand etliche Passagen mit »halberfrorenen, steifen Fingern«, wie ein Biograf schreibt – und schloss das Werk 1941 ab.

> *»Sich entscheiden, ob das Leben es wert ist, gelebt zu werden oder nicht, heißt auf die Grundfrage der Philosophie antworten.«*
> ALBERT CAMUS

Camus steht mit der Suche nach einem Sinn in der langen Tradition der Philosophie und Literatur – dennoch war die Sinnfrage in den Zeiten, in denen er lebte, besonders aktuell.[17] Das Chaos nach der Niederlage Frankreichs, die Feigheit der Vichy-Regierung und die frühen Triumphe des Faschismus in Europa ließen die Welt sinnlos und absurd erscheinen. Im *Mythos des Sisyphos* geht es darum, wie man in einer solchen Welt lebt. »Es gibt nur ein wirklich ernstes philosophisches Problem: den Selbstmord.« So lauten die berühmten ersten Worte von Camus' Essay. »Sich entscheiden, ob das Leben es wert ist, gelebt zu werden oder nicht, heißt auf die Grundfrage der Philosophie antworten.« Er kenne niemanden, so spottet er, der für den ontologischen Beweis gestorben wäre. Viele sterben jedoch wegen des Sinns: Manche, weil sie das Leben für nicht lebenswert halten, andere, weil sie sich für ihre Überzeugungen opfern. Ob das Leben einen Sinn hat, sei die einzige lebenswichtige Frage, die die Philosophie sich je gestellt habe und beantworten wolle. Sie sei somit die dringlichste Frage von allen.

Camus schreibt, wir sehnen uns nach rationalen Erklärungen für die Welt und streben nach Ordnung und Einheit. Die Welt jedoch ist chaotisch, in Unordnung und sinnfrei – sie hat keine »rationalen und vernünftigen Prinzipien«. Wir fragen uns, weshalb wir existieren, wie und zu welchem Zweck wir entstanden sind, doch die Welt reagiert mit Schweigen. Wir können versuchen, unser Verlangen zu stillen, indem wir auf Gott, eine Religion oder eine andere transzendente Sinnquelle zurückgreifen, an die wir glauben. Doch wenn wir nur das als wahr akzeptieren, was wir mit absoluter Gewissheit wissen, dann gibt es »Wahrheiten«, wie Camus es nennt, aber nicht *die* eine Wahrheit.

Für Camus ist das Leben absurd, weil der Mensch unablässig nach einem Sinn sucht, den er jedoch nirgendwo in der Welt findet; alles – von bedeutenden historischen Ereignissen bis hin zu den großen Anstrengungen, die wir im Leben auf uns nehmen – erscheint sinnlos. Die Erkenntnis, dass es keine äußere Sinnquelle gibt, keinen tieferen Sinn oder Zweck in dem, was wir tun, ruft überwältigenden »Ekel« hervor, um es mit Camus' früherem Freund, dem Existentialisten Jean-Paul Sartre, zu sagen.

Von der Freiheit, den Sinn selbst zu gestalten

Natürlich muss man kein französischer Existentialist – oder russischer Schriftsteller – sein, um die Last des Absurden zu verspüren. Der Komiker Louis C. K. beschrieb 2013 in der Conan O'Brien Show ein Empfinden, das an Sartres Ekel, Camus' Absurdität und Tolstois Entsetzen erinnert. Wie alle großen Komiker ist C. K. im Grunde ein Philosoph, der den Clown spielt: »Hinter allem im Leben«, vertraute er O'Brien an, »steckt dieses Ding, diese Leere – die grenzenlose Leere. Das Wissen, dass alles vergebens ist und dass man allein ist. Das ist immer da. Und manchmal, wenn es keine Ablenkung gibt, wenn man sich auf nichts anderes konzentriert, wenn man zum Beispiel im Auto sitzt, überkommt es dich einfach: ›Oh nein, jetzt ist es wieder so weit. Ich bin allein.‹ Man wird davon heimgesucht. Von dieser Traurigkeit. Das Leben ist ungeheuer traurig, einfach weil man lebt.«

Als der untröstliche Tolstoi mit seinen Überlegungen diesen Punkt erreicht hatte, kam er zu dem Schluss, man könne der Absurdität des Lebens nur durch Selbstmord entkommen. Tolstoi schlug aber doch einen anderen Weg ein und fand im Glauben einen Sinn. Camus dagegen lehnt sowohl den Glauben als auch Selbstmord als Lösung für das Problem der Bedeutungslosigkeit ab. Für Camus ist es unmöglich zu wissen, ob Gott existiert oder ob die Überzeugungen, auf denen unser Glaube beruht, wahr sind. Vor diesem Hintergrund müssen wir lernen, ein bedeutungsvolles Leben zu führen, ohne uns auf Gott oder den Glauben zu »berufen«. Selbstmord jedoch würde bedeuten, sich den blinden Mächten einer bedeutungslosen Welt geschlagen zu geben, sich dem Absurden auszuliefern und es damit zu stärken.

Das mag sehr düster klingen, doch die Absurdität des Lebens, so argumentiert Camus, muss nicht unweigerlich zur Verzweiflung führen. Vielmehr eröffne sie neue Möglichkeiten. »Selbst in den Grenzen des Nihilismus«, schreibt Camus, könne man »Mittel und Wege finden, über den Nihilismus hinauszugelangen.« Wenn uns der Sinn nicht mehr von außen auferlegt wird, haben wir die Freiheit, ihn selbst zu gestalten.

Sartre schrieb dazu[18]: »Das Leben hat a priori keinen Sinn … Es liegt bei Ihnen, ihm einen Sinn zu verleihen, und der Wert ist nichts anderes als der Sinn, den Sie wählen.«

> *»Das Leben hat a priori keinen Sinn. Es liegt bei Ihnen, ihm einen Sinn zu verleihen.«*
> JEAN-PAUL SARTRE

Camus erläutert diesen Standpunkt, indem er seinen Essay mit einer Ode an den antiken griechischen Helden Sisyphos beschließt, der von den Göttern dazu verdammt wurde, einen Felsbrocken einen steilen Berghang hochzurollen. Unmittelbar vor dem Gipfel rollt dieser Felsen stets wieder hinab. Diese vergebliche Aufgabe führt Sisyphos in alle Ewigkeit aus – eine sinnlosere Existenz lässt sich kaum vorstellen. Doch Camus möchte, dass wir das Leben des Sisyphos als äußerst wertvoll erkennen. Dass es uns sogar als Vorbild dient.

Laut Camus kann man nur dann ein sinnvolles Leben führen, wenn man dem Absurden trotzt; und genau das tut Sisyphos. Sisyphos, der dafür bestraft wird, dass er die Götter täuschen und dem Tod entkommen wollte, klagt nicht über sein Schicksal und hofft auch nicht auf ein besseres Leben. Vielmehr zeigt er seine Verachtung für die Götter, die ihn quälen wollen, durch die drei Eigenschaften, die ein lohnenswertes Leben ausmachen: Revolte, Leidenschaft und Freiheit.

Jedes Mal, wenn Sisyphos zum Fuße des Berges zurückkehrt, steht er vor einer Entscheidung: Er kann aufgeben oder weitermachen. Sisyphos wählt den Kampf. Er nimmt seine Aufgabe an und macht sich an die mühevolle Arbeit, den Felsen den Berg hinaufzubefördern. Da er die Götter verhöhnt, wird er zum Herrn über sein eigenes Schicksal. »Sein Fels ist seine Sache«, so sagt Camus – er gibt seinem Leben einen Sinn und einen Zweck. Seine Mühen mögen zwar sinnlos erscheinen, doch die triumphierende Einstellung, mit der er seine Aufgabe in Angriff nimmt, verleiht ihnen eine Bedeutung. »Der Kampf gegen Gipfel vermag ein Menschenherz auszufüllen«, schreibt Camus. »Wir müssen uns Sisyphos als einen glücklichen Menschen vorstellen.«

Der Kampf. Wenn Camus uns auffordert, uns Sisyphos als einen glücklichen Menschen vorzustellen, meint er damit keine unbeschwerte Fröhlichkeit. Vielmehr spricht er von dem Gefühl, etwas zu vollbringen und Zufriedenheit zu verspüren, die daraus resultiert, dass man sich einer schwierigen, aber lohnenden Aufgabe widmet. Wir sollen erkennen, dass wir das Leben genau wie Sisyphos voll auskosten können, wenn wir den Kampf mit Würde annehmen – indem wir, so schreibt Camus in seinen Notizbüchern, »Elend und Größe der Welt« annehmen.

Dieses Gebot befolgte Camus auch in seinem eigenen Leben. Als er 1940 in Paris am *Mythos des Sisyphos* arbeitete, offenbarte er einem Freund in einem Brief seine seelische Verfassung: »Glücklich? Reden wir nicht davon ... Doch auch wenn mein Leben kompliziert ist, habe ich nicht aufgehört zu lieben. Gegenwärtig ist mein Leben eins mit meiner Arbeit. Ich tue beides gleichzeitig und mit der gleichen Leidenschaft.« Wo Tolstoi einen Sinn im Unendlichen fand, findet Camus ihn in der Endlichkeit, in der täglichen Aufgabe des Lebens. Das Epigraph zum *Mythos des Sisyphos* ist ein Vers des altgriechischen

Dichters Pindar: »Liebe Seele, trachte nicht nach dem ewigen Leben, sondern schöpfe das Mögliche aus.«

Statt dass wir uns geschlagen geben, können wir uns der Welt unmittelbar und leidenschaftlich stellen und aus den Schmerzen, Verlusten und Kämpfen, die wir durchstehen müssen, einen eigenen Sinn erschaffen. »Auf die Frage, wie man ohne Gott leben sollte«, schreibt Camus' Biograf Olivier Todd, »hatte Camus drei Antworten: leben, handeln und schreiben.«

Jeder braucht eine »Sache«, ein Projekt oder Ziel, dem er sein Leben widmet.

Genau wie der Felsen für Sisyphos seine »Sache« war, die seinem Leben einen Sinn verlieh, war für Camus das Schreiben seine »Sache«. Jeder, davon war Camus überzeugt, braucht eine »Sache«, ein Projekt oder Ziel, dem er sein Leben widmet, sei es ein Felsbrocken oder eine kleine Rose. Die liebenswerte Geschichte *Der kleine Prinz*[19] verdeutlicht diese Erkenntnis auf wunderbare Weise. Der Prinz lebt auf einem winzigen Planeten und widmet sich der Pflege der Pflanzen und Blumen in seinem Garten. »Das ist eine zwar langweilige, aber leichte Arbeit.« Eines Tages stellt er fest, dass auf seinem Planeten eine Blume wächst – eine Blume, wie er sie noch nie zuvor gesehen hat. Der Prinz verliebt sich in die geheimnisvolle Rose, die er aufopferungsvoll gießt und vor Wind schützt. Die Blume ist jedoch eitel und anspruchsvoll, und schließlich wird der Prinz ihrer überdrüssig und beschließt, den Planeten zu verlassen, um das Universum zu erforschen.

Er ist auf der Suche nach Wissen und Erkenntnis und sieht auf seiner Reise viele merkwürdige Dinge. Nachdem er mehrere andere Planeten besucht hat, gelangt der Prinz schließlich auf die Erde und stößt dort auf einen Rosengarten. Obwohl er seine Rose zurückgelassen hat, liegt sie ihm immer noch am Herzen, und beim Anblick der anderen Rosen ist er untröstlich; er hatte gedacht, *seine* Rose sei die einzige Blume ihrer Art im Universum, doch jetzt wird ihm klar, dass es viele Hunderte wie sie gibt.

Als er sich in tiefster Verzweiflung befindet, wird er von einem weisen Fuchs angesprochen. Der Fuchs lehrt den Prinzen vieles, doch vor allem etwas über die Rose, die er zurückgelassen hat. Diese Rose sei nicht einfach eine Rose von vielen, erklärt der Fuchs dem Prinzen, sondern etwas ganz Besonderes, weil er ihr etwas gegeben habe: »Die Zeit, die du für deine Rose verloren hast, sie macht deine Rose so wichtig ... Du bist zeitlebens für das verantwortlich, was du dir vertraut gemacht hast. Du bist für deine Rose verantwortlich.«

Als der Prinz auf das Feld voller Rosen zurückkehrt, beherzigt er die Weisheit des Fuchses: »Ihr seid schön, aber ihr seid leer«, sagt er zu ihnen. »Man kann für euch nicht sterben. Gewiss, ein Irgendwer, der vorübergeht, könnte glauben, meine Rose sei euch ähnlich. Aber in sich selbst ist sie wichtiger als ihr alle, da sie es ist, die ich begossen habe. Da sie es ist, die ich unter den Glassturz gestellt habe. Da sie es ist, deren Raupen ich getötet habe (außer den zwei oder drei um der Schmetterlinge willen). Da sie es ist, die ich klagen oder sich rühmen gehört habe und auch manchmal schweigen. Da es *meine* Rose ist.«

Mit anderen Worten: Die Zeit, Energie und Fürsorge, die der

Prinz in die Rose investiert hat, machte diese zu etwas Besonderem – und deshalb war ihr Verhältnis von Bedeutung.

Das ist nicht nur eine literarische oder philosophische Phantasterei. Auch Sozialwissenschaftler haben festgestellt, dass wir eine Sache mehr wertschätzen, wenn wir uns damit Mühe gegeben haben – dieses Phänomen bezeichnen Psychologen als »Ikea-Effekt«.[20] Ein Ikea-Regal wird besonders geschätzt, wenn man es selbst zusammengebaut hat, und was für preiswerte schwedische Möbelstücke gilt, lässt sich auch auf unser Leben im Allgemeinen übertragen. Wenn wir uns schwierigen, aber lohnenswerten Aufgaben widmen – sei es die Pflege einer Rose oder das Verfolgen eines hehren Ziels –, haben wir das Gefühl, dass unser Leben eine Bedeutung hat.

Das gilt auch im umgekehrten Sinne. Die wirklich wichtigen Dinge im Leben erfordern Anstrengung und Opferbereitschaft.

> *Die wirklich wichtigen Dinge im Leben erfordern Anstrengung und Opferbereitschaft.*

Das lernen wir meist schon im Kindesalter, wenn wir uns an einer neuen Sportart versuchen, uns der Schulunterricht schwerfällt, wir ein Instrument erlernen oder erkennen, dass man Freundschaften pflegen muss. Leider gerät diese Erkenntnis mit zunehmendem Alter oft in Vergessenheit. Im hektischen Alltag ist es nur zu verlockend, auf schnelle einfache Lösungen für die schwierigen Probleme des Lebens zurückzugreifen. Will man jedoch ein gutes Leben führen, sollte man das beherzigen, was man in jungen Jahren gelernt hat. Nur wer sich Herausforderungen stellt, kann im Leben einen richtigen Sinn finden.

Der Sinn liegt jenseits des Ichs

Auch wenn der tiefere Sinn des Lebens unklar bleiben mag, können und müssen wir alle einen eigenen Sinn im Leben finden. Das war die große Erkenntnis von Existentialisten wie Camus – und zehn Jahre vor der Veröffentlichung des *Mythos des Sisyphos* kam auch Will Durant zu dieser Schlussfolgerung. Die Antworten auf seinen Brief an Freunde und Kollegen zeigten ihm, dass jeder Einzelne seinen ganz persönlichen Sinn gefunden hatte. Gandhi schrieb, sein Sinn sei der »Dienst an allem, was lebt«. Der französische Priester Ernest Dimnet sah einen Sinn darin, über seine persönlichen Interessen hinauszudenken. »Sie wollen wissen, was das Leben für mich getan hat? – Es hat mir einige Gelegenheiten gegeben, meine natürliche Selbstsucht hinter mir zu lassen, und dafür bin ich zutiefst dankbar.« Für den Filmproduzenten Carl Laemmle, Mitbegründer der Universal Studios, waren es seine Kinder: »Sie fragen, was mein größter Schatz sei? – Ich glaube, das ist der schier unbändige Wunsch, meine Kinder und die Kinder meiner Kinder gut versorgt und glücklich zu sehen.« Owen C. Middleton, der lebenslänglich im Gefängnis saß, fand einen Sinn darin, einfach Teil der Welt zu sein: »Ich weiß nicht, zu welchem großen Ziel uns das Schicksal führt, und es ist mir auch ziemlich egal. Ich werde schon lange zuvor meine Rolle gespielt, meinen Text gesprochen haben und Vergangenheit sein. Wichtig ist mir nur, wie ich diese Rolle spiele. Mein Trost, meine Inspiration und mein Schatz liegen in dem Wissen, dass ich Anteil an dieser großen, wunderbaren, erhebenden Bewegung namens Leben habe und dass mir dieser Anteil durch nichts genommen werden kann, weder durch Seuchen noch körperliche Leiden oder Depressionen – und auch nicht durch das Gefängnis.«

1930, in dem Jahr, als Durant vor seinem Haus von dem Lebensmüden angesprochen wurde, äußerten etliche andere Menschen in Briefen an den Philosophen die Absicht, sich das Leben zu nehmen. In seinen Antworten bemühte sich Durant zu erläutern, wieso er das Leben für lebenswert hielt. Später fasste er diese Antworten zu einer einzigen Aussage zusammen, die den Abschluss von *On the Meaning of Life* bildet.

Sinn entsteht, wenn das Selbst überwunden wird.

Für Durant entsteht Sinn, wenn das Selbst überwunden wird.

»Wenn, wie zu Beginn gesagt, eine Sache nur durch ihre Beziehung zu einem größeren Ganzen eine Bedeutung hat, so können wir selbst dann, wenn wir dem Leben im Allgemeinen keinen metaphysischen und universellen Sinn zusprechen, davon ausgehen, dass der Sinn eines jeden Lebens in seiner Verbindung zu etwas Größerem als dem Selbst liegt.« Je stärker die Verbindung und der eigene Beitrag zu diesem Etwas, so meinte Durant, desto bedeutungsvoller das eigene Leben. Für Durant selbst war dieses »Etwas« die Arbeit und die Familie.

Einige der Menschen, die an Durant schrieben, hatten aufgrund der Wirtschaftskrise sicherlich ihre Arbeit verloren. Damit waren sie nicht allein. Während der Großen Depression schossen die Arbeitslosenzahlen in die Höhe[21] und erreichten 1933 mit 25 Prozent ihren Höhepunkt. Gleichzeitig waren die Selbstmordraten in den Vereinigten Staaten so hoch wie nie zuvor. Forscher haben festgestellt, dass die Suizidraten im Laufe der Geschichte stets zeitgleich mit hoher Arbeitslosigkeit ansteigen[22] – und das lässt sich leicht nachvollziehen[23]: Die Arbeit verleiht uns Identität, Selbstwert und Sinn. Sie sorgt für Beschäftigung, Selbstbewusstsein und die Möglichkeit, zur Gesellschaft und zum Unterhalt der Familie beizutragen. Wer seine Arbeit verliert, verliert nicht nur eine Einnahmequelle, sondern eine wichtige Sinnquelle.

Denjenigen, die ihr Leben für wertlos hielten, riet Durant, sich eine Beschäftigung zu suchen – und sei es nur eine vorübergehende Aushilfstätigkeit auf einer Farm, die mit Verpflegung und Unterkunft entlohnt würde. Produktiv zu sein und etwas für andere zu tun wäre der erste Schritt, sich wieder mit dem Leben anzufreunden. »Voltaire merkte einst an«, so schrieb er, »er hätte sich vielleicht das ein oder andere Mal das Leben genommen, wenn er nicht so beschäftigt gewesen wäre.«

1988, etwa 50 Jahre nach der Veröffentlichung von Durants Buch, nahm die Zeitschrift *Life*[24] ein ganz ähnliches Projekt in Angriff und fragte über 100 damals einflussreiche Personen – von Rosa Parks, dem Dalai Lama und Dr. Ruth Westheimer bis hin zu John Updike, Betty Friedan und Richard Nixon – nach dem Sinn des Lebens. Von Durants Projekt erfuhren die Herausgeber erst, als sie bereits fleißig dabei waren, die Antworten zusammenzutragen und zu bearbeiten, doch genau wie Durant stellten sie fest, dass die Befragten aus den verschiedensten Dingen Sinn schöpften.

Die Psychologin und Zellbiologin Joan Borysenko beispielsweise berichtete von einer Patientin, die den Sinn des Lebens in einem Nahtoderlebnis erkannte, als die wichtigsten Augenblicke ihres Lebens noch einmal wie im Film vor ihr abliefen. »Sie war ganz verwundert«, erläutert Borysenko, »dass ihre Erfolge als Rechtsanwältin keine große Bedeutung hatten; der Höhepunkt dieser ›Wiederholung‹ war eine lange zurückliegende, zufällige Begegnung mit einem Jugendlichen, der im Supermarkt an der Kasse saß. Die Anwältin hatte dem Jungen angesehen, dass er Kummer hatte, ihm die Hand getätschelt und ein paar tröstliche Worte gemurmelt. Als sich die beiden mitfühlend in die Augen sahen, vergaßen sie für einen Augenblick, dass sie sich gar nicht kannten, sondern verspürten eine große Verbundenheit.« Der kurze Moment voller Zuneigung, Mitgefühl und Verständnis an der Supermarktkasse hatte der Rechtsanwältin einen Sinn aufgezeigt.

Jason Gaes, ein krebskranker Zwölfjähriger, lieferte eine sehr anrührende Erklärung dafür, was seinem Leben Sinn verleiht. »Ich habe mich früher immer gefragt«, schrieb er an *Life,* »was Gott gegen mich hat, weil er mir Krebs geschickt hat. Vielleicht wollte er, dass ich Arzt werde und mich um Kinder mit Krebs kümmere, denn wenn sie dann sagen: ›Dr. Jason, manchmal habe ich solche Angst, dass ich sterben muss‹ oder ›Sie wissen ja gar nicht, wie schlimm es ist, wenn man in der ganzen Schule das einzige Kind ohne Haare ist‹, kann ich antworten: ›Oh doch. Als ich ein kleiner Junge war, hatte ich auch Krebs. Und schau nur, wie mein Haar jetzt aussieht. Irgendwann wird dein Haar auch wieder wachsen.‹« Dem Tod gegenüberzutreten half Gaes einen Lebenssinn zu finden.

Für die Schriftstellerin Madeleine L'Engle bestand der Sinn des Lebens darin, Geschichten zu erzählen, aus vielen Fäden menschlicher Erfahrung eine zusammenhängende Erzählung zu knüpfen. Im Anklang an Camus schrieb sie: »Gewiss ist nur, dass wir hier sind, in diesem Augenblick, in diesem *Jetzt*. Es liegt an uns: erfüllt zu leben, jeden Augenblick wach, aufmerksam und achtsam zu erleben. Wir alle, jeder von uns, sind hier, um unsere eigene Geschichte zu schreiben – und was sind das für faszinierende Geschichten!«

> *»Es liegt an uns: erfüllt zu leben, jeden Augenblick wach, aufmerksam und achtsam zu erleben.«*
>
> MADELEINE L'ENGLE

Rabbi Wolfe Kelman schrieb über den historischen Marsch der Bürgerrechtsbewegung von Selma nach Montgomery im Jahr 1965. Martin Luther King Jr. ging vor ihm her, und als die große Gruppe die Edmund-Pettus-Brücke in Selma überquerte, sangen sie gemeinsam. »Durch dieses Lied spürten wir eine Verbindung zum Transzendenten, zum Unbeschreiblichen«, schrieb Kelman an *Life*. »Wir verspürten Triumph und Überschwang. Wir spürten, dass sich etwas zum Guten wendete und nichts ewig unveränderlich ist. Das war ein herzerwärmendes, transzendentes, spirituelles Erlebnis. Sinn, Zweck und Mission ließen sich mit Worten nicht beschreiben: Der Sinn *war* das Gefühl, das Lied, der Augenblick überwältigender spiritueller Erfüllung. Wir alle erlebten das, was [Rabbi Abraham Joshua] Heschel als Bedeutung jenseits des Mysteriums bezeichnete.«

Jede der Antworten sowohl auf Durants Brief als auch bei der Umfrage von *Life* war anders und spiegelte die individuellen Werte, Erfahrungen und Persönlichkeiten der Befragten wider. Dennoch gab es einige Themen, die immer wieder zur Sprache kamen. Menschen, die erläutern, was ihrem Leben Sinn verleiht, beschreiben oft eine positive Verbindung zu anderen Menschen. Sie äußern, dass sie eine lohnende Beschäftigung gefunden haben und einen Zusammenhang sehen, durch den sie sich und die Welt besser verstehen. Sie berichten von mystischen Erfahrungen des Selbstverlusts.

Diese vier Themen spielten bei meinen Gesprächen mit Menschen, die ein sinnvolles Leben führten oder noch nach einem Sinn suchten, stets eine Rolle. Diese Kategorien finden sich auch in den Definitionen eines sinnvollen Lebens, die sowohl Aristoteles als auch die eingangs erwähnten Psychologen liefern – sie argumentieren auf unterschiedliche Weise, dass sich ein Sinn aus unserer Beziehung zu anderen ergibt, aus einer Mission, die einen Beitrag zur Gesellschaft leistet, aus Geschichten, die uns erklären, warum uns etwas widerfährt und wer wir sind, und aus der Verbindung zu etwas Größerem als dem Selbst. Ich fand diese Kategorien zudem in der neueren sozialwissenschaftlichen Forschung, die sich damit befasst, was ein sinnvolles Leben ausmacht und wie es sich erreichen lässt. Und ich fand sie in Werken der Philosophie, Literatur, Religion und Popkultur – in buddhistischen Lehren, im amerikanischen Transzendentalismus, in Romanen und im Film.

Es sind die vier Säulen des Sinns: sich zugehörig fühlen, die eigene Bestimmung finden, die Welt durch Geschichten verstehen und sich als Teil eines größeren Ganzen erfahren.

Laemmle und die Patientin von Borysenko beispielsweise sahen einen Sinn darin, andere zu lieben und eine von Mitgefühl und Empathie geprägte Verbindung herzustellen. Für

Gandhi sowie für den jungen Jason gehörte zu einem sinnvollen Leben, etwas Gutes in der Welt zu bewirken, sodass andere ein besseres Leben führen können. L'Engle dagegen sah einen Sinn, wenn sie das Leben als Geschichte verstand. Rabbi Kelman und Owen C. Middleton wiederum verspürten Sinn, wenn sie sich etwas Größerem hingaben, sei es eine spirituelle Realität oder das Mysterium der greifbaren Welt an sich.

Diese Säulen sind zentraler Bestandteil religiöser und spiritueller Konzepte und erklären, wieso diese Traditionen dem Leben der Menschen in der Vergangenheit einen Sinn verliehen (und es vielfach heute noch vermögen). Sie gaben dem Individuum einen Platz in der Gesellschaft. Sie zeigten ihm ein Ziel, auf das es hinarbeiten konnte, zum Beispiel einen Platz im Himmel, Nähe zu Gott oder den Dienst an anderen. Sie lieferten Erläuterungen, wieso die Welt so ist, wie sie ist, und wieso der Mensch ist, wie er ist. Und bei Ritualen und Zeremonien eröffneten sie die Möglichkeit zur Transzendenz, also zur Erfahrung eines größeren Ganzen.

Ob mit oder ohne Religion, jeder Mensch kann jede dieser Säulen in seinem Leben errichten.

Das Schöne an diesen Säulen ist jedoch, dass sie jedermann zugänglich sind. Ob mit oder ohne Religion, jeder Mensch kann jede dieser Säulen in seinem Leben errichten. Sie sorgen für einen Sinn, der jeden Bereich unserer Existenz durchdringt. Zugehörigkeit können wir in der Arbeit und in der Familie erleben, die Erfahrung, Teil eines größeren Ganzen zu sein, bei einem Spaziergang im Park oder in einer Kunstausstellung verspüren.

Wir können uns für eine berufliche Tätigkeit entscheiden, bei der wir anderen dienen, oder uns eine Lebensgeschichte entwerfen, die uns verstehen lässt, wieso wir so sind, wie wir sind. Wir können in eine andere Stadt ziehen, unseren Arbeitsplatz wechseln und Freunde im Laufe der Jahre aus den Augen verlieren, doch wir können weiterhin einen Sinn erkennen, wenn wir diese Säulen in unserer neuen Lebenssituation entsprechend einsetzen. Und wenn wir die Säulen des Sinns im Hinterkopf behalten, erkennen wir selbst an den unwahrscheinlichsten Orten eine Bedeutung, sei es auf dem Weg zur Arbeit, im Gefängnis, auf einem Berggipfel im Westen von Texas – oder auf einer Insel mitten in der Chesapeake Bay.

2.

DIE ERSTE SÄULE: Sich zugehörig fühlen

Wo man auf Tangier Island, Virginia,[1] auch hingeht, überall sieht man Gräber. In den Gärten vor und hinter den kleinen Inselhäusern liegen Grabstätten, in denen die Menschen ihre toten Angehörigen bestatten. Es gibt Friedhöfe am Strand, neben der Kirche, im Schatten des hellblauen Wasserturms und entlang der schmalen Straßen, die Grabsteine dicht an dicht gedrängt. Und dann ist da der alte Inselfriedhof, der mittlerweile gut 20 Meter unter dem Wasser liegt. Bei schweren Stürmen werden Skelette und Überreste von Särgen ans Ufer gespült.

Anders als in modernen Städten und Vororten, in denen die Toten im Abseits begraben werden, sind die Friedhöfe in Tangier notwendigerweise Teil des Alltags. Sie erinnern ständig an die Vergangenheit. Die fast 500 Bewohner dieser winzigen Insel wollen es nicht anders: Zu ihrer Gemeinschaft, so sagen sie, gehören nicht nur die Lebenden, sondern auch die Toten. Viele der heutigen Inselbewohner können ihre Vorfahren bis zu den ersten Siedlern zurückverfolgen, die im 18. Jahrhundert nach Tangier kamen. Etliche von ihnen tragen noch immer die alten Namen: Crockett, Pruitt, Park, Thomas.

Tangier liegt mitten in der Chesapeake Bay, die Fähre braucht eine Stunde bis zum Festland in Virginia oder Maryland. Mit einer Fläche von nur 3,2 Quadratkilometern ist die Insel kaum mehr als eine Sandbank, ihr Hafen ist von Docks umgeben, an denen die Schiffer der Insel ihre Fischerboote liegen haben. Auf den Docks stehen baufällige Schuppen mit Krabbenfallen aus Draht, die »Pots« genannt werden und planlos im Freien gestapelt sind. Tangier, die Welthauptstadt der Butterkrebse, ist zudem eine der letzten Gemeinden ihrer Art.

Die Swain Memorial Methodist Church bildet den Mittelpunkt der Insel – nicht nur im geografischen Sinne, sondern auch für die Gemeinde und die Religionsgemeinschaft. An Sonntagvormittagen parken vor der weißen Holzkirche viele Reihen von Golfwagen, dem Hauptfortbewegungsmittel auf der Insel. Die Gemeinde, die im Laufe der Jahre zwar geschrumpft, aber dennoch sehr rege ist, füllt die Hälfte der Bankreihen. In der Hoffnung, einen Eindruck vom Gemeindeleben zu bekommen, besuchte ich einen Gottesdienst, und an dem Morgen, an dem ich dort war, wurde zu Beginn der kürzlich Verstorbenen gedacht: Der Priester erinnerte an den »ersten Geburtstag im Himmel« eines ehemaligen Gemeindemitglieds und lud die anderen ein, an die zu denken, die von ihnen gegangen waren. Alle nannten einander – und auch die Verstorbenen – bei den Vornamen.

Der Gottesdienst war sehr intim, eher wie ein Familientreffen als eine religiöse Versammlung. Da ich nicht dazugehörte, fühlte ich mich unbehaglich und fehl am Platz und wollte deshalb nach dem Ende heimlich und unbemerkt aus der Kirche verschwinden. Doch ehe mir das gelang, kam ein halbes Dutzend Menschen auf mich zu und stellte sich in einer Reihe auf.

Alle streckten mir die Hand entgegen. »Sie wohnen sicher im Bay View«, sagte eine Frau. »Wir freuen uns sehr, dass Sie hier bei uns in Tangier sind.« Fremde bleiben in Tangier nicht unbemerkt. Und man heißt sie willkommen.

»Wir sind hier wie eine große Familie«, erklärte Peggy Gordy, die schon ihr ganzes Leben lang auf Tangier wohnt. »Wenn jemand trauert, trauern wir mit ihm. Wenn jemand feiert, feiern wir mit ihm. Wenn Spenden gesammelt werden, beteiligen sich alle. Wenn jemand heiratet, gibt jeder etwas zum Geschenk dazu. Und wenn es 20 Dollar sind – jeder hilft mit.« Für die Bewohner ist es unvorstellbar, dass die Menschen auf dem Festland mitunter nicht wissen, wie die eigenen Nachbarn heißen. »Auf dieser Insel gibt es 480 Menschen«, so Gordy, »und wir kennen uns alle.«

Die Gemeindemitglieder sprechen mit einem lyrischen Dialekt, den es nur auf Tangier gibt. Dieser Akzent wird zwar immer wieder als Überbleibsel des elisabethanischen Englisch bezeichnet, doch die wahrscheinlichere Erklärung ist viel einfacher: Die isolierte Lage hat dazu geführt, dass die eigentümlichen Traditionen von Tangier die Angleichung von Sprache und Kultur überstehen konnten.

Doch so isoliert Tangier auch sein mag, in den letzten Jahren wirken kulturelle und wirtschaftliche Kräfte mit Macht auf die Insel ein. Die Entfernung zum Festland lässt sich heutzutage weitaus leichter überwinden als noch in der Vergangenheit, in erster Linie durch den drahtlosen Internetanschluss und die Verbreitung von Satellitenfernsehen. Der Einfluss der Medien konfrontiert die Inselbewohner nicht nur mit neuen Ideen, sondern vermittelt auch eine andere Vorstellung von einem guten Leben. Die Jüngeren sehen im Fernsehen Menschen, die Einkaufszentren besuchen und mit Autos herumfahren, und obgleich sie Tangier lieben, möchten sie auch so leben. Die Moderne hält in Tangier Einzug, mit all ihren Vor- und Nachteilen.

Auch wirtschaftlich steht es in Tangier nicht zum Besten. Haupterwerb auf der Insel ist der Fisch- und Krebsfang. Doch der Bundesstaat Virginia hat die Anzahl der Fischereilizenzen beschränkt und Fanggrenzen festgelegt, um den rückläufigen Bestand an Fischen und Krebsen zu schützen. Damit wird es für angehende Fischer fast unmöglich, in diesem Bereich tätig zu werden. »Die Jüngeren«, verriet mir James »Ooker« Eskridge, der Bürgermeister von Tangier, »bekommen nur dann eine Krebslizenz, wenn ein Älterer ausscheidet.«

Deshalb gehen sie weg. Junge Männer, die die Highschool hinter sich haben, steuern häufig Schlepper in Städten wie Baltimore, während viele Frauen das College besuchen. Nur wenige kehren wieder nach Hause zurück. Früher blieb jemand, der in Tangier aufgewachsen war, sein ganzes Leben auf der Insel. Doch von Jahr zu Jahr gilt das immer weniger. Vor 50 Jahren hatte die Insel etwa 900 Einwohner und über 100 Schüler an der einzigen Schule. Heute gibt es weniger als 500 Inselbewohner und nur noch 60 Schulkinder.

Tangier gilt als »verschwindende Insel«, da in den letzten Jahren erosionsbedingt etwa acht Meter der Küste weggeschwemmt wurden. Doch sie verschwindet nicht nur in dieser Hinsicht. Die Gemeinde Tangier – die Menschen und ihre Lebensweise – geht allmählich verloren.

Sehnsucht nach Gemeinschaft

Edward Pruitt gehört zu denen, die gegangen sind. Doch 2013 kam er am Memorial Day zurück. Das ist auf Tangier ein wichtiger Termin, denn an diesem Tag wird aller Inselbewohner gedacht, die ihrem Land gedient haben und für das Land gestorben sind. An diesem Morgen flatterten in den schmalen Gassen amerikanische Flaggen. Jemand verteilte Pappbecher mit Limonade an Passanten. Ein paar Kinder in Rot, Weiß und Blau liefen durch die Menge, die sich vor der Kirche versammelt hatte. Pruitt, ein 32-jähriger Oberbootsmann der Marine, der kürzlich von einem Einsatz im Nahen Osten zurückgekehrt war, stand in seiner weißen Uniform samt Matrosenmütze auf der Kirchenveranda und sah in die Gesichter mehrerer Hundert Nachbarn und Freunde. Alle Inselbewohner, so schien es ihm, waren gekommen, um ihn reden zu hören.

Edward sprach von der Bedeutung der Gemeinschaft. Als er sich aufmachte, um das College zu besuchen, so berichtete er, habe die Bibliothekarin seiner Schule – mittlerweile die Rektorin – ihm einen Rat gegeben. Sie riet ihm, sich nicht zu scheuen, anderen zu sagen, dass er von einer Insel stamme, und zuzugeben, dass er von Tangier komme. Sein Akzent würde sowieso eine ungewöhnliche Herkunft verraten, hatte sie gesagt, und wenn man ihn danach fragte, solle er stolz verkünden, dass die Insel Tangier etwas ganz Besonderes sei.

»Versteck deine Herkunft nicht«, erinnert sich Edward an ihre Worte, »denn du stammst von einem einzigartigen Ort, über den es sich zu sprechen lohnt.«

Edward brauchte etwas Zeit, bis er ihren weisen Rat richtig befolgte. Er verließ Tangier 1998 und besuchte die Christopher Newport University in Newport News, Virginia, drei Stunden von der Insel entfernt. Bis dahin war er noch nie von zu Hause weg gewesen – und die Umstellung fiel ihm schwer. Im Vergleich zu Tangier war Newport News gigantisch, und er war die vielen Möglichkeiten und Freiheiten nicht gewohnt. »In Tangier«, so sagt er, »gibt es nur ein Lebensmittelgeschäft. Außerhalb von Tangier gibt es eine Million.«

Besonders schwer fiel es ihm jedoch, Freunde zu finden. Als Kind kannte Edward alle anderen Kinder auf der Insel, sie waren wie Brüder und Schwestern. Die Schule war ein behagliches Umfeld, das die Kinder förderte. In seinem Jahrgang gab es sieben Mitschüler, und da alle das gleiche Schulgebäude besuchten, waren seine Lehrer aus dem Kindergarten noch immer in der Nähe, als er schon zur Highschool ging. »Man ist quasi in einer weitläufigen Familie aufgewachsen«, so Edward.

So schön diese enge Gemeinschaft auch war, sie hatte einen entscheidenden Nachteil: Als Edward aufs College kam, hatte er so gut wie keine Erfahrung damit, wie man neue Menschen kennenlernt. »Ich war schüchtern«, sagt er, »und ich schämte mich für meinen Akzent, weil die meisten Leute sich darüber lustig machten.« Über seinen Zimmergenossen – einen anderen jungen Mann aus Tangier, der ein paar Jahre älter war – lernte Edward im ersten Studienjahr ein paar Leute kennen, doch richtig Anschluss fand er nicht. Deshalb bekam Edward von Zeit zu Zeit den »College-Blues«, wie er es nennt – er fühlte sich einsam. Er vermisste seine Freunde und Angehörigen. Er vermisste Tangier.

In Tangier, so erläuterte Edward, fand man immer jemanden, mit dem man sich die Zeit vertreiben konnte. Abends versammelten sich die jungen Leute an einer Imbissbude namens Lorraine's oder an der Eisdiele Spanky's. Bei diesen Treffen machten sie oft gar nichts Besonderes. Sie holten sich vielleicht etwas zu essen, unterhielten sich und drehten später am Abend eine Runde um die Insel. Am College dagegen gab es so etwas wie Lorraine's oder Spanky's nicht, keine feste Gemeinschaft, in der er sich wohlfühlte. »Wie wichtig diese täglichen Kontakte sind, wird einem erst klar, wenn man sie nicht mehr hat«, sagt Edward. »Man vermisst diese Gespräche, die eigentlich ganz trivial sind und nicht viel bedeuten – das Alltägliche, nicht das Außergewöhnliche. Genau wie die allmorgendlichen Unterhaltungen in der Schule mit den gleichen Leuten. Am College gab es das nicht mehr, und ich wusste nicht, wie ich diese Lücke füllen sollte.«

> *»Man vermisst das Alltägliche, nicht das Außergewöhnliche.«*

Edward tat sich weiterhin schwer, neue Freunde zu finden, bis er nach dem Abschluss zur Marine ging. »Bei der Marine lernt man Menschen kennen«, erklärt er. »Man wird alle paar Jahre versetzt, deshalb muss man ständig neue Beziehungen aufbauen.« Mit zunehmendem Alter wurde Edward selbstbewusster und fühlte sich nicht mehr so unsicher wie damals, als er gerade erst von zu Hause weggegangen war.

»Viele Menschen, die Tangier verlassen«, so Edward, »legen den Akzent ab und versuchen, möglichst wenig aufzufallen.

Nach der Schule wurde mir jedoch klar, dass man damit ins Gespräch kommen konnte und das Eis schneller gebrochen ist. Wer mich sprechen hört, fragt, woher ich komme. Manche denken, aus den Südstaaten, oder aus Australien oder England. Also erklärt man, dass man von einer Insel stammt, und erzählt etwas von seinem Heimatort – so kommt das Gespräch in Gang. Die anderen berichten dann auch von ihren Heimatorten, und so kann sich eine Freundschaft entwickeln.«

Edwards beste Freunde kommen nach wie vor aus Tangier, aber er hat auch außerhalb seiner kleinen Insel Anschluss gefunden. Er ist seit über zehn Jahren bei der Marine und hat dort viele enge Bande geknüpft. »Die Verbindungen, die bei einem Einsatz auf einem Schiff entstehen, sind etwas ganz Besonderes«, meint er. »Man versteht, was die anderen zurückgelassen haben und wie schwer es ist, dass man unterwegs sein muss, aber man arbeitet gemeinsam daran, den Auftrag zu erledigen.« Wenn er Kameraden von einem früheren Einsatz trifft, fühlt er sich ihnen aufgrund der gemeinsamen Erfahrung verbunden, selbst wenn sie auf dem Schiff keine engen Freunde waren.

Und dann verliebte sich Edward in eine Frau aus Iowa. Ihre Beziehung machte einige schwierige Phasen durch – ein paar Wochen nach der Verlobung wurde Edward für ein Jahr in den Irak versetzt. Sie befanden sich auf entgegengesetzten Seiten des Globus, aber Edward und Katie sprachen fast täglich miteinander. Diese Gespräche, so Edward, ließen ihn durchhalten. 2011 haben die beiden geheiratet, heute leben sie in Norfolk, Virginia, wo sie sich kennengelernt hatten, und haben eine dreijährige Tochter namens Laura.

Edward kommt alle fünf bis sechs Wochen nach Tangier, bezweifelt jedoch, dass er jemals wieder dort hinziehen wird. »Trotzdem«, so sagt er, »ist es immer schön, wieder zu Hause zu sein.«

Warum Zugehörigkeit lebenswichtig ist

Wir alle brauchen das Gefühl, von unseren Freunden, Angehörigen und Partnern verstanden, anerkannt und bestätigt zu werden. Mit anderen Worten: Wir alle brauchen das Gefühl dazuzugehören.

Forschungen haben ergeben, dass das Gefühl, Teil einer Beziehung oder eine Gruppe zu sein, auch ein wichtiger Sinnstifter ist.[2] Das Gefühl, dass man dazugehört, entsteht laut Psychologen dann, wenn zwei Bedingungen erfüllt sind.[3] Erstens bedeutet eine Beziehung mit anderen gegenseitige Fürsorge: Der Mensch fühlt sich vom anderen geliebt und geschätzt, wie Edward, wenn Katie ihn während seines Einsatzes im Irak regelmäßig anrief. Wenn andere uns wertschätzen und dies durch ihr Verhalten zeigen, schätzen wir uns selbst ebenfalls. Und zweitens bedeutet Zugehörigkeit häufigen angenehmen Kontakt zu anderen Menschen. Diese Augenblicke können fröhlich und lustig sein, zum Beispiel, wenn Eltern mit ihrem Kind spielen, oder eher neutral, wenn ein zufriedenes Ehepaar gemeinsam fernsieht. Wichtig ist, dass diese Augenblicke regelmäßig stattfinden und nicht negativ sind. Als Edward in Tangier lebte, traf er seine Freunde täglich. Im College waren diese alltäglichen Kontakte viel seltener, deshalb fühlte er sich einsam.

Wir alle haben das Bedürfnis nach Zugehörigkeit, doch dieses grundlegende Merkmal des menschlichen Wesens wurde in den ersten Jahrzehnten des 20. Jahrhunderts von vielen einflussreichen Psychologen und Ärzten[4] – den Hütern von Geist und Körper – nicht zur Kenntnis genommen. Die Vorstellung, dass Kinder die Liebe und Fürsorge ihrer Eltern brauchen, um ein erfülltes, sinnvolles Leben zu führen, galt nicht nur als medizinisch bedenklich, sondern wurde als unmoralisch und rührselig abgetan. Die Früchte der Arbeit dieser Fachleute zeigen jedoch, wie wichtig es ist, dass sich der Mensch vom ersten Augenblick an auf Erden zugehörig fühlt.

Wir alle haben das Bedürfnis nach Zugehörigkeit.

Dass die Ärzte der elterlichen Fürsorge misstrauten, war eine natürliche Reaktion auf die schreckliche Tatsache, dass sie so viele Kinder sterben sahen. Zwischen 1850 und 1900 erlebte fast ein Viertel aller in den Vereinigten Staaten geborenen Kinder den fünften Geburtstag nicht. Dank der bahnbrechenden Erkenntnisse von Wissenschaftlern wie Louis Pasteur erkannte die Medizin jedoch allmählich, dass bestimmte Krankheiten von winzigen Erregern ausgelöst werden – diese Vorstellung bezeichnete man als »Keimtheorie«. Den Medizinern »war noch nicht ganz klar, wie sich diese unsichtbaren Infektionen ausbreiteten«, erläutert die Wissenschaftsautorin Deborah Blum, doch ihre »logische Reaktion bestand darin, es den Keimen möglichst schwer zu machen, von einer Person auf die nächste überzugehen«. Ärzte richteten in Krankenhäusern keimfreie Kinderstationen ein, wo, wie ein Kinderarzt aus New

York 1942 schrieb, »sich sauber geschrubbte Krankenschwestern und Ärzte mit Maske und Haube ganz vorsichtig bewegten, um keinerlei Bakterien aufzuwirbeln. Besuch von Eltern war streng verboten, und die Kleinen wurden vom Personal so wenig wie möglich berührt«. Zudem wurden die Eltern angewiesen, den Kindern zu Hause möglichst wenig Zuwendung zuteilwerden zu lassen. Küsse, Berührungen, Umarmungen – all das könne Krankheiten übertragen und sollte deshalb im Interesse der Gesundheit unterbleiben.

Mit dem Aufkommen der Verhaltenspsychologie widmeten sich mehr und mehr akademische Psychologen der Erziehung von Kindern. 1928 veröffentlichte John B. Watson, ehemaliger Vorsitzender der American Psychological Association und Begründer des Behaviorismus, ein wichtiges neues Buch mit dem Titel *Psychological Care of Infant and Child.* Darin warnte Watson vor den »Gefahren von zu viel mütterlicher Liebe«. Wer ein Kind mit Zuwendung überschüttet, so meinte er, verdirbt seinen Charakter, indem »Schwächen, Vorbehalte, Ängste, Unsicherheiten und Unzulänglichkeiten« gefördert werden. Vieles, was für uns heutzutage selbstverständlich ist – ein Kind auf den Arm nehmen, es küssen oder auf dem Schoß sitzen lassen –, wurde von Watson schlichtweg als »sentimental« abgetan. Die elterliche Liebe hielt Watson für so schädlich, dass er von einer »Baby-Farm mit Hunderten von Kleinkindern« träumte, die »den Eltern weggenommen und nach wissenschaftlichen Grundsätzen aufgezogen werden«, schreibt Blum.

Watsons Ideen nahm man allgemein ernst. Sein Buch wurde ein Bestseller und in der Presse sehr gerühmt. Allerdings blieb unerwähnt, dass es so etwas Ähnliches wie diese Baby-Farmen bereits gab: Man nannte sie Findlingsheim oder Waisenhaus. Anfang des 20. Jahrhunderts lag die Sterblichkeitsrate bei Kindern in Waisenhäusern mitunter bei fast 100 Prozent – das bedeutet, dass fast jedes Kind im Waisenhaus im ersten oder zweiten Lebensjahr starb. Um die Kinder vor Krankheitserregern und damit vor einem vorzeitigen Tod zu schützen, sorgten wissenschaftlich geschulte Pflegekräfte für vollkommen sterile, einwandfrei saubere Bedingungen, wie sie in Krankenhäusern herrschten und auf Empfehlung der Ärzteschaft auch von den Eltern zu Hause geschaffen werden sollten. In den Findlingsheimen wurden die Kinder von jeglichem Kontakt zu anderen Menschen weitgehend isoliert. Die Betreuer stellten die Kinderbettchen weit auseinander, bedeckten sie mit Moskitonetzen und berührten die Kleinen nur, wenn es absolut notwendig war – also so gut wie nie.

Dieses saubere Umfeld erhöhte zwar die Überlebenschancen, doch selbst nach der Einführung dieser drastischen Maßnahmen wurden viele Kleinkinder in Waisenhäusern immer noch unerklärlicherweise krank und starben. Sie wurden gut ernährt, waren gut untergebracht und bestmöglich vor ansteckenden Krankheiten geschützt, und dennoch entwickelten sie Infektionen und Fieber, das sich nicht bekämpfen ließ. Woran mochte das liegen?[5]

Hier trat René Spitz auf den Plan. Er veröffentlichte 1945[6] die Ergebnisse einer wegweisenden Studie zur entscheidenden Rolle, die Liebe für die gesunde Entwicklung eines Kindes spielt. Spitz, der vor den Nazis aus Europa in die USA flüchten konnte, war nicht nur ein Pionier in diesem Forschungsbereich, sondern galt als Rebell. In seiner Studie verglich er zwei Gruppen benachteiligter Kinder – zum einen Kleinkinder aus einem ungenannten Waisenhaus, zum anderen Kleinkinder, die eine Betreuungseinrichtung in einem Gefängnis besuchten, in dem ihre Mütter inhaftiert waren.

Die Kinder im Waisenhaus, alle jünger als drei Jahre, wuchsen unter Umständen auf, die Spitz als »Einzelhaft« bezeichnete. Es wurde alles darangesetzt, die Verbreitung von Keimen zu verhindern. Die Bettchen waren durch aufgehängte Laken voneinander getrennt, die Betreuer trugen Handschuhe und Masken und berührten die Kinder so selten wie möglich.

In der Betreuungseinrichtung im Gefängnis ging es ganz anders zu. Die Kinder durften miteinander spielen und in andere Bettchen steigen. Überall lag Spielzeug herum. Und vor allen Dingen durften die Mütter Zeit mit ihren Kindern verbringen, sodass oft mit ihnen gespielt und geschmust wurde.

Verglichen mit dem Findlingsheim herrschte im Gefängnis ein Durcheinander, in dem sich Krankheiten bestens ausbreiten konnten. Doch als Spitz die Sterblichkeitsraten der Kinder aus den beiden Gruppen verglich, war er verblüfft. Von den 88 Kindern aus dem Waisenhaus, in dem zwischenmenschlicher Kontakt vermieden wurde, waren bei Abschluss seiner Studie 23 verstorben – im Gefängnis dagegen kein einziges Kind.

Diese Feststellung machte die Vermutung zunichte, die Kinder im Waisenhaus könnten einfach an Krankheitserregern gestorben sein. Spitz argumentierte, sie stürben vielmehr aus einem Mangel an Liebe, der ihrer Gesundheit schade. Vermutlich spielten auch andere Faktoren eine Rolle, zum Beispiel das fehlende anregende Umfeld, doch es war nicht zu leugnen, dass die von Spitz untersuchten Kinder keinerlei Bezugsperson hatten, zu der sie eine beständige, innige Bindung aufbauen konnten – bei der sie sich geborgen, sicher, akzeptiert, willkommen und bestens versorgt fühlten. Sie konnten kein Gefühl der Zugehörigkeit entwickeln, und infolgedessen siechten und litten sie.

Anlässlich einer Zusammenkunft der New York Academy of Medicine im Jahr 1947 zeigte Spitz seinen Kollegen Videoaufnahmen[7] der psychologisch beeinträchtigten Kinder, die er in dem ungenannten Waisenhaus untersucht hatte. Der simple, grobkörnige Schwarz-Weiß-Film trug den Titel *Trauer: Eine Bedrohung im Säuglingsalter.* Auf einem der ersten Zwischentitel lasen die Zuschauer: »In den ersten Lebensjahren beschränkt sich der menschliche Kontakt eines Kleinkinds auf die Mutter oder ihren Ersatz.« Dann sahen Spitz' Kollegen ein kleines Mädchen namens Jane, das gerade von seiner Mutter im Heim abgegeben worden war. Zunächst war Jane fröhlich und lebhaft. Als Spitz sich über ihr Bettchen beugte und sie anlächelte, lächelte sie zurück und jauchzte.

Dann zeigte der Film Aufnahmen, die eine Woche später erstellt worden waren. Jane hatte sich vollkommen verändert, sie wirkte niedergeschlagen und ratlos. Als eine Betreuerin sich zum Spielen über ihr Bettchen beugte wie Spitz in der Woche zuvor, sah Jane sie nur an und begann zu weinen. Als Spitz die Kleine beruhigen wollte, war sie untröstlich. Jane wurde drei Monate lang beobachtet und schien in dieser Zeit unablässig zu trauern, jammerte mit Tränen in den Augen.

Auch die anderen Kinder litten. Als sie ins Waisenhaus gebracht wurden, lächelten sie, spielten und erkundeten ihre

Umgebung – sie waren ganz normale Kleinkinder. Doch nach einer gewissen Zeit im Heim veränderte sich ihre Persönlichkeit. Ihr Blick wurde ausdruckslos, sie wirkten verängstigt und beunruhigt. Ein Baby zitterte in seinem Bettchen wie bei einem psychotischen Anfall, ein anderes vermied jeden Blickkontakt mit den Personen, die mit ihm spielen wollten, und versteckte das Gesicht in den Laken. Diese Kleinkinder weinten nicht, sondern stießen einen »dünnen Klagelaut« aus.

Laut Spitz waren diese Babys verzweifelt. Höchstwahrscheinlich verloren sie allen Lebensmut. Diejenigen, die nicht überlebten, starben offenbar an gebrochenem Herzen. Die moderne Forschung kann das erklären: Chronische Einsamkeit, so haben Wissenschaftler festgestellt[8], beeinträchtigt das Immunsystem und führt zu einem vorzeitigen Tod. Die Kinder, die überlebten, mussten körperlich und psychisch leiden. Sie waren kleiner, weniger selbstbewusst und sozial schlechter angepasst als die Kinder aus der Betreuungseinrichtung im Gefängnis.

Der Mensch braucht das Gefühl, zu jemandem zu gehören.

Im weiteren Verlauf des Films erscheint der Zwischentitel: »Das Heilmittel – gebt dem Kind die Mutter wieder!« Erneut war Jane zu sehen, diesmal nach der Wiedervereinigung mit ihrer Mutter. Die Kleine war wieder so glücklich wie zuvor. Sie lehnte die Zuwendung des Forschers nicht weinend ab, sondern ging bereitwillig darauf ein, hüpfte und lächelte auf dem Arm. Den Psychologen und Ärzten, die die Aufnahme sahen, war jedoch klar, dass Jane die Ausnahme bildete und nicht die Regel. Den meisten Kindern in einem Waisenhaus würde eine solche elterliche Fürsorge nicht einmal annähernd zuteilwerden.

Der Film war erschütternd und schockierend. Mindestens einer von Spitz' sachlichen Kollegen war zu Tränen gerührt. Die Aufnahmen hatten Anteil daran, dass sich die psychologische Sichtweise auf die Natur des Menschen allmählich änderte. Die Ergebnisse von Studien wie der von Spitz führten dazu, dass Psychologen die lebenswichtige Bedeutung einer Bindung in der frühen Lebensphase untersuchten und bestätigten. Sie stellten fest, dass der Mensch, ob alt oder jung, für ein erfülltes, gesundes Leben mehr braucht als Nahrung und Unterkunft. Der Mensch braucht Liebe und Fürsorge. Er braucht das Gefühl, zu jemandem zu gehören.

Soziale Isolation macht krank

Die Art und Weise, wie wir unser Bedürfnis nach Zugehörigkeit erfüllen, ändert sich im Laufe des Lebens. In den ersten Jahren ist die Liebe der Menschen, die für uns sorgen, von entscheidender Bedeutung; später verschaffen uns unsere Beziehungen zu Freunden, Angehörigen, Kollegen und Partnern das Gefühl der Zugehörigkeit. In jedem Fall gilt jedoch, dass diese Bindungen lebenswichtig sind.

Allerdings gibt es leider viele Menschen, denen solche festen Bindungen fehlen. Wir sind heutzutage digital besser vernetzt als je zuvor, und dennoch steigt die Quote derer, die sozial isoliert leben. Etwa 20 Prozent der Menschen empfinden Einsamkeit als »maßgeblichen Grund für Unzufriedenheit im Leben«[9], und ein Drittel der US-Bevölkerung, die älter als 45 Jahre ist, bezeichnet sich als einsam[10]. 1985 wurden Amerikaner von der General Social Study gefragt, mit wie vielen Menschen sie in den vergangenen sechs Monaten über wichtige Themen gesprochen hatten – die häufigste Antwort lautete: »Drei.«[11] In einer Neuauflage der Umfrage im Jahr 2004 war die häufigste Antwort: »Null.«

Enge Beziehungen sind die wichtigste Sinnquelle.

Diese Zahlen zeugen nicht nur von einem Anstieg der Einsamkeit, sondern machen deutlich, dass es dem Leben der Menschen an Sinn fehlt. Laut Umfragen sind enge Beziehungen allgemein die wichtigste Sinnquelle.[12] Und Forschungen zeigen, dass einsame und isolierte Menschen ihr Leben als weniger sinnvoll betrachten.[13]

Émile Durkheim, der Vater der Soziologie, starb zwar bereits vor 100 Jahren, doch seine Erkenntnisse zur sozialen Isolation und zur Bestimmung sind heutzutage bedeutsamer als je zuvor. In seiner bahnbrechenden empirischen Studie *Selbstmord* (1897)[14] ging Durkheim der Frage nach, wieso sich ein Mensch das Leben nimmt. Wieso sind die Selbstmordraten in manchen europäischen Gesellschaften höher als in anderen? Um das zu beantworten, untersuchte Durkheim den Zusammenhang zwischen Selbstmord und Faktoren wie Ehe, Ausbildungsstand und religiöser Ausrichtung. Dabei stellte er fest, dass es sich beim Suizid keineswegs nur um ein individuelles Phänomen handelt, das auf die persönlichen Probleme des Betroffenen zurückzuführen ist. Vielmehr ist es ein soziales Problem.

In der westlichen Welt gelten Individualismus und Freiheit als wesentliche Elemente eines guten Lebens. Durkheims empirische Forschungen ergaben jedoch ein komplizierteres Bild. Er stellte fest, dass ein Mensch sich eher das Leben nimmt, wenn er sich von der Gemeinschaft entfremdet hat und von den Zwängen dieser Gemeinschaft befreit ist. Dort, wo der Individualismus hoch geschätzt wird, wo der Mensch sehr unabhängig ist – also beispielsweise in Amerika, Kanada und im Europa des 21. Jahrhunderts –, dort blüht nicht der Mensch auf, sondern die Selbstmordrate.

Durkheim durchforstete Statistiken aus verschiedenen europäischen Ländern, darunter Frankreich, Schweden, Österreich und Italien, um festzustellen, wie stark die Menschen dort in ihre unterschiedlichen sozialen Netze »integriert« waren. Die Betrachtung der familiären Verhältnisse ergab, dass die Selbstmordraten bei Unverheirateten allgemein höher waren als bei Verheirateten und bei Kinderlosen höher als bei Menschen mit Kindern. In Bezug auf die Religion erkannte Durkheim, dass Protestanten sich häufiger das Leben nahmen als Katholiken und Juden, die in engerer Gemeinschaft mit stärkeren religiösen Pflichten lebten. Auch der Bildungsstand beeinflusste das Selbstmordverhalten. Gebildete Menschen wie die Protestanten, die Durkheim untersuchte, verließen in der Regel ihre Heimat, um zu studieren und zu arbeiten – und aufgrund ihrer Bildung stellten sie häufiger traditionelle Werte infrage. Wer nicht mit dem Strom schwimmt, ist oft einsam. Das Leben in einer Gemeinschaft wirkt dem entgegen. Die jüdischen

Menschen aus Durkheims Studie waren beispielsweise sehr gebildet, doch ihre starken Bindungen und traditionellen Überzeugungen bewahrten sie vor dem Suizid.

Faktoren, die Menschen zum Zusammenhalt veranlassten und ihnen größere Verpflichtungen auferlegten, zum Beispiel ein Leben im Krieg oder eine große Familie, gingen dagegen mit geringeren Selbstmordraten einher. Ohne die Zwänge und Traditionen der Gemeinschaft, so argumentierte Durkheim, verliert die Gesellschaft Sinn und Normen; es entsteht ein Zustand, den er als *Anomie* bezeichnet und in dem der Mensch orientierungslos und verzweifelt ist.

Aktuelle empirische Forschungen bestätigen Durkheims Thesen. Im ersten Kapitel habe ich eine Studie von Shigehiro Oishi und Ed Diener[15] beschrieben, die aufzeigte, dass die Selbstmordrate in wohlhabenden Ländern höher ist als in armen und dass die Einwohner reicher Länder ihr Leben seltener als sinnvoll empfinden – den Grund dafür habe ich jedoch nicht erläutert. Die Forscher fragten im Rahmen der Studie nicht nur nach dem Sinn, sondern erfassten in jedem Land auch demografische und soziale Faktoren wie Religiosität, Bildung, Fruchtbarkeit und Individualismus. Anhand dieser Daten stellten sie fest, dass Durkheim Recht gehabt hatte. In wohlhabenderen Ländern sind die Menschen gebildeter und individualistischer, haben weniger Kinder und sind weniger religiös. In ärmeren Ländern ist es genau andersherum: Die Menschen dort sind insgesamt weniger gebildet und individualistisch, dafür religiöser und kinderreicher. Oishi und Diener erkannten, dass diese Faktoren, allen voran die Religiosität[16], dazu führen, dass die jeweiligen Personen ihr Leben als sinnvoller empfanden.

In die gleiche Richtung ging eine Studie aus dem Jahr 2010, die die Ursachen für den Anstieg psychischer Erkrankungen[17] bei Highschool-Schülern und Studenten ermitteln sollte. Die Forscher stellten fest, dass die jungen Studienteilnehmer mit deutlich höherer Wahrscheinlichkeit ein psychisches Leiden entwickelten als ältere Generationen in ihrer Jugend und dass dies mit einem weniger ausgeprägten Streben nach Sinn und einem Rückgang des Zusammenhalts innerhalb der Gesellschaft einhergeht. Und als die australischen Forscher Richard Eckersley und Keith Dear untersuchten, welche gesellschaftlichen Faktoren einen Selbstmord im Jugendalter begünstigen, stellten sie fest, dass verschiedene Merkmale des Individualismus[18] wie persönliche Freiheit und Kontrolle eine entscheidende Rolle spielten – genau wie Durkheim vermutet hatte.

In unserer heutigen Zeit der Isolation ist es wichtiger denn je, aktiv soziale Gruppen zu suchen und sich um den Aufbau enger Beziehungen zu bemühen, zumal viele traditionelle Formen der Gemeinschaft in der Auflösung begriffen sind. Menschen wie Edward verlassen ihre kleinen Heimatorte – manche sogar ihre Heimatländer – für Studium oder Beruf oder weil sie die große weite Welt kennenlernen wollen. In allen Teilen der Gesellschaft verbringt man weniger Zeit mit Freunden und Nachbarn und dafür mehr Zeit vor dem Fernseher, dem Computerbildschirm oder mit dem Handy. Wir »privatisieren unsere Freizeit«[19], wie es der Soziologe Robert Putnam nennt. Zudem erschwert unser unstetes, immer mobileres Leben die Integration in lokale Gruppen. Der durchschnittliche Amerikaner zieht im Leben elf Mal um[20], viele wechseln mindestens genauso häufig ihren Arbeitsplatz[21]. Wir entfremden uns in vielerlei Hinsicht voneinander. Die große Herausforderung besteht also darin herauszufinden, wie man trotz dieser Entwicklungen Beziehungen eingeht. Zum Glück gibt es nach wie vor Möglichkeiten, sinnstiftende Freundschaften aufzubauen.

Wie uns Gemeinschaften durchs Leben tragen

Im Herbst 2015 fuhr ich nach Cleveland, Ohio[22], um mir anzusehen, wie Menschen ganz gezielt eine Gemeinschaft bilden. Als ich mich der großen gotischen Kirche St. Stanislaus im Süden der Stadt näherte, entdeckte ich viele Hundert Menschen aller Altersgruppen, die in kleinen Grüppchen beisammenstanden, lachten, sich unterhielten und einander freudig begrüßten.

»Das ist doch bestimmt 25 Jahre her!«, rief ein Mann aus, als er seinen alten Freund in die Arme schloss. »Wie schön, dich zu sehen!«

Man hätte meinen können, bei einem Klassentreffen zu sein – nur dass die Leute in Brokat und Kniehosen gekleidet waren und manche der Männer Schilde bei sich trugen. Sie alle waren Mitglieder der SCA, der Gesellschaft für kreativen Anachronismus[23], einer internationalen Organisation für Mittelalterfreunde und Reenactment. Die Woche über sind diese Menschen ganz normale Leute – Buchhalter, Studenten, Bauarbeiter, Eltern oder Wissenschaftler. An vielen Wochenenden jedoch schlüpfen sie in aufwändige Kostüme, verwandeln sich in eine mittelalterliche Gestalt und tauchen ein in eine erfundene Welt mit Ritterkämpfen, Turnieren und einem königlichen Hof. An jenem Tag in Cleveland waren etwa 300 SCA-

Mitglieder aus dem gesamten Mittleren Westen angereist, um mitzuerleben, wie Nikolai und seine Frau Serena zu Zar und Zarin des Mittleren Königreichs gekrönt wurden.

In den Bankreihen im Innern der Kirche fächelten sich Frauen in ausladenden Kleidern Luft zu, während sie auf die Krönungsfeierlichkeiten warteten. Ritter mit Schwertern am Ledergürtel ließen sich neben Damen mit weißen Schleiern und zierlichen Kronen nieder. Ein Graf in Kniehosen und ein Herzog mit einem breitkrempigen, federgeschmückten Hut sprachen über das Festbankett, das später am Abend stattfinden sollte. Und eine kleine Gruppe Musiker in passenden Leinengewändern spielte Flötenmusik aus dem 14. Jahrhundert. In der Nähe standen die beiden Holzthrone der künftigen Regenten. Später am Vormittag sollte Nikolai dort vor einem Schwert knien und feierlich seinen Königseid ablegen.

Die SCA wurde im Mai 1966 gegründet, als die Studentin Diana Paxson von der Universität Berkeley bei sich zu Hause eine Mittelalter-Mottoparty mit Turnier und Festmahl veranstaltete. Etwa 50 Gäste waren gekommen, alle in historischen oder zumindest ähnlichen Gewändern. Nachdem der Sieger des Turniers gekürt worden war und seine Auserwählte gekrönt hatte, kam die Gruppe auf die Idee, eine Demonstration zu veranstalten – schließlich waren es die 1960er-Jahre in Berkeley. Deshalb marschierten sie die Telegraph Avenue hinunter, um »gegen das 20. Jahrhundert zu protestieren«.

Aus dieser ursprünglich 50-köpfigen Gruppe hat sich sechs Jahrzehnte später eine Organisation mit weltweit 60 000 Mitgliedern entwickelt. Im Laufe der Zeit sind einzelne geografische Regionen oder »Königreiche« entstanden, beispielsweise das

Mittlere Königreich, das Ohio, Michigan, Indiana, Illinois und Teile von Iowa, Kentucky und Ontario umfasst. Die »Bekannte Welt« besteht aus 20 Königreichen, über die jeweils ein König und eine Königin herrschen. Diese veranstalten Spektakel wie dasjenige, das ich in Cleveland miterlebte. Jeden Sommer treffen sich Mitglieder aller Königreiche der »Bekannten Welt« für zwei Wochen an einem See in Pennsylvania, wo sie ein Lager errichten, sich duellieren, lehren und lernen, mit Bogen schießen, tanzen, ihre Kunst zeigen und alte Freunde wiedersehen. Am »Pennsischen Krieg« nehmen Jahr für Jahr mehr als 10 000 Menschen teil. Bei ihrer Ankunft werden sie am Tor von einem Wächter mit den Worten »Willkommen zu Hause« begrüßt.

Die SCA ist eine ungewöhnliche Organisation, die ihre Mitglieder ungewöhnlich stark vereinnahmt. Es gibt einige Gründe dafür, dass diese Gemeinschaft so aktiv ist – und aus diesen Gründen lässt sich lernen, wie wir alle neue Beziehungen aufbauen und alte stärken können.

Der Mensch entwickelt eine natürliche Zuneigung zu Menschen, die er oft sieht.

Zunächst ist die SCA so aufgebaut, dass ihre Mitglieder dazu angehalten werden, Zeit und Mühe in die Gemeinschaft zu investieren. Viele SCA-Mitglieder sind bereits seit Jahrzehnten dabei, viele ziehen ihre Kinder in der Organisation groß und viele nehmen an 20 bis 50 Veranstaltungen pro Jahr teil. Die Häufigkeit der SCA-Veranstaltungen ist dabei besonders wichtig, denn Forschungen haben ergeben, dass der Mensch eine natürliche Zuneigung zu anderen Menschen entwickelt, die er oft sieht.[24] Die SCA-Mitglieder verbringen viel Zeit zusammen, sodass sie sich einander verbunden fühlen. In unserer Kultur ist es allzu leicht, potenzielle neue Freunde oder Partner bereits nach dem ersten Kontakt abzuschreiben: Wenn es beim ersten Date nicht sofort »Klick« macht, investiert man in der Regel keine Zeit mehr, um sich besser kennenzulernen. Diesen vermeintlichen Luxus haben die SCA-Mitglieder nicht, sodass es ihnen leichterfällt, enge Beziehungen aufzubauen.

Darüber hinaus ist es wahrscheinlicher, dass wir uns mit Menschen anfreunden, mit denen wir gemeinsame Erfahrungen und Werte teilen.[25] Neben der Faszination für die Geschichte des Mittelalters teilen die Mitglieder der SCA auch bestimmte Prinzipien rund um ritterliche Tugenden, zum Beispiel Höflichkeit, Dienstfertigkeit, Loyalität und Ehre. Wer sich in dieser Hinsicht besonders auszeichnet, erhält Preise oder »Adelstitel«. Für große Erfolge im Ritterkampf gibt es den »Order of Chivalry«. Mit dem »Order of the Laurel« werden Leistungen in einem Bereich der mittelalterlichen Kunst und Wissenschaft geehrt, zum Beispiel Glasmalerei aus dem 13. Jahrhundert. Und den »Order of the Pelican« erhält, wer sich in besonderem Maße für die Gemeinschaft einsetzt. Diese Tugenden bewegen die SCA-Mitglieder dazu, andere Menschen sowohl innerhalb als auch außerhalb der Gruppe mit Würde und Respekt[26] zu behandeln, auch wenn das ihrem eigentlichen Instinkt widerspricht. So lässt sich das starke Gefühl von Zusammengehörigkeit innerhalb der SCA erklären: Die Mitglieder haben die Gewissheit, dass die anderen stets bemüht sind, sie jederzeit mit Würde und Respekt zu behandeln. »Ich muss mir immer wieder vor Augen führen«, vertraute mir eine Baroness an, »dass meine Aufgabe darin besteht, andere zu lieben, selbst wenn sie mir die Laune verderben oder mir auf die Nerven gehen.«

Howard – der unter dem Namen Sir Laurelen bekannt ist – lebt als Physiker in Cleveland. Seit über 40 Jahren ist er aktives Mitglied der SCA. »Während meiner gesamten Schulzeit war ich ein Außenseiter, ein Nerd, ein Streber. Auf dem College dann«, berichtete er mir, während direkt neben uns schwere Ritterrüstungen klirrten, »konnte ich mich fragen: ›Wer will ich sein?‹ Ich hatte es selbst in der Hand.« Howard beschloss, er selbst zu sein – ein Nerd, lange bevor das cool wurde. Eines Tages – er war im zweiten Studienjahr und auf dem Heimweg vom Training mit der Fechtmannschaft – bemerkte Howard im Bus einen Mann, aus dessen Rucksack zwei Schwerter hervorragten. Die beiden kamen ins Gespräch, unterhielten sich über Fechten und mittelalterliche Kampfkunst, und da der Mann Mitglied der SCA war, lud er Howard direkt ein, sich der Gesellschaft anzuschließen.

»Als Kind«, so Howard, »wollte ich immer Wissenschaftler oder Ritter werden. Mittlerweile bin ich beides.«

Kat, die in der Bankenregulierung arbeitet und aus Chicago stammt, lernte über die SCA ihren Ehemann kennen. Sie trat der Gesellschaft vor über 30 Jahren bei, als sie 15 war, begegnete dort drei Jahre später ihrem künftigen Gatten und heiratete ihn mit 24. »Ohne unser gemeinsames Interesse für diese bestimmte Epoche«, sagte sie, »hätten wir uns nie kennengelernt.« An der SCA gefällt Kat besonders, dass man dort Menschen mit ungewöhnlichen Interessen schätzt. »Eine meiner Freundinnen begeistert sich für Holzarbeiten aus dem 14. Jahrhundert. Eine andere ist fasziniert davon, wie man damals Wäsche gewaschen hat, eine dritte widmet sich japanischen Teezeremonien. Ganz gleich, was einen antreibt – man wird geschätzt, weil man ständig dazulernt und sein Wissen mit anderen teilt.«

Die SCA schafft auch deshalb ein Gefühl der Zusammengehörigkeit, weil sie ein starkes Netzwerk von Freundschaften knüpft. Bei den Krönungsfeierlichkeiten lernte ich ein Mitglied namens James aus St. Louis, Missouri, kennen. James, der nach eigener Aussage »sozial gestört und gehemmt« war, bevor er sich der SCA anschloss, hat mit Depressionen zu kämpfen. Er fühlt sich häufig unzulänglich und als Versager. Fast 20 Jahre habe er gebraucht, um das College zu beenden, und ist heute außerordentlicher Professor an einem Community College, »dabei will ich das eigentlich gar nicht«. In der SCA dagegen organisiert er Großveranstaltungen, eine Rolle, in der er sich kompetent und von anderen geschätzt fühlt. Die SCA, erklärte er, habe ihm das nötige Selbstvertrauen gegeben, sodass er sich nicht nur ungezwungen in einer Gruppe bewegen, sondern sogar einen Beitrag für die Gemeinschaft leisten könne.

Vor einigen Jahren wurde James während einer depressiven Phase stationär in der Psychiatrie behandelt und stand wegen Suizidgefahr unter besonderer Beobachtung. Nach seiner Entlassung traf er sich zuallererst mit seinen SCA-Freunden zum Essen. Einer von ihnen sagte zu ihm: »Weißt du, James, wenn du nicht mehr wärst, wären wir alle sehr unglücklich.« Das war nur ein kurzer Satz, eine kleine aufmunternde Geste. Doch James hat das nie vergessen. Wenn er Zweifel daran bekommt, dass sein Leben wirklich lebenswert ist, ruft er sich diese Äußerung in Erinnerung, die ihn stets tröstet, weil sie ihm deutlich macht, dass er anderen wichtig ist.

Wie alle Gemeinschaften, in denen enger Zusammenhalt herrscht, ermöglicht die SCA ihren Mitgliedern, zuverlässige Beziehungen zu einer kleinen Gruppe Menschen aufzubauen. Zudem schafft sie ein Netzwerk des Vertrauens und der Unterstützung. Ganz gleich, ob die Mitglieder beste Freunde oder lediglich Bekannte sind – sie nehmen ihre Beziehungen zueinander ernst und können sich im Notfall aufeinander verlassen. Vor einigen Jahren wurde bei einem Mann aus dem Mittleren Königreich eine schwere Krankheit festgestellt. Er war zwar krankenversichert, doch da er wegen seiner Erkrankung nicht arbeiten konnte, geriet er in finanzielle Schwierigkeiten. Als die anderen Mitglieder des Königreichs davon erfuhren, versteigerten sie bei einer verdeckten Auktion selbstgemachte mittelalterliche Handwerkskunst, um ihn zu unterstützen. Dabei kamen über 10 000 Dollar zusammen. Als Hurrikan Katrina New Orleans verwüstete, sammelten SCA-Mitglieder aus dem ganzen Land Geld und schickten Lebensmittel und andere Bedarfsgegenstände an ihre unbekannten Freunde in Louisiana. Manche Mitglieder reisten sogar auf eigene Kosten nach New Orleans, um den Betroffenen beim Wiederaufbau der Häuser und Existenzen zu helfen.

Dass die Mitglieder sich verpflichtet fühlen, füreinander da zu sein und sich zu unterstützen, macht die Gemeinschaft aus.

Dass die Mitglieder sich verpflichtet fühlen, füreinander da zu sein und sich zu unterstützen, ist nicht nur eine Folge dieser Gemeinschaft – das macht die Gemeinschaft aus. Und diese

Bindungen sorgen ebenso wie die mittelalterlichen Insignien dafür, dass Menschen wie James dabeibleiben. »Das ist meine Sippe«, erklärte er, sah hinüber zu den Florettkämpfern, die im stickigen Gemeinschaftsraum der Kirche fochten, und lächelte.

Soziale Zurückweisung führt zu Sinnverlust

Enge Beziehungen sind für ein sinnerfülltes Leben zwar von entscheidender Bedeutung, doch es gibt noch andere wichtige soziale Bindungen, die wir pflegen sollten. Psychologen haben ermittelt, welchen Wert kurze Augenblicke der Verbundenheit haben. »Hochqualitative Verbindungen«[27], wie eine Forscherin sie nennt, sind positive kurzzeitige Interaktionen zwischen zwei Menschen, zum Beispiel, wenn ein Ehepaar Hand in Hand spazieren geht oder wenn zwei Fremde an Bord eines Flugzeugs ein einfühlsames Gespräch führen. Während wir im Beisein anderer manchmal abgelenkt oder unnahbar sind, geht bei einer hochqualitativen Verbindung jeder Mensch auf den anderen ein, man begegnet sich mit positiver Achtung und Aufmerksamkeit. Dadurch fühlen sich beide wertgeschätzt. Hochqualitative Verbindungen sind natürlich wichtig, um unsere engen Beziehungen zu Freunden oder Partnern mit Sinn zu erfüllen, können jedoch auch Interaktionen mit Bekannten, Kollegen und sogar Fremden sinnvoll erscheinen lassen.

Bei Jonathan Shapiro[28], einem Unternehmer aus New York, hat der Morgen seinen festen Ablauf. Jeden Tag kauft er auf dem Weg zur Arbeit eine Zeitung bei dem gleichen Straßenverkäufer, der seinen Stand an einer betriebsamen U-Bahn-Station an der Upper West Side hat. Sowohl Jonathan als auch der Verkäufer könnten den Tausch von Geld gegen Ware schnell hinter sich bringen, doch sie nehmen sich immer Zeit für ein kurzes Gespräch.

Der Kauf einer Zeitung, eines Kaffees oder eines Snacks läuft oft sehr unpersönlich ab. Viele von uns sind so mit sich beschäftigt, so in Eile und so vertieft, dass wir die Menschen, mit denen wir zu tun haben, nur in ihrer Funktion wahrnehmen – als Mittel zum Zweck. Wir sehen sie nicht als Individuen. Jonathan und der Verkäufer jedoch nehmen sich einen Moment Zeit, während in einer der größten Städte der Welt Hunderte von Menschen zur hektischsten Zeit des Tages an ihnen vorbeiströmen. Sie verlassen ihre Kokons und gehen eine kurze Bindung ein. Jeder von ihnen lässt den anderen wissen, dass er zur Kenntnis genommen, anerkannt und geschätzt wird – dass er wichtig ist. Sie tragen gegenseitig dazu bei, dass sie sich in dieser ungeheuren, unpersönlichen Stadt etwas weniger allein fühlen.

Eines Tages bemerkte Jonathan, als er die Zeitung kaufen wollte, dass er nur große Geldscheine dabeihatte. Der Verkäufer konnte Jonathans 20 Dollar nicht wechseln, worauf er aber nur breit lächelte und sagte: »Kein Problem, zahlen Sie einfach morgen.« Doch Jonathan schüttelte energisch den Kopf. Er bestand darauf, die Zeitung zu bezahlen, deshalb ging er in ein Geschäft und kaufte etwas, das er gar nicht brauchte, nur um Wechselgeld zu bekommen. Als er dem Zeitungsverkäufer seinen Dollar reichte, sagte er: »Hier, damit ich es nicht vergesse.«

In diesem Augenblick änderte sich die Dynamik ihrer Beziehung. Der Verkäufer nahm Jonathans Geld widerwillig entgegen und wandte sich traurig ab.

»Mein Verhalten war falsch«, sagt Jonathan. »Ich habe seine Freundlichkeit ausgeschlagen. Er wollte etwas Bedeutsames tun, doch ich habe mich geschäftsmäßig verhalten.«

Nicht nur dieser Verkäufer empfindet Zurückweisung als Erniedrigung. Psychologen haben nachgewiesen[29], dass sozialer Ausschluss – sogar bei der Interaktion mit Fremden im Rahmen einer Forschungsstudie – das Empfinden von Sinn beeinträchtigt. In einem Experiment wurden Studenten in einem Labor[30] in kleine Gruppen aufgeteilt und angewiesen, 15 Minuten lang miteinander Kontakte zu knüpfen. Dann wurden die Studenten einzeln in einen anderen Raum geführt, in dem sie zwei der Personen nennen sollten, mit denen sie noch einmal Kontakt haben wollten. Die tatsächlichen Nominierungen wurden jedoch nicht weitergegeben, sondern der einen Hälfte der Studenten sagte man, dass jeder sie wiedersehen wolle, der anderen jedoch, dass es niemand wolle. Diejenigen, die sich abgelehnt und ausgeschlossen fühlten – denen man also das Gefühl gab, nicht dazuzugehören –, äußerten bedeutend häufiger, das Leben im Allgemeinen sei sinnlos. Andere Forschungsergebnisse zeigen, dass zurückgewiesene Teilnehmer auch ihr eigenes Leben als weniger sinnvoll bewerteten.[31]

Sozialer Ausschluss beeinträchtigt das Empfinden von Sinn.

Außerdem, und das könnte überraschen, haben Psychologen auch festgestellt, dass bei sozialer Zurückweisung sowohl beim Zurückgewiesenen als auch beim Zurückweisenden[32] ein Gefühl der Entfremdung und Bedeutungslosigkeit entstehen kann. An einer betriebsamen Straßenecke in New York musste Jonathan erkennen: Ein kleiner Moment der Verbundenheit kann einer zwischenmenschlichen Beziehung Bedeutung verleihen, doch ein winziger Augenblick der Zurückweisung kann diese Bedeutung im Handumdrehen wieder zunichtemachen. Nachdem Jonathan den Vertrauensvorschuss ausgeschlagen hatte, fühlten sich beide Männer innerlich gedemütigt.

Zum Glück konnten die beiden ihre Beziehung retten. Beim nächsten Zusammentreffen brachte Jonathan dem Verkäufer einen Becher Tee mit. Und als der Verkäufer ihm wieder einmal eine Zeitung anbot, bedankte Jonathan sich und nahm die freundliche Geste demütig an. Die beiden wechseln immer noch Tag für Tag ein paar Worte.

Jane Dutton, eine Organisationspsychologin an der University of Michigan, prägte die Wendung »hochqualitative Verbindung« gemeinsam mit ihrer Kollegin Emily Heaphy. Dutton untersucht, wie wir am Arbeitsplatz interagieren, und hat festgestellt, dass sich unsere dortigen Beziehungen nicht nur darauf auswirken, wie wir unseren Beruf wahrnehmen, sondern auch auf unser Leben im Allgemeinen. Da die meisten Menschen den Großteil ihrer wachen Stunden bei der Arbeit verbringen, dürfte das nicht besonders überraschen. Es bedeutet jedoch, dass sowohl Beruf als auch Leben weniger sinnvoll erscheinen, wenn wir uns bei der Arbeit nicht zugehörig fühlen.

In einer Studie befragten Dutton und ihre Kollegen die Reinigungskräfte und Hausmeister[33] in einem großen Krankenhaus im Mittleren Westen. Die Reinigungskräfte wurden deshalb ausgewählt, weil sie für den Krankenhausbetrieb von entscheidender Bedeutung sind, aber trotzdem oft ignoriert und gering geschätzt werden. Ihre sogenannte schmutzige Arbeit genießt in der Gesellschaft allgemein kein hohes Ansehen. Die Tätigkeit einer Pflegerin, die Kranke versorgt, oder eines Arztes, der Menschenleben rettet, empfindet man als sinnvoll – wie sinnvoll das Toilettenputzen ist, wird dagegen nur selten erwähnt.

Dutton und ihre Kollegen befragten 28 willkürlich ausgewählte Reinigungskräfte zu ihren beruflichen Aufgaben, darüber, für wie wichtig sie ihre Arbeit hielten, und zu ihren Beziehungen zu anderen Menschen bei der Arbeit, darunter Ärzte, Krankenschwestern, Patienten und Besucher. Besonders interessierten sich die Forscher dafür, ob die Reinigungskräfte sich von ihren Kollegen respektiert und wertgeschätzt fühlten – also ob ihr Bedürfnis nach Zugehörigkeit erfüllt wurde.

Die Reinigungskräfte erzählten ungefähr 200 Geschichten vom Arbeitsplatz. Als die Forscher diese Geschichten analysierten, entdeckten sie, welch starke Rolle die Zugehörigkeit bei der Wahrnehmung der beruflichen Tätigkeit spielt.[34] Kurze Interaktionen, so stellten sie fest, konnten schwer kränken. Wenn sich die Reinigungskräfte von ihren Kollegen missachtet fühlten, empfanden sie ihre Arbeit als weniger sinnvoll.

Besonders häufig fühlten sich die Reinigungskräfte missachtet, weil man sie ignorierte, und das kam in erster Linie bei Ärzten vor. Ein Raumpfleger namens Harry sagte: »Die Ärzte tun oft so, als wären wir gar nicht da – wenn wir zum Beispiel im Eingangsbereich arbeiten, wird gar nicht anerkannt, was wir da machen.« So stehe häufig einmal eine Gruppe Ärzte im Weg, wenn im Eingangsbereich gefegt werde; das bedeute dann, so Harry, »dass man sie bitten muss, ein Stück zur Seite zu gehen, jeden Tag, und es sind immer die gleichen Ärzte«. Andere Reinigungskräfte erzählten Ähnliches. Nach Empfinden der Raumpfleger wurden sie oder ihre Arbeit von den Ärzten »nicht geachtet«. Damit vermittelten sie den Reinigungskräften, sie würden gar nicht existieren und ihre Arbeit sei unbedeutend. Eine Putzfrau namens Sheena sagte den Forschern: »Wissen Sie, manchmal hat man den Eindruck, dass die sich für wichtiger halten als uns. Klar, natürlich ist ihr Job sehr wichtig, aber es ist eben auch sehr wichtig, das Krankenhaus sauber zu halten.«

Die Raumpfleger erwähnten oft, dass Ärzte und Pflegekräfte, denen sie Tag für Tag begegnen und mit denen sie zusammenarbeiten, im Eingang grußlos an ihnen vorbeiliefen. Dieses Ignorieren gebe ihr das Gefühl, sie sei »unsichtbar, ein Außenseiter, der nicht dazugehört«, erklärte eine Putzfrau. Ein Kollege beschrieb, dass auch Patienten und deren Besucher keine Achtung hätten. Besucher, so erzählte er, liefen oft mitten über den Boden, den er gerade wischte. »Ich finde, das zeigt, dass die Reinigungsleute ihnen egal sind«, sagte er.

Glücklicherweise hatten die Reinigungskräfte auch andere Erlebnisse. Ein »Guten Morgen« aus dem Mund eines Patienten kann große Bedeutung haben. »Die nehmen einen als Mensch wahr, verstehen Sie?«, sagte Kevin über Patienten, die ihn begrüßen, wenn er ihre Zimmer saubermacht. Ein anderer erwähnte, welche Bedeutung es für ihn hat, wenn die Patienten sich bedanken. »Sie müssen nicht Danke sagen«, meinte er. Schließlich sei es sein Job, die Zimmer zu putzen. »Ich glaube, das zeigt für mich einfach Wertschätzung.«

Auch positive Begegnungen mit Kollegen trugen dazu bei, dass die Reinigungskräfte sich zugehörig fühlten. Ein Mann namens Ben berichtete, wie er einmal mit starken Magenschmerzen zur Arbeit kam. Er versuchte, den Boden zu fegen, aber die Schmerzen waren so schlimm, dass er sich verzweifelt über dem Besen krümmte. Ein Arzt erkundigte sich nach seinen Beschwerden und meinte, Ben könne ein Magengeschwür haben (später sollte sich herausstellen, dass er damit richtiglag). Es war freundlich von dem Arzt, Ben überhaupt anzusprechen, aber für Ben war besonders wichtig, wie der Arzt ihn nach dieser Begegnung behandelte. Jedes Mal, wenn die beiden sich im Krankenhaus über den Weg liefen, erkundigte sich der Doktor: »Hey Ben, wie geht es Ihnen? Alles wieder in Ordnung?« Er machte sich Gedanken um Ben, und das empfand Ben als Wertschätzung.

Eine weitere Reinigungskraft namens Corey berichtete, wie ihm das Pflegepersonal, mit dem er zusammenarbeitete, das Gefühl gab, zum Team zu gehören. Er half regelmäßig dabei, Patienten von einem Bett zum anderen oder in einen anderen Raum zu verlegen – im Gegenzug ließen die Pfleger ihn nicht nur an beruflichen Tätigkeiten, sondern auch an gemeinsamen Veranstaltungen teilhaben: »Wenn sie zusammen essen gehen, oder jemand bringt Donuts oder Brötchen oder sowas mit, oder Kaffee, dann laden sie mich ein … Daran merke ich, dass sie mich schätzen und dass ich beliebt bin.«

Reinigungskräfte, die solche hochqualitativen Verbindungen erlebten, hatten eine andere Einstellung zu ihrer Arbeit.[35] Sie sahen sich nicht nur für das Gebäude, sondern für den Pflegebetrieb insgesamt verantwortlich und hatten eine engere Bindung zur Mission des Krankenhauses, also der Heilung der Patienten. Kleine abschätzige Vorfälle dagegen trugen dazu bei, dass sie die Bedeutung ihrer Arbeit, ihre beruflichen Fähigkeiten und leider auch ihren Wert als Mensch infrage stellten.

Um hochqualitative Verbindungen zu schaffen, muss man glücklicherweise nicht die gesamte Kultur am Arbeitsplatz umstellen. Durch kleine Augenblicke der Bindung kann jeder Mitarbeiter in jeder Position beeinflussen, wie er selbst und wie die Kollegen sich fühlen. So ließe sich vieles verändern. Dutton stellte fest, dass hochqualitative Verbindungen das emotionale und körperliche Befinden der Mitarbeiter bessern und den Betrieb einer Organisation insgesamt fördern können. Sie führen dazu, dass das Personal bei der Arbeit mehr Energie und Engagement zeigt, mit Rückschlägen oder Frust besser umgehen kann und im Team erfolgreicher zusammenarbeitet. Wenn man sich als Teil einer Gruppe fühlt, kann selbst die profanste Aufgabe wertvoll und die Mühe wert erscheinen. Ja, kurze Interaktionen können erniedrigen – aber sie können auch Würde verleihen.

> *Wenn man sich als Teil einer Gruppe fühlt, kann selbst die profanste Aufgabe wertvoll erscheinen.*

Wir können nicht erzwingen, dass ein anderer Mensch eine hochqualitative Verbindung zu uns herstellt, aber wir alle können solche Verbindungen aus eigenem Antrieb eingehen oder erwidern. Wir können entscheiden, auf einen anstrengenden Kollegen freundlich statt feindselig zu reagieren. Wir können einen Fremden auf der Straße grüßen, statt den Blick abzuwenden. Wir können beschließen, Menschen mit Wertschätzung statt mit Verachtung zu begegnen. Wir können Menschen dazu einladen dazuzugehören.

Der Sinn liegt in den anderen

Enge Beziehungen und hochqualitative Verbindungen haben eine wichtige Gemeinsamkeit: Beide erfordern, dass wir auf andere eingehen. Denken Sie nur an René Spitz, der die kleine Jane trösten wollte, oder die SCA-Mitglieder, die ihre Bekannten in New Orleans unterstützten, oder auch den Arzt aus Duttons Studie, der sich um Ben kümmerte. Sie alle haben die Bedürfnisse anderer vor die eigenen gestellt und in einer schwierigen Lebensphase Hilfe geleistet; sie alle ließen sich von dem, was anderen widerfuhr, bewegen und bemühten sich, das Leben eines anderen Menschen ein wenig zu verbessern. Diejenigen, denen die Freundlichkeit zuteilwurde, fühlten sich dadurch erhaben.

Mitgefühl ist das zentrale Element der Säule Zugehörigkeit. Wenn wir unsere Herzen öffnen und anderen mit Liebe und Freundlichkeit begegnen, adeln wir sowohl die Menschen in unserem Umfeld als auch uns selbst – und unsere mitfühlenden Handlungen zeigen selbst dann noch Wirkung, wenn wir schon lange nicht mehr da sind. Eine Geschichte aus dem Leben Buddhas ist eine lehrreiche Parabel.[36] Nachdem Buddha unter dem Bodhi-Baum erleuchtet wurde, reiste er durch ganz Indien, um allen Menschen aller Klassen Dharma zu vermitteln, die grundlegende buddhistische Lehre – dass das Leben voller Leid ist, das durch unser grenzenloses Verlangen ausgelöst wird, und dass wir uns vom Leiden befreien können, indem wir die Weisheit kultivieren, moralisch leben und unseren Geist durch Meditation disziplinieren.

Mit 80 Jahren reiste Buddha noch immer barfuß durchs Land, hatte aber nicht mehr die Energie wie in seiner Jugend. »Ich bin alt und zermürbt«, sagte er, »wie ein abgenutzter Karren, der von dünnen Stricken zusammengehalten wird.«

Als er sich einem kleinen Dorf näherte, wurde Buddha schwach und kraftlos. Bei seiner Ankunft bot ein örtlicher Schmied namens Cunda als Geste der Ehrerbietung und Gastfreundschaft eine Mahlzeit an, von der Buddha wusste, so will es die Geschichte, dass sie verdorben war. Buddha wollte Cunda jedoch nicht kränken, indem er das freundliche und großzügige Angebot ausschlug. Also aß er die Speise, obwohl er wusste, dass er krank werden würde. »Nachdem er das Mahl des Schmiedes Cunda gegessen hatte«, so erfahren wir, »befiel den Erhabenen eine schwere Krankheit, blutige Durchfälle, heftige Schmerzen setzten ein, lebensbedrohende.«

Als klar wurde, dass er sterben musste, zeigte Buddha erneut heldenhaftes Mitgefühl mit Cunda. »Es könnte sein«, sagte Buddha seinem Begleiter, »dass irgendjemand den Schmied Cunda mit dem Tadel quält: Freund Cunda, es ist für dich ein Schaden, dass der Vollendete, nachdem er deine Almosenspeise genossen hatte, endgültig verloschen ist.«

Buddha wies seinen Begleiter an, Cundas Selbstvorwürfe zu zerstreuen, indem er ihm sagte, er habe in Buddhas Leben eine unersetzliche Rolle gespielt. Schließlich habe Cunda dem Buddha seine letzte Mahlzeit gegeben: »Zwei Almosenspeisen«, erläuterte Buddha seinem Begleiter, »bringen ganz gleiche

Frucht, ganz gleichen Lohn, andere Almosenspeisen übertreffend, höhere Frucht bringend, größeren Segen bringend. Welche zwei? Die Almosenspeise, nach deren Genuss der Vollendete in unvergleichlicher, voller Erwachung zur höchsten Erwachung kommt, und die Almosenspeise, nach deren Genuss der Vollendete in der restlosen Art des Verlöschens endgültig verlischt.« Mit anderen Worten: Die Mahlzeit, die Cunda zubereitet hatte, war eine der wichtigsten, die Buddha jemals zu sich nahm.

Buddha hätte in diesen letzten Augenblicken seines Lebens kein Mitgefühl mit Cunda zeigen müssen. Er war todkrank und litt große Schmerzen. Statt sich um den Schmied zu sorgen, der ihn unabsichtlich vergiftet hatte, hätte der Buddha seine kostbare Zeit darauf verwenden können, sich auf den Tod einzustellen, zu meditieren oder über das Vermächtnis des Buddhismus nachzusinnen. Doch das tat er nicht. Stattdessen widmete er sich Cunda und versicherte ihm, dass die Verbindung, die zwischen ihnen entstanden war, eine Bedeutung hatte.

Wenn wir einen Sinn finden wollen, müssen wir auf andere Menschen zugehen.

Aus Buddhas Geschichte können wir alle etwas lernen. Die Sinnsuche ist keine einsame philosophische Suche, wie es oft scheint und wie ich im College geglaubt hatte – und der Sinn ist nichts, was wir in uns selbst und für uns selbst schaffen. Vielmehr liegt der Sinn weitgehend in den anderen. Nur wenn wir auf andere eingehen, errichten wir die Säule der Zugehörigkeit für uns und für sie. Wenn wir in unserem Leben einen Sinn finden wollen, müssen wir auf andere Menschen zugehen.

3.

DIE ZWEITE SÄULE: Die eigene Bestimmung finden

Ashley Richmond[1] bringt den Großteil ihrer Arbeitszeit damit zu, Ställe von Mist zu säubern. Sie arbeitet viel und hat fast nie Urlaub. Sie verdient deutlich weniger als die meisten Hochschulabsolventen ihres Alters. Und oft tun ihr abends sämtliche Knochen weh. Trotzdem sagt sie, dies sei ihr Traumberuf: »Ich kann mir keine andere Tätigkeit vorstellen.«

Ashley ist Tierpflegerin im Zoo von Detroit, wo sie sich um Giraffen, Kängurus und Wallabys kümmert. Schon von klein auf fühlte sie sich dazu berufen. Zu ihren frühesten Erinnerungen zählt eine Fahrt durch einen Safaripark in Kanada; damals war sie drei Jahre alt. Als der Familienkombi langsam durch den Park fuhr, näherte sich eine Giraffe und streckte plötzlich den großen Kopf durch das geöffnete Fenster. »Alle – alle meine Schwestern – haben laut geschrien, aber ich lachte nur und versuchte, dem Tier die Hand in den Mund zu stecken«, erzählte sie. »Ich fühlte mich schon immer zu Tieren hingezogen.« Als Ashley sechs Jahre alt war, brütete ein Nachbar für ein Schulprojekt ein Küken aus. Ashley war fasziniert. Sie wollte möglichst schnell älter werden, so erinnert sie sich, damit sie im Biologieunterricht auch ein Ei hegen konnte – sie wollte »der Grund sein, wieso das Küken schlüpft«. Wenige Jahre später übernahm sie es, für die Hunde der Familie zu sorgen und sie abzurichten.

Als Ashley neun war, riet ihr ein Verwandter, der ihre Begeisterung für Tiere bemerkt hatte, sie könne doch später Tierpflegerin werden. Ashley hatte noch nie zuvor von diesem Beruf gehört, doch ihr war sofort klar, dass das genau das Richtige für sie wäre. In der sechsten Klasse sollte sie einen Aufsatz über ihr Leben in fünf, zehn und 15 Jahren verfassen, und Ashley schrieb, sie wolle an der Michigan State University Zoologie studieren und dann im Zoo von Detroit arbeiten.

Und so kam es auch: 2006 schloss sie tatsächlich ihr Zoologie-Studium ab und arbeitet seitdem in genau diesem Zoo.

Als ich Ashley zum ersten Mal am Giraffe Encounter begegnete, einer Fütterplattform über dem Giraffengehege im Detroiter Zoo, hatte sie dreckverkrustete Hände und ein Bündel Zweige unter dem Arm. »Tut mir leid, ich bin ziemlich schmuddelig«, sagte sie, ließ die Zweige auf den Boden fallen, hob dann einen auf und hielt ihn hoch in die Luft.

»Nehmen Sie sich auch einen«, wies sie mich an, »und halten Sie ihn mit beiden Händen gut fest.«

Ein Giraffenbulle namens Jabari galoppierte auf uns zu. Seine geometrischen Flecken waren kastanienbraun und glänzten in der Oktobersonne.

»Jabari ist freundlich, aber er wird nicht gerne gestreichelt«, erklärte Ashley, als ich die Hand an sein Maul hob. Auf der anderen Seite des Geheges stand Jabaris Partnerin Kivuli mit dem gemeinsamen Sohn Mpenzi, einem einjährigen Kalb, dessen Name auf Kisuaheli »Liebe« bedeutet. Jabari beschnupperte meinen Blätterzweig und schnaubte. Dann galoppierte er davon.

Ashley raschelte mit ihrem Blätterbüschel und rief nach Jabari, um ihn wieder herzulocken. Er kam tatsächlich zurück und begutachtete erneut meinen Zweig. Dann biss er in die obersten Blätter und zog mir den Ast dabei fast aus den Händen. In wenigen Sekunden hatte er sämtliches Laub abgestreift. Ich legte den Zweig zu Boden und wollte mir etwas notieren. Jabari beugte den Hals über den Holzzaun der Plattform und fuhr mit der Nase über den Rand der Seite, auf der ich gerade schrieb. Dann hob er den Kopf und sah mich direkt an, den langen, muskulösen Hals wellenförmig gebeugt. Seine Nasenspitze war nur wenige Zentimeter von meinem Gesicht entfernt.

»Er ist echt neugierig«, sagte Ashley.

Diese Futterübung ist ein Beispiel für das, was man in der Welt der Zoos als »Enrichment«oder Anreicherung bezeichnet.[2] Im Zoo ist das Leben für wilde Tiere wie Giraffen sehr leicht. Sie werden regelmäßig gefüttert, sind vor Krankheiten geschützt und haben es nicht mit Raubtieren zu tun. Dadurch leben die Tiere zwar länger, doch das Leben ist für sie oft nicht so spannend, wie es in freier Wildbahn wäre. Ashleys Aufgabe im Zoo, so erklärte sie mir, besteht darin, den Tieren, für die sie verantwortlich ist, das Leben möglichst erfüllt, glücklich und interessant zu gestalten. Schließlich habe sich keines dieser Tiere freiwillig für ein Leben in Gefangenschaft entschieden. »Ich kann ihnen die Wildnis nicht ersetzen«, sagte sie, »aber ich kann versuchen, dafür zu sorgen, dass sie so natürlich wie möglich leben.«

Dieses Ziel erreichen Tierpfleger und andere Zoomitarbeiter unter anderem durch »Enrichment«. Wenn sie Felsen oder Äste verschieben, damit die Tiere ein abwechslungsreiches Umfeld erforschen können, Nahrung verstecken, sodass die Tiere danach suchen müssen, oder den Tieren Gegenstände zur Beschäftigung geben, ist das Leben im Zoo weniger vorhersehbar und damit anregender. Zudem gibt »Enrichment« den Tieren das Gefühl, dass sie ihre Umgebung kontrollieren – das ist für ihr Wohlbefinden sehr wichtig. Jabari beispielsweise nahm freiwillig an der Fütteraktion teil, Kivuli und Mpenzi dagegen nicht.

»Wir versuchen, ihnen die Möglichkeit zu geben, sich natürlich zu verhalten«, erklärte Ashley. »Giraffen essen die meiste Zeit, deshalb überlege ich mir immer wieder neue, interessante Wege, sie mit Futter zu versorgen.« Das ist auch für Ashley eine Herausforderung: Sie muss sich ständig etwas Neues einfallen lassen, um die Umgebung der Tiere so aufzuwerten, dass ihnen nicht langweilig wird.

Dass es ihren Schützlingen gut geht, erkennen die Pfleger, wenn die Tiere natürliche Verhaltensweisen zeigen. Gegen Ende unseres Gesprächs stieß der einjährige Mpenzi beispielsweise mit der Flanke gegen Jabari, der die kleine Giraffe daraufhin ebenfalls stupste. Unter der Wucht des väterlichen Stoßes wurde Mpenzis Hals nach links geschleudert. Dann schlangen die beiden die Hälse zusammen. Als ich Ashley fragte, was das zu bedeuten habe, sagte sie: »Das ist ein Halskampf. Jabari zeigt seinem Sohn, wie man ein richtiger Junge ist. Genau so würden sie sich in freier Wildbahn verhalten.«

Als Ashley zum Zoo von Detroit kam, befand sich dieser gerade an einem Wendepunkt. In den letzten 40 Jahren hat sich die

Zielsetzung zoologischer Gärten maßgeblich verändert. Früher dienten sie in erster Linie der Unterhaltung der Besucher, die Tiere waren ein Mittel zum Zweck. Noch in den 1980er-Jahren gab es in Detroit eine außerordentlich beliebte Schimpansen-Show, in der die Primaten in albernen Aufzügen lächerliche Tricks vorführten, zum Beispiel Dreirad fuhren oder aus Teetassen schlürften. Heutzutage sehen führende Zoos wie der von Detroit ihre Aufgabe im Tierschutz und in der Bewahrung von Spezies und natürlichen Lebensräumen in aller Welt. Eine Schimpansen-Show oder vergleichbare Spektakel würde man als widernatürliche, inakzeptable Verletzung der Würde der Tiere empfinden.

> *Wenn sie dieser Bestimmung folgen, empfinden sie ihr Leben als sinnerfüllt.*

Diese Mission – dass die Tiere an erster Stelle stehen – hat für Ashley jederzeit höchste Priorität. Und damit ist sie nicht allein. Die Sozialwissenschaftler Stuart Bunderson und Jeffery Thompson haben herausgefunden, dass Tierpfleger eine außergewöhnlich starke Berufung verspüren.[3] Sie empfinden ihre Tätigkeit häufig als Bestimmung – als Weg, der ihnen seit jungen Jahren vorbestimmt war, da sie die außergewöhnliche Fähigkeit haben, sich auf Tiere einzulassen, diese zu verstehen und zu versorgen. Tierpfleger, so stellten die Forscher fest, verzichten bereitwillig auf Geld, Zeit, Bequemlichkeit und Status, weil sie es für ihre Pflicht halten, mit ihrer Gabe dafür zu sorgen, dass verletzliche Geschöpfe in Gefangenschaft ein besseres Leben führen. Und wenn sie dieser Bestimmung folgen, empfinden sie ihr Leben als außerordentlich sinnerfüllt.

So ist es auch bei Ashley. Unterhaltsame oder intellektuell anspruchsvolle Tätigkeiten wie die Förderung der Tiere oder die Beschäftigung mit ihnen machen nur 20 Prozent ihrer Arbeitszeit aus. Die anderen 80 Prozent widmet sie deutlich weniger glamourösen Aktivitäten, zum Beispiel der Reinigung der Gehege. Doch für Ashley sind auch niedere Dienste sinnerfüllt, weil sie mit ihrer größeren Bestimmung zusammenhängen. »Es ist wichtig, die Außenbereiche und Ställe sauber zu halten«, so Ashley, »weil das gut für die Tiere ist. So bleiben sie gesund. Mein Ziel ist es, Tag für Tag dafür zu sorgen, dass sie ihre Umgebung genießen – und dazu ist es ganz wichtig, dass sie einen sauberen Lebensraum haben.«

Der Weg ist das Ziel

Bestimmung klingt recht hochtrabend – dabei muss man sich keineswegs vornehmen, den Hunger auf der Welt zu besiegen oder alle Atomwaffen abzuschaffen. Eine Bestimmung kann auch darin bestehen, gut für die eigenen Kinder zu sorgen, im Büro eine angenehmere Atmosphäre zu schaffen oder einer Giraffe das Leben schöner zu gestalten.

Laut William Damon, einem Entwicklungspsychologen aus Stanford, hat die Bestimmung zwei wichtige Dimensionen.[4] Zum einen ist sie ein »stabiles und weitreichendes« Ziel. Die meisten unserer Ziele sind profan und unmittelbar, zum Beispiel wollen wir pünktlich bei der Arbeit sein, ins Fitnessstudio gehen oder Geschirr spülen. Die Bestimmung dagegen ist ein Ziel, das wir immer vor Augen haben. Sie ist der Wegweiser, der unser Verhalten motiviert und das Ordnungsprinzip unseres Lebens bildet.

Zweitens leisten wir mit der Bestimmung einen Beitrag zur Welt. Sie ist, so schreibt Damon mit seinen Kollegen, »Teil der persönlichen Sinnsuche, hat jedoch auch eine externe Komponente, den Wunsch, in der Welt etwas zu bewirken, einen Beitrag zu etwas Größerem zu leisten«. Das kann bedeuten, die Menschenrechte zu fördern oder daran zu arbeiten, eine Bildungslücke zu schließen, gilt aber auch im kleineren Maßstab. Teenager, die in der Familie beim Putzen, Kochen oder bei der Betreuung jüngerer Geschwister helfen, empfinden ebenfalls eine stärkere Bestimmung.[5]

Wer eine Bestimmung erkennt, ist belastbarer und motivierter.

Wer eine solche Bestimmung erkennt, hält das eigene Leben häufiger für sinnerfüllt[6] und zufriedenstellend[7]. Man ist dann belastbarer und motivierter und steht die guten wie die schlechten Phasen im Leben durch, um sein Ziel zu erreichen.[8] Wer jedoch in seinen täglichen Handlungen keine Bestimmung sieht, lässt sich eher ziellos durchs Leben treiben. Als Damon mit seinen Kollegen zwischen 2003 und 2007 in einer großangelegten Studie Jugendliche und junge Erwachsene im Alter von 12 bis 24 Jahren betrachtete[9], stellte er fest, dass nur 20 Prozent von ihnen eine voll ausgeprägte, soziale Bestimmung kannten, auf die sie aktiv hinarbeiteten. Diese Jugendlichen waren in der Schule motivierter, hatten bessere Noten[10] und zeigten weniger häufig riskante Verhaltensweisen wie

Drogenkonsum[11]. Acht von zehn der jungen Menschen[12], die Damon untersuchte, hatten jedoch keine genaue Vorstellung davon, welche Richtung ihr Leben nehmen könnte. Viele von ihnen hatten sich zwar vage langfristige Ziele gesetzt, wussten jedoch nicht, wie sie diese Ziele erreichen sollten oder ob diese Bestrebungen für sie persönlich sinnerfüllend waren. Ein Viertel der jungen Leute war »haltlos, zeigte so gut wie keine Bestimmung«.[13]

Vor 20 Jahren war Coss Marte[14] ein Junge ohne Bestimmung. Er wuchs in den 1980er- und 1990er-Jahren mit seinen Eltern und drei Geschwistern – zwei älteren Schwestern und einem jüngeren Bruder – an der Lower East Side in New York City auf. Als Junge machte er viel Ärger und geriet häufig in Schwierigkeiten. Er besuchte vier verschiedene Highschools, da er dreimal wegen Rauchens oder Handgreiflichkeiten verwiesen worden war. Trotzdem schloss er die Schule schließlich als Klassenbester ab. »Für die Schule musste ich mich nicht anstrengen«, sagt er. Er war intelligent, ehrgeizig und – wenn er wollte – fleißig.

Coss' Vater, ein Einwanderer aus der Dominikanischen Republik, betrieb eine Bodega, in der Coss an der Kasse, als Putzkraft und im Lager arbeitete. Zudem sammelte er Dosen und Flaschen, um das Pfandgeld zu kassieren. Coss hasste seine Armut und wollte sich unbedingt daraus befreien. »Ich war ständig in Aktion«, erzählt er. »Ich sah, dass die anderen bessere Sachen hatten als ich und wollte das auch. Ich war ganz wild darauf, Geld zu verdienen.«

Mit seinem Ehrgeiz und seiner Intelligenz hätte er wie seine Geschwister studieren können – diese landeten bei Unternehmen wie Goldman Sachs und IBM. Stattdessen begann er, Drogen zu verkaufen.

In den 1980ern und 1990ern war die Kriminalitätsrate in New York[15] immens, und die Lower East Side gehörte zu den Epizentren des Drogenhandels[16]. Coss erinnert sich, dass die Leute an den Straßenecken Schlange standen, um Drogen zu kaufen. Ein Dealer in den oberen Wohnungen seilte einen Eimer voller Drogen zum Käufer auf der Straße herunter, dieser legte Geld in den Eimer, und der Dealer zog ihn wieder hoch.

Schon bald war Coss mit von der Partie. Seit seinem zwölften Lebensjahr rauchte er Marihuana, das er mit 13 dann selbst verkaufte; einige Jahre später hatte er auch Crack und Kokain im Angebot. Mit 16 erbte er die lukrative Straßenecke zwischen Eldridge und Broome Street von einem respektierten Drogendealer und hatte damit die anderen Dealer an dieser Ecke unter sich.

Coss war der geborene Unternehmer – ein gewitzter Geschäftsmann –, und er erkannte, dass sich das Gesicht der Lower East Side allmählich wandelte. Im Jahr 2000 strömten junge Rechtsanwälte und Finanzleute in seine Gegend, und Coss begriff, dass sein Umsatz in die Höhe schnellen würde, wenn er diese Leute auch bediente. Er bestellte sich 10 000 Visitenkarten mit der Aufschrift »Festival Party Services: Kein Event zu groß oder zu klein – 24/7«, darunter seine Telefonnummer. Dann schmiss er sich in Schale und machte sich auf zum Happy Ending, einer angesagten neuen Bar in der Gegend, um seine Karten an die Yuppies zu verteilen. Damit schuf er, wie er sagt, einen »edlen privaten Lieferservice« für Kokain und

Marihuana. Bestellen konnte man telefonisch, und Coss' Mitarbeiter lieferten die Drogen in Luxuskarossen aus.

Mit 19 Jahren verdiente Coss zwei Millionen Dollar pro Jahr.[17] Er hatte schicke Kleidung, trug teure Schuhe, fuhr einen eleganten Wagen und besaß mehrere Apartments in New York. Zehn Jahre, nachdem er beschlossen hatte, kein armer Junge aus dem Ghetto zu bleiben, hatte er seinen Traum wahr gemacht. Doch seine Bestimmung, das sollte Coss bald feststellen, hatte er mit diesem Traumleben noch nicht gefunden.

Der Traum endete an einem Abend im April des Jahres 2009. Coss, damals 23, versuchte vergeblich, seine Mitarbeiter zu erreichen – niemand ging ans Telefon. »Ich frage mich also, was zum Teufel los ist«, berichtet Coss, »und mache mich mit einem Päckchen auf den Weg, um die Ware persönlich auszuliefern.« Die Polizei wartete schon vor der Tür. Coss wollte flüchten, doch man fasste ihn und durchsuchte seine Wohnung, in der über zwei Pfund Kokain und 5000 Dollar in bar gefunden wurden. Er und acht Mitglieder seiner Gang wurden verhaftet – einer der größten Erfolge der Drogenfahndung in New York in jenem Jahr.[18]

Coss wurde zu sieben Jahren Gefängnis verurteilt. Das fand er nicht weiter schlimm, denn seit seinem 13. Lebensjahr hatte er schon oft genug in Haftanstalten gesessen und meinte, er könne die Zeit »einfach absitzen«. Doch als er seine Haft antrat, hatten die Ärzte schlimme Nachrichten für ihn: Vermutlich würde er seine Entlassung gar nicht mehr erleben. Cholesterinspiegel und Blutdruck waren viel zu hoch, wenn er seine Ernährung nicht umstellte, drohte ein Herzinfarkt. Bei einer Körpergröße von etwa 1,70 Meter wog Coss damals über 100 Kilo.

Diese Prognose war ein Weckruf für ihn. Coss hatte nie Sport getrieben. Sogar in New York fuhr er wenige Meter zum nächsten Laden mit dem Auto und parkte dann in zweiter Reihe. »Ich habe einfach die Strafzettel bezahlt«, erzählte er. »Ich war unglaublich überheblich.« Im Gefängnis achtete Coss dann auf ausreichend Bewegung und ernährte sich gesünder. Erst lachten ihn die anderen Häftlinge aus, denn er schaffte keinen einzigen Klimmzug. Doch er biss die Zähne zusammen. Nachdem er sich anfangs auf einige Minuten Kardiotraining pro Tag beschränken musste, konnte er wenige Monate später schon zwei Stunden ununterbrochen trainieren. Schließlich nahm er über 30 Kilo ab.

Diese gesündere Lebensweise machte ihm klar: Er wollte ein anderes Leben führen als zuvor. Aber wollen und tun sind nicht das Gleiche. Im Gefängnis dealte Coss weiter Drogen und verkaufte illegalen Schnaps aus fermentiertem Obst.

Wenn er nicht den Schwarzmarkt bediente, fungierte er als Personal Trainer und zeigte anderen Gefangenen Übungen, die sie in ihren Zellen ausführen konnten. »Anderen Menschen zu helfen war ein tolles Gefühl«, sagt Coss. »Wenn jemand kommt und um Rat bittet und man sein Wissen weitergeben kann.« Er half mehr als 20 Häftlingen dabei, ihre Fettleibigkeit zu überwinden. Ein Mann, der seinen 150 Kilo den Spitznamen »Big Papi« zu verdanken hatte, verlor mit Coss' Hilfe über 40 Kilo. »Er hat richtig geweint«, berichtet Coss, »und gesagt: ›Vielen Dank, so fit war ich noch nie im Leben. Ich war immer einer von den Fetten.‹«

Diese Erlebnisse waren zwar sehr erfüllend, doch seine wahre Bestimmung im Leben fand Coss erst, nachdem er seinen persönlichen Tiefpunkt erreicht hatte. Kurz vor seiner Entlassung landete Coss wegen einer Auseinandersetzung mit einem Beamten für 30 Tage in Einzelhaft. Dort gab man ihm lediglich einen Stift, Papier, einen Umschlag und die Bibel. Mit Stift und Papier schrieb er einen zehnseitigen Brief an seine Familie, in dem er erläuterte, er werde nicht wie geplant nach Hause kommen und habe es diesmal »wirklich verbockt«. Als der Brief fertig war, konnte er ihn jedoch nicht absenden, denn er hatte keine Briefmarke.

Die Tage vergingen, und Coss überlegte verzweifelt, wie er den Brief an seine Familie übermitteln könnte. Dann bekam er Post von seiner Schwester, einer frommen Katholikin. In ihrem Brief empfahl sie Coss, Psalm 91 zu lesen, ein schönes Gedicht, in dem Gott seine Herde auch während Übeln und Plagen bewacht. »Ich glaubte nicht an Gott oder Religion«, erzählt Coss, »und ich sagte mir: ›Kommt nicht infrage, das werde ich nicht lesen. Das ist die reinste Zeitverschwendung.‹« Doch dann überlegte er es sich anders. »Schließlich hatte ich Zeit genug«, sagt er, »also griff ich zur Bibel.« Er blätterte zu Psalm 91. »Als ich diese Seite aufschlug, fiel eine Briefmarke aus der Bibel. Ich bekam Gänsehaut. Das war für mich ein übernatürlicher Moment.«

Dieser Augenblick änderte Coss' Leben. »Ich las die Bibel von vorne bis hinten und begriff, dass ich alles falsch machte«, erzählt er. »Ich tat überhaupt nichts für die Gesellschaft. Früher war der Drogenhandel für mich kein Problem. Ich sah das einfach als Job wie jeden anderen. Ich dachte nur an das Geld. Doch dann wurde mir klar, wie sehr ich meiner Familie und den Leuten, denen ich Drogen verkaufte, damit schadete. Ich dachte mir: ›Ich habe so viele Leben ruiniert und habe keine Ahnung, wie ich das jemals wiedergutmachten soll.‹«

»Ich begriff, dass ich alles falsch machte: Ich tat überhaupt nichts für die Gesellschaft.«

Dann jedoch fiel ihm auf, dass er gerade dabei war, es wiedergutzumachen – indem er andere ermutigte, in Form zu kommen und ein besseres Leben zu führen. Er stellte fest: Anderen durch Fitnesstraining zu helfen war der Beitrag, den er für die Gesellschaft leisten konnte. Dieser Gedanke motivierte ihn. Er entwarf einen Geschäftsplan für ein Fitnesscenter. »Mit der Bibel als Lineal erstellte ich eine Tabelle«, erzählt er. »Anhand der Nährstoffangaben auf der Milchpackung, die ich bekommen hatte, konzipierte ich einen Ernährungsplan.« Als er die Einzelhaft verlassen durfte, schwor er sich, nie wieder Drogen zu verkaufen. Nach einem weiteren Jahr im Gefängnis kam er im März 2013 auf freien Fuß.

Bei der Rückkehr nach New York war er vollkommen mittellos. Im Gefängnis war ihm das Geld ausgegangen, und die Regierung hatte fast seinen gesamten Besitz beschlagnahmt. Er übernachtete bei seiner Mutter auf dem Sofa, während er den Neuanfang in Angriff nahm. »Ich suchte jede Menge Wohltätigkeitsorganisationen auf, die mir weiterhalfen – das hätte ich früher nie getan«, berichtet er. »Aber ich war mittlerweile unglaublich demütig und konnte andere um Hilfe bitten.« Er bekam einen Job bei der gemeinnützigen Organisation Goodwill, für die er Büroarbeiten verrichtete, und überlegte in seiner Freizeit, wie er seine Geschäftsidee umsetzen konnte.

Eine der Wohltätigkeitsorganisationen, mit denen er zu tun hatte, war Defy Ventures[19], die sogenannte Unternehmer von der Straße dabei unterstützen, ein legales Unternehmen zu gründen – quasi das »Geschäft zu verändern«. Diese Organisation bot einen Kurs in Wirtschaftskunde an, den Coss absolvierte, und veranstaltete zudem einen Wettbewerb für die beste Geschäftsidee. Nur zwei Monate nach seiner Entlassung sicherte sich Coss mit dem Geschäftsplan, den er in der Einzelhaft entworfen hatte, den ersten Platz.

Mit dem Preisgeld eröffnete er 2014 das Fitnessstudio Coss Athletics an der Lower East Side, das auf Workouts im Gefängnis-Stil spezialisiert ist. Seine Übungen setzen lediglich auf das Körpergewicht und können auf engstem Raum ausgeführt werden, zum Beispiel in einer Gefängniszelle – oder einem kleinen Apartment in der Stadt. Als ich 2014 zum ersten Mal mit Coss sprach, hatte er 350 Kunden und arbeitete in Vollzeit bei Goodwill, um seinen Lebensunterhalt zu decken. Einen Monat später hatte er seinen Kundenstamm verdoppelt und hoffte auf Sponsorengelder von privaten Investoren. 2016 konnte er bereits über 5000 Kunden vorweisen und einen Gewinn von 125 000 Dollar machen. Er benannte das Unternehmen in ConBody um und kündigte bei Goodwill, um sich ganz seinem Geschäft zu widmen.

»Ich wollte schon immer eine eigene Firma haben und von den Drogen wegkommen, aber ich war versessen darauf, viel Geld zu verdienen«, berichtete er mir. Mittlerweile setzt er sein Talent dafür ein, eine Geschäftsidee zu entwickeln, die der Gemeinschaft zugutekommt. Coss' Kunden sind in erster Linie junge Berufstätige – »genau die Leute, denen ich früher Drogen verkauft habe«. Jetzt jedoch hat er auf ganz anderer Ebene mit ihnen zu tun.

Eine Frage der Identität

Die Geschichte von Coss liefert eine wichtige Einsicht: Für ein sinnerfülltes Leben sind Selbstreflexion und Selbsterkenntnis erforderlich.[20] Jeder von uns hat ganz eigene Stärken, Begabungen, Erkenntnisse und Erfahrungen, die uns zu dem machen, was wir sind. Und damit hat jeder von uns eine ganz eigene Bestimmung, die zu dem passt, was wir sind und schätzen – also zu unserer Identität.

Erik Erikson, einer der berühmtesten Psychologen des 20. Jahrhunderts, beschrieb die Identität[21] als komplex und facettenreich; sie umfasst nicht nur, wer ein Mensch ist, sondern auch, woher er kommt, wohin er will und wie er in die Gesellschaft und die Welt insgesamt passt. Jemand, der sich über seine Identität genau im Klaren ist, kennt seine grundlegenden Überzeugungen, seine Werte und seine Lebensziele und weiß, wie er durch seine Gruppen und Gemeinschaften geprägt wurde. Er kann die zentrale Frage beantworten, die sich jeder junge Erwachsene stellt: *Was für ein Mensch bin ich und was für ein Mensch möchte ich sein?* Allerdings ist die Identität nicht statisch. In jeder Lebensphase muss diese Frage aktiv neu gestellt werden. Gegen Ende des Lebens fragt man dann nicht mehr *Was für ein Mensch möchte ich sein?*, sondern vielmehr *Was für ein Mensch war ich, und bin ich damit zufrieden?* Jemand, der nach seinen Werten gelebt hat und seine Lebensziele erreichen konnte, empfindet laut Erikson »Ich-Integrität« im Gegensatz zu »Verzweiflung«.[22]

Forscher der Texas A&M University[23] haben die enge Verbindung zwischen Identität und Bestimmung untersucht und festgestellt, dass die richtige Selbsteinschätzung maßgeblich zu einem sinnerfüllten Leben beiträgt. In einer Studie[24] unter der Leitung von Rebecca Schlegel sollten Studenten ihr tiefstes Inneres, also das »wahre Ich«[25] im Gegensatz zu dem unaufrichtigen Ich, das man manchmal anderen gegenüber zeigt, mit zehn Charaktereigenschaften beschreiben. Etwa einen Monat später absolvierten die Studenten den zweiten Teil der Studie. Während sie willkürliche Aufgaben an einem Computer bearbeiteten, ließen die Forscher auf dem Bildschirm 40 Millisekunden lang die Begriffe aufleuchten, mit denen die Studenten ihr wahres Ich beschrieben hatten – so schnell, dass die Wörter nicht visuell erfasst und bewusst verarbeitet werden konnten. Die Studenten, die unbewusst an ihr wahres Ich erinnert wurden[26], beurteilten ihr Leben danach als sinnerfüllter als vor der Studie. Das Leben scheint also mehr Sinn zu haben, wenn man an das wahre Ich erinnert wird – selbst wenn das nur im Unterbewusstsein geschieht.

> *»Man muss sich auf sich selbst besinnen, um herauszufinden, wie man am besten lebt.«*

Das lässt sich erklären. »In unserer Kultur versiegen die Sinnquellen allmählich«, so Schlegel, »das bedeutet, dass man sich auf sich selbst besinnen muss, um herauszufinden, wie man am besten lebt. Die Erkenntnis des wahren Ichs ist der erste Schritt auf diesem Weg.«

Wer sich selbst kennt, kann eine Richtung einschlagen, die zu den eigenen Werten und Fähigkeiten passt. Jemand, dessen größte Stärken Zuwendung und Lebensfreude sind[27], ist möglicherweise ein guter Lehrer. Allerdings muss man nicht unbedingt den Beruf wechseln, um seine Begabungen gezielt einzusetzen. Mit diesen Talenten[28] könnte beispielsweise auch ein Rechtsanwalt seine Klienten besonders gut betreuen. Die Forschung zeigt, dass Menschen, die bei der Arbeit ihre Stärken einsetzen, ihre Tätigkeit als sinnerfüllter empfinden und dadurch bessere Leistungen erbringen.[29] Und wenn sie Ziele verfolgen, die ihren grundlegenden Werten und Interessen entsprechen, sind sie zufriedener und fühlen sich kompetenter. Zudem werden sie mit höherer Wahrscheinlichkeit Herausforderungen meistern, um diese Ziele wirklich zu erreichen – sie sind also zielstrebiger.[30]

Die Geschichte von Manjari Sharma[31], einer Fotografin aus Brooklyn, zeigt, welche zentrale Rolle die Identität bei der Suche nach der eigenen Bestimmung spielt. Manjaris Bestimmung als Künstlerin ist eng damit verbunden, wer sie ist und woher sie stammt, und ihr Weg gibt einige Hinweise darauf, wie man sich selbst erkennen kann.

Manjari wurde in Mumbai, Indien, geboren. Sie wuchs in einer hinduistischen Familie auf, in der das Göttliche ständig präsent war. In ihrem Elternhaus fanden sich überall Abbildungen von Gottheiten – genau wie in den Fernsehsendungen, zum Beispiel den alten Hindu-Epen *Mahabharata* und *Ramayana*, deren Mythen sie in ihrer Kindheit fesselten. Wenn Manjari mit ihren Eltern in den Ferien durch Indien reiste, besichtigte sie mit ihrer Mutter stets die Hindu-Tempel in der Nähe, manche über 5000 Jahre alt. Dort stand sie dann ehrfürchtig vor Bildern und Skulpturen der Gottheiten, darunter Vishnu, der mächtige Beschützer des Universums, und Shiva, der zornige Zerstörer und Veränderer, der oft beim Tanz auf dem Rücken eines Dämons dargestellt wird.

Beim Anblick dieser Figuren erlebte Manjari als Kind ein *Darshan. Darshan* ist Sanskrit und bedeutet »Blick« oder »Erscheinung«; gemeint ist damit, dass man etwas durchschaut. Im Hinduismus versteht man unter *Darshan* eine kurze Verbindung zum Göttlichen bei der Anbetung. Manjari erlebte dieses Phänomen nur ab und an in Tempeln, doch es hat ihre Fantasie nachhaltig geprägt.

Mittlerweile hat sich Manjari ganz der Kunst verschrieben, doch als Kind wollte sie noch keine Künstlerin werden – ihr Berufswunsch war Diätassistentin. Als sie allerdings in Mumbai das College besuchte und feststellte, welch dicke Fachbücher mit unendlichen Kalorienlisten sie dazu lesen musste, wurde ihr ganz anders. Sie entschied sich stattdessen für Visuelle Kommunikation, obwohl sie keine genaue Vorstellung davon hatte, was sie mit diesem Studium später anfangen sollte.

Dann kam der Zufall ins Spiel. Mithilfe eines Mentors entdeckte Manjari ihre wahre Berufung. Für ein Fotografie-Seminar musste sie direkt zu Studienbeginn hin und wieder ein paar Aufnahmen machen. Am Ende des Semesters wurde sie von ihrem Professor als »beste Studentin des Jahres« in Fotografie ausgezeichnet.

Manjari konnte es kaum glauben. »Wirklich? War ich wirklich so gut?«, fragte sie sich. »Ich war vollkommen überrumpelt. Ich habe einfach nur geknipst, ohne groß darüber nachzudenken«, erzählt sie. »Was würde ich erreichen können, wenn ich mir wirklich Mühe gab?«

Für Manjari, die ihre Arbeit mittlerweile international ausstellt, ist die Auszeichnung ihres Professors bis heute die wichtigste Anerkennung als Künstlerin, die ihr je zuteilwurde. Er hatte nicht nur Manjaris künstlerische Ader geweckt, sondern sie auch ermutigt, in die USA zu gehen, um dort Fotografie zu studieren. 2001 begann sie ihr Studium am Columbus College of Art and Design in Ohio.

Das sei für sie ein »Kulturschock« gewesen, erinnert sie sich. Zum einen war ihre Vorstellung von Amerika durch Hollywood geprägt. Bei der Ankunft in Columbus fragte sie sich verwirrt: »Wo sind nur all die Menschen?« Sie war einsam und hatte Heimweh, doch schließlich lebte sie sich ein – und erkannte bald, dass dieses Gefühl der Entfremdung künstlerisch produktiv sein konnte. »Wenn man aus der eigenen Bequemlichkeit gedrängt wird, wenn man sich fehl am Platz fühlt, dann geschehen ganz erstaunliche Dinge«, sagt sie. Durch den Umzug nach Amerika entwickelte Manjari eine künstlerische Sichtweise, die mit den Erlebnissen aus ihrer Kindheit verknüpft war.

Nachdem Manjari ihre Heimat verlassen hatte, praktizierte sie den Hinduismus nicht mehr regelmäßig. In Indien waren die religiösen Rituale zentraler Bestandteil des Alltags gewesen, doch in Amerika widmete sie sich ganz der Kunst, von Seminaren in Kunstgeschichte über eigene Kunstprojekte bis hin zu den Museen, die sie mit Kommilitonen besuchte. »Von einem Land, in dem Kunst in Tempeln angebetet wurde, kam ich in ein Land, in dem Kunst verehrt und in Museen auf Podeste gehoben wurde«, sagt sie. Die Kunstmuseen erinnerten an die

Hindu-Tempel, die sie als Kind mit ihren Eltern besucht hatte. Museumsbesuche hatten genau wie der Gang in den Tempel etwas Rituelles: Man stand erst erwartungsvoll in der Schlange und stellte dann eine Verbindung zu einem Kunstwerk her. »Genau das, was ein *Darshan* ausmacht«, so Manjari.

Diese Einsicht inspirierte Manjari zu ihrem bislang ehrgeizigsten Projekt. Es heißt *Darshan* und ist eine Serie von neun großen fotografischen Darstellungen hinduistischer Gottheiten. Diese Bilder, so Manjari, sollten den Betrachter genauso bewegen wie ein Besuch im Tempel, in dem das Göttliche allgegenwärtig ist.

> *»Viele Menschen können gemeinsam etwas schaffen, das größer ist als sie selbst.«*

Darshan ist weitaus mehr als eine Fotoserie von neun Modellen in fantasievoller Kleidung. Die Erschaffung der Bilder war ein Ritual für sich. Für jedes Porträt arbeitete Manjari mit einem Team aus über 30 Handwerkern zusammen, die ein aufwändiges Diorama erstellten, welches sie dann ablichtete. Alle Gegenstände, die auf dem Porträt zu sehen sind – von Schmuck und Kostümen bis hin zu Requisiten und Hintergrund – wurden in einer Werkstatt in Indien handgefertigt, bemalt, ausgesägt und zusammengesetzt, sodass eine traditionelle Darstellung der Gottheit entstand. Die Handwerker, Maler und Modelle waren nicht nur bezahlte Handlanger – Manjari war es sehr wichtig, dass alle ihre Vision teilten. »Ich wollte, dass jeder eine besondere Verbindung zu der Kulisse hatte, die wir gemeinsam errichteten. So hatte jedes Teammitglied persönlichen Anteil an dem Projekt. Viele Menschen können gemeinsam etwas schaffen, das größer ist als sie selbst«, so Manjari.

Die Bilder der Serie sind von üppigen, fröhlichen Farben und psychedelischen Symbolen geprägt, und jede Aufnahme ist genau wie die dargestellte Gottheit vollkommen einzigartig. Das erste Porträt, das Manjari mit ihrem Team fertigstellte, ist eine strahlende Darstellung der Göttin Lakshmi auf einer rosafarbenen Lotusblüte, in der weiße, juwelenbehängte Elefanten stehen. Lakshmi ist die Göttin des materiellen und spirituellen Reichtums, und auf dem Bild fallen ihr Goldmünzen aus der Hand. In einem anderen Porträt sitzt Maa Saraswati, die Göttin der Kunst, Musik und Bildung, auf einem rotbraunen Felsen und spielt mit einem Pfau zu ihren Füßen auf einem Saiteninstrument. Und ein weiteres Bild zeigt Hanuman, den Affengott, der mit einer Hand einen Berg in die Höhe stemmt, während sein Schwanz hinter ihm in der Luft schwebt.

Hanuman war die Gottheit, die Manjari als Kind besonders beeindruckte. Die Legende besagt, Hanuman sei in seiner Jugend sehr frech gewesen und habe sich, da er fliegen und sich verwandeln konnte, an meditierende Weise herangeschlichen und sie mit Streichen gestört. Eines Tages bestraften die Weisen ihn mit einem Fluch: Hanuman sollte seine besonderen Gaben und Fähigkeiten vergessen und sich nur noch dann an sie erinnern, wenn er sie wirklich brauchte, um Gutes zu tun. Dieser Mythos lieferte Manjari eine wichtige Erkenntnis zum Thema Bestimmung. »Wir können Einzigartiges vollbringen, jeder von uns, aber wir müssen in Ruhe herausfinden, was es ist«, meint sie. »Unser wahres Potenzial liegt tief im Verborgenen, und erst wenn die Zeit reif ist, können wir entdecken, wer wir wirklich sein sollen, und zu diesem Menschen werden. Genau wie Hanuman.«

Manjaris Weg zur Selbsterkenntnis dauerte fast zehn Jahre und verlief nicht gerade. Die Förderung eines Mentors brachte sie zur Kunst. Dann erweiterte sie durch den Umzug an einen unbekannten Ort, die Vereinigten Staaten, ihren Horizont, sodass sie deutlicher erkannte, wer sie wirklich war – und das wiederum zeigte ihr verschiedene Themen auf, mit denen sie sich in ihrer Kunst befassen konnte. Sie war, das wurde ihr klar, ein Mensch mit einer tiefen Verbindung zu Mythen, Religion und Spiritualität, und ihre Arbeiten spiegeln diese Identität wider. »Ich habe gelernt, dass mein Sinn für Kunst aus der Tatsache resultiert, dass ich Mythen und Lebensgeschichten liebe«, sagt sie. »Ich liebe es, solche Geschichten zu erzählen, zu hören, daraus zu lernen und sie in Bildern auferstehen zu lassen.«

Manjari betrachtete die Bilder, die an die weiße Wand ihres Studios geheftet waren – Aufnahmen von ihrer Mutter im Sari an einem Strand in Indien, ein Bild des Gottes Vishnu, der aus den Wolken aufsteigt wie Venus aus dem Meer, oder ein Foto von einem Vater, der unter der Dusche sein Neugeborenes an die Brust drückt. »Das ist meine Bestimmung«, sagt sie, »eine sinnerfüllte Geschichte zu erzählen, die Menschen so bewegt, wie ich von diesen Geschichten bewegt wurde.«

Selbsterkenntnis allein reicht natürlich nicht aus. Coss kannte seine Stärken schon von klein auf und setzte sie ein, um seine Ziele als Drogendealer zu erreichen. Manjari brauchte länger, um ihre einzigartigen Gaben zu erkennen, und fand ihre Bestimmung als Künstlerin, als sie feststellte, dass ihre Arbeit andere inspirieren konnte. Beide erkannten ihre wahre Berufung erst, als sie einen entscheidenden Schritt über die Selbsterkenntnis hinaus taten: Sie setzten dieses Wissen ein, um herauszufinden, wie sie am besten einen Beitrag zur Gesellschaft leisten konnten. Heute nutzen sie ihre Fähigkeiten, um anderen ein besseres Leben zu ermöglichen – Coss, indem er ihnen dabei hilft, fit und gesund zu bleiben, und Manjari, indem sie ihrem Publikum ein erfüllendes Erlebnis verschafft.

Wir sind, was wir tun

Ein Leben mit einer Bestimmung macht uns glücklicher und entschlossener, doch Menschen, die von einer Bestimmung angetrieben werden, geht es letztlich nicht um diese persönlichen Vorteile, sondern darum, die Welt zu verbessern. Viele große Denker haben argumentiert, für ein sinnerfülltes Leben müsse der Mensch die ihm gegebenen Stärken, Begabungen und Fähigkeiten kultivieren und zum Vorteil anderer einsetzen.

Ein eifriger Verfechter dieses Gedankens war der deutsche Philosoph Immanuel Kant, der im 18. Jahrhundert lebte.[32] Kant entwirft das Bild eines Menschen, der – wie so viele von uns heutzutage – »in sich ein Talent [findet], welches vermittelst einiger Kultur ihn zu einem in allerlei Absicht brauchbaren Menschen machen könnte. Er sieht sich aber in bequemen Umständen und zieht vor, lieber dem Vergnügen nachzuhängen, als sich mit Erweiterung und Verbesserung seiner glücklichen Naturanlagen zu bemühen«. Was sollte dieser Mensch tun? Soll er ein leichtes, angenehmes Leben vorziehen und auf die Kultivierung seiner natürlichen Talente verzichten? Oder sollte er seiner Bestimmung folgen?

Diese Fragen sind die treibende Kraft hinter dem Film *Good Will Hunting* aus dem Jahr 1997. Die Geschichte dreht sich um Will, einen 20-Jährigen aus dem Süden Bostons, der unter psychischen Problemen leidet. Will lässt sich ziellos durchs Leben treiben und arbeitet als Hausmeister an der berühmten Hochschule MIT. Seine Freizeit verbringt er meist mit Freunden und Alkohol, obwohl er ein Genie ist und mathematische Probleme lösen kann, an denen die Doktoranden am MIT scheitern. Als er mit dem Gesetz in Konflikt gerät, weil er einen Polizeibeamten angreift, hat Will Glück: Ein MIT-Professor, Gerald Lambeau, setzt sich für ihn ein. Der Richter ist bereit, Will unter Lambeaus Aufsicht auf freien Fuß zu setzen, sofern er sich regelmäßig mit Lambeau trifft, um in der Mathematik zu arbeiten.

Lambeau möchte, dass Will sein Potenzial nutzt, will ihn fördern und organisiert für ihn Vorstellungsgespräche bei renommierten Arbeitgebern. Doch Will sträubt sich. Er will sein mathematisches Talent nicht weiterentwickeln. Er macht sich bei den Bewerbungsgesprächen über seine Gegenüber lustig und beleidigt Lambeau, indem er seine Forschung als Witz bezeichnet. Später, als Wills bester Freund Chuckie sich nach den Vorstellungsgesprächen erkundigt, äußert Will, er habe kein Interesse daran, eine »Laborratte« zu sein, sondern wolle lieber in Boston bleiben und auf dem Bau arbeiten.

Chuckie jedoch will genau wie Lambeau verhindern, dass Will seine Begabung verschwendet – er sagt seinem Freund, seine Einstellung sei egoistisch. »Du bist es nicht dir selbst schuldig. Du bist es mir schuldig. Denn bald wach ich auf«, sagt Chuckie, »und bin 50 und mache immer noch den Scheiß hier. Das ist auch in Ordnung.« Will dagegen hat die Chance, ein besseres Leben zu leben, indem er seine Fähigkeiten einsetzt – Fähigkeiten, für die seine Freunde, so erläutert Chuckie, alles geben würden. Aber er traut sich nicht. Will würde die anderen »beleidigen«, wenn er »in 20 Jahren immer noch hier« wohne, und er würde seine Zeit verschwenden.

Sollte Will seine Begabungen wegwerfen, weil er sie nicht kultivieren möchte, oder sollte er hartnäckig daran arbeiten, seine Fähigkeiten zu perfektionieren und sein Handwerk zu beherrschen, wie Lambeau und Chuckie es von ihm erwarten?

Für Kant ist die Antwort genau wie für Chuckie und Lambeau eindeutig: »Als vernünftiges Wesen«, erläutert Kant, will der Mensch »notwendig, dass alle Vermögen in ihm entwickelt werden, weil sie ihm doch zu allerlei möglichen Absichten dienlich und gegeben sind.« Da die Begabungen anderen und der Gesellschaft von Nutzen sein können, ist er also moralisch dazu verpflichtet, diese zu kultivieren. Kants Vorstellungen, so betont der zeitgenössische Philosoph Gordon Marino, widersprechen dem aktuellen kulturellen Imperativ, den man gerade unter Studenten häufig hört, nämlich, man solle »tun, was man liebt«. Was glücklich macht, ist für Kant unerheblich. Ihm geht es darum, wie man seine Pflicht tut, wie man den besten Beitrag leisten kann – oder um es mit dem Theologen Frederick Buechner zu sagen: Die Berufung ist »der Ort, an dem unsere tiefste Freude und der größte Hunger der Welt sich begegnen«.[33]

Natürlich hat nicht jeder eine so offensichtliche Berufung wie Will Hunting. Im wahren Leben müssen die meisten Menschen Berufe ergreifen, die ihrer Qualifikation entsprechen und die hoffentlich genug abwerfen, damit sie sich und ihre Familie davon ernähren können. Die vier häufigsten Berufe in den USA[34] sind Verkäufer, Kassierer, Tätigkeiten in der Gastronomie und Büroberufe, also schlecht bezahlte, häufig monotone Beschäftigungen, die – zumindest auf den ersten Blick – nicht gerade der Inbegriff einer »sinnvollen Arbeit« sind.

Menschen, die ihren Job als sinnerfüllt empfinden, sehen ihn als Möglichkeit, anderen zu helfen.

Doch auch diejenigen, denen sich bessere berufliche Möglichkeiten bieten, wissen oft nicht, wie sie einen erfüllenden Beruf finden sollen. Amy Wrzesniewski von der Yale School of Management, eine führende Größe im Forschungsbereich »Sinnvolle Arbeit«, verriet mir[35], dass sie bei ihren Studenten und Kunden starke Ängste wahrnehme: »Sie meinen, die Berufung müsse irgendwo im Verborgenen liegen und ließe sich finden, wenn man nur lange genug sucht.« Wer seine wahre Berufung nicht finde, so fuhr sie fort, habe das Gefühl, dass in seinem Leben etwas fehle und er niemals einen erfüllenden Beruf finden werde. Dabei betrachtet nicht einmal die Hälfte der Menschen, die Forscher befragt haben, die eigene Tätigkeit als Berufung.[36] Bedeutet das also, dass der Rest der Menschheit im Beruf keinen Sinn sieht und keine Bestimmung erlebt?

Diese Meinung kann Adam Grant, ein Professor an der Wharton School of Business, der sich damit befasst, wie Menschen ihren Beruf als sinnvoll erleben, nicht teilen. Grant betont[37], dass alle Menschen, die ihren Job generell als sinnerfüllt empfinden, etwas gemeinsam haben: Sie sehen diesen Job als Möglichkeit, anderen zu helfen. In einer Umfrage[38] unter mehr als zwei Millionen Menschen mit über 500 verschiedenen Berufen empfanden Geistliche, Englischlehrer, Chirurgen, Veranstaltungs- und Ausbildungsleiter in religiösen Einrichtungen, Verwaltungsangestellte an Grund- und weiterführenden Schulen, Strahlentherapeuten, Chiropraktiker und Psychiater ihre Tätigkeit als besonders sinnvoll. Diese Berufe, so schreibt Grant, »dienen allesamt dem Menschen. Chirurgen und Chiropraktiker fördern die körperliche Gesundheit, Geistliche und religiöse Leiter die spirituelle. Lehrer fördern die soziale und psychische Gesundheit. Ohne diese Berufe ginge es anderen Menschen schlechter.«

Grants Forschung liefert Erkenntnisse dazu, wie Menschen in bestimmten Tätigkeitsbereichen in ihrer Arbeit Erfüllung finden können – nämlich indem sie diese Arbeit als Dienst am Menschen sehen. Für eine Studie[39] stellten Grant und seine Kollegen den Mitarbeitern eines Callcenters, die für eine Universität Spendengelder sammelten, jeweils einen der Studenten vor, deren Stipendien durch ihre Arbeit möglich wurden. Fortan hatten die Callcentermitarbeiter eine andere Einstellung zu ihrer Tätigkeit: Da sie wussten, wie wichtig ihre Arbeit für das Leben eines anderen war, hatte ihre Tätigkeit für sie eine höhere Bedeutung als für eine Kontrollgruppe – gleichzeitig wurden sie effektiver. Sie wandten 142 Prozent mehr Zeit für das Telefonat mit potenziellen Spendern auf und nahmen 171 Prozent mehr Geld ein.

In einer Studie unter der Leitung von Jochen Menges[40] entdeckten Grant und seine Kollegen ein ähnliches Phänomen bei Frauen, die in Mexiko in der Gutscheinbearbeitung arbeiteten. Normalerweise sind Arbeiter, die ihren Beruf nicht interessant finden, weniger motiviert und zielorientiert und damit weniger produktiv. Die Bearbeitung von Gutscheinen kann eintönig und monoton sein, deshalb wäre zu erwarten, dass diejenigen Frauen, die die Tätigkeit langweilig fanden, weniger produktiv waren als diejenigen, die sie als lohnend empfanden. Das stellten Grant und Menges auch tatsächlich fest. Auf eine bestimmte Untergruppe traf dies jedoch nicht zu – und zwar auf die Frauen, die ihre Arbeit als Dienst am Menschen betrachteten. Die Frauen, die ihre Arbeit eintönig fanden, waren genauso produktiv und energiegeladen wie diejenigen, die sie als lohnenswert empfanden – aber nur dann, wenn sie sich vor Augen führten, dass sie mit ihrem Beruf ihre Familie ernährten. Selbst die lästigste Tätigkeit kann als sinnerfüllt wahrgenommen werden, wenn sie den Menschen nützt, die man liebt.

Das wird jedes Elternteil bestätigen: Kinder großzuziehen gehört zu den anstrengendsten und gleichzeitig wichtigsten Aufgaben der Menschheit – und obwohl Kinder oft Freude machen[41], hört man immer wieder die psychologische Erkenntnis, dass Kinder ihre Eltern unglücklich machen[42]. Eltern opfern ihre persönliche Zeit und ihren Freiraum für ihre Kinder, bekommen nicht genug Schlaf und sind ständig mit lästigen Aufgaben konfrontiert, vom Windelnwechseln bis hin zur Durchsetzung von bestimmten Regeln. Gleichzeitig zeigen jedoch viele Studien, dass die Betreuung von Kindern als sehr erfüllend empfunden wird.[43] Eine Mutter verriet mir: »Es ist ein Knochenjob, und manchmal habe ich wirklich die Nase voll.« Aber, so fügte sie hinzu, das Muttersein sei auch »unglaublich erfüllend«.[44] Eltern können ihre eigenen Interessen zum Wohle anderer zurückstellen. Die anstrengenden, nervenaufreibenden elterlichen Aufgaben dienen einem größeren Zweck – sie helfen einem Kind, sich zu einem verantwortungsvollen Erwachsenen zu entwickeln.

Im letzten Absatz von *Middlemarch*[45] würdigt die Autorin George Eliot die Personen, die in kleinen, aber wichtigen Dingen dafür sorgen, dass die Welt sich weiterdreht: »Denn wenn die Welt immer besser wird, so ist das zum Teil auf Taten ohne historischen Rang zurückzuführen; und dass es um den Leser und mich nicht so schlecht steht, wie es sein könnte, das verdanken wir zur Hälfte den Menschen, die voll gläubigen Vertrauens ein Leben im Verborgenen geführt haben und in Gräbern ruhen, die kein Mensch kennt.«

Diese vielen Millionen sind uns vollkommen unbekannt, doch für die Menschen, mit denen sie im Alltag zu tun hatten, waren sie wichtig.

Wer in der Lage ist, in den tagtäglichen Verrichtungen eine Bestimmung zu erkennen, ist auf dem besten Weg, ein sinnerfülltes Leben zu führen. Diese Einstellung findet sich zum Beispiel bei dem Hausmeister, dem John F. Kennedy 1962 bei der NASA begegnete.[46] Als der Präsident ihn fragte, was er tue, antwortete der Mann, er »helfe dabei, einen Mann zum Mond zu schicken«. Und diese Einstellung hatte auch ein Straßenarbeiter, der vor einigen Jahren den Verkehr an einer Baustelle auf einem Highway in Colorado umlenkte.[47] Er stand in der Sonne und drehte von Zeit zu Zeit ein Schild um – auf der einen Seite stand »Stopp«, auf der anderen »Langsam«. »Ich sorge dafür, dass niemandem etwas passiert«, sagte er zu einem Fahrer, der sich erkundigte, wie er diese langweilige Tätigkeit ertragen könne. »Die Leute hinter mir sind mir wichtig«, fuhr er fort, »deshalb sorge ich für ihre Sicherheit. Außerdem sorge ich auch für Sie und alle anderen in den Autos hinter Ihnen.« Auch der Besitzer eines Imbisswagens, den wir vor einiger Zeit kennenlernten, als mein Freund nach der Bestellung feststellte, dass er seine Brieftasche vergessen hatte, vermittelte diese Einstellung. »Es ist nicht mein Job, Ihr Geld zu nehmen«, sagte er zu meinem Freund, als er ihm seinen Taco reichte. »Es ist mein Job, Ihnen etwas zu essen zu geben.«[48]

Wer in den tagtäglichen Verrichtungen eine Bestimmung erkennt, ist auf dem besten Weg, ein sinnerfülltes Leben zu führen.

Nicht jeder von uns wird seine Berufung finden. Aber das bedeutet nicht, dass uns jede Bestimmung fehlt. Die Welt ist voll von Verkäuferinnen, Gutscheinsortierern, Buchhaltern und Studentinnen. Sie ist voll von Straßenbauarbeitern, Eltern, Verwaltungsangestellten und Barkeepern. Und sie ist voll von Krankenpflegern, Lehrerinnen und Geistlichen, die in Papierkram und anderen täglichen Aufgaben ersticken und manchmal ihr eigentliches Ziel aus den Augen verlieren. Doch ganz gleich, womit wir uns beschäftigen – wenn wir unsere Aufgaben als Möglichkeit sehen, anderen zu helfen, gewinnen unser Leben und unsere Arbeit an Bedeutung. Jeder von uns hat einen bestimmten Personenkreis, sei es in der Familie, im sozialen Umfeld oder bei der Arbeit, dessen Leben er verbessern kann. Dieses Vermächtnis kann jeder von uns hinterlassen.

4.

DIE DRITTE SÄULE: Die Welt durch Geschichten verstehen

Erik Kolbell erinnert sich noch lebhaft an den Sommer 2003, als seine Tochter Kate ihren ersten Job annahm.[1] Kate war damals 14 und lebte mit ihrer Familie in New York; während der Ferien sollte sie auf Long Island eine Mutter bei der Kinderbetreuung unterstützen. Sie konnte es kaum erwarten, endlich aufzubrechen und wie eine Erwachsene Verantwortung zu übernehmen. Doch zwei Wochen nach Beginn dieser Tätigkeit kam ihr bisheriges Leben – und damit auch Eriks – zu einem abrupten Stillstand. Am 31. Juli erhielt Erik einen Anruf von seiner Frau: »Kate ist angefahren worden.«

»Ich weiß nur noch, dass ich mit dem Auto raus zum Stony Brook Hospital fuhr, ohne zu ahnen, wie schlimm es um sie stand, in welchem Zustand sie war, welche Verletzungen sie hatte und ob sie noch lebte.« Schließlich erfuhr er, dass sie gerade in der Neurochirurgie operiert wurde. Damit, so Erik, hatte er drei Informationen: »Nummer eins: Sie lebte noch. Nummer zwei: Es stand schlimm. Nummer drei: Neurochirurgie. Ihr Gehirn war verletzt.«

Im Krankenhaus wurde Erik in einen privaten Wartebereich geführt, wo der Neurochirurg ihn und seine Frau informierte. »Ihre Tochter liegt im künstlichen Koma«, erklärte der Arzt. »Ihr Zustand ist stabil. Wir mussten ein Stück ihres Schädels entfernen, um den Druck auf das Gehirn zu lindern.« Das war zuvor noch nie bei einem Kind gemacht worden, so Erik, aber der Arzt hatte keine andere Chance gesehen. »Mehr konnte er nicht tun.« Aber es reichte nicht. Später am Abend stieg der Druck in Kates Schädel immens, sie musste erneut operiert werden.

Erik erzählte diese Geschichte in ein Mikrofon, auf einer Bühne mit Samtvorhang in einem gemütlichen, holzgetäfelten Saal im Rahmen einer Veranstaltung der Organisation The Moth. Er ließ den Blick über die fast 300 Zuhörer schweifen, die dicht an dicht vor ihm saßen, und berichtete weiter, als Kate in dieser Nacht zum zweiten Mal in die Chirurgie geschoben wurde, habe er sich gefragt: »Wozu soll das alles gut sein?«

Nur 20 Minuten vorher, während einer Erfrischungspause, war der Saal mit fröhlichen, lebhaften Stimmen erfüllt gewesen. Jetzt lauschten alle Zuhörer gebannt Eriks Bericht.

Als Kate die zweite Gehirnoperation hinter sich hatte, fuhr Erik fort, war es fünf Uhr morgens und ihr Zustand stabil. Die Ärzte verlegten sie schließlich ins Mount Sinai Hospital in New York City, wo sie intensiv therapiert wurde. Seit dem Unfall konnte sie nicht mehr sprechen oder rechnen, ihre Tiefenwahrnehmung war beeinträchtigt, und sie hatte fast alle Erinnerungen verloren. Im Oktober jedoch war sie wieder in der Lage, für einige Stunden am Schulunterricht teilzunehmen, und bekam weitere Reha-Maßnahmen. Im November ging es ihr schon so gut, dass die Ärzte im Stony Brook das Schädelstück wieder einsetzen konnten, das im Juli entfernt worden war. Das war ihre dritte Gehirnoperation. »Für uns war das ein Triumph«, so Erik. »Wir haben quasi einen Schlussstrich gezogen und waren überzeugt: ›Ja, sie schafft es.‹«

Trotzdem suchte Erik weiter nach dem Sinn in dem, was geschehen war: »Ich bin dankbar dafür, dass sie überlebt hat«, dachte er am Vorabend der dritten Gehirnoperation. »Ich weiß nicht, ob sich ihr Zustand noch bessern wird. Wozu soll das gut sein?«

Das wurde Erik klar, als er nach dem Eingriff bei seiner Tochter im Aufwachraum saß. Kate war noch immer benommen von den Betäubungsmitteln, als verschiedene Besucher an ihr Bett traten.

Als Erstes kam ein Arzt. »Kate, du erinnerst dich sicher nicht an mich, aber ich bin der Arzt aus der Notaufnahme, der dich direkt nach dem Unfall versorgt hat.«

Kurz darauf erschien eine Krankenschwester: »Kate, du erinnerst dich sicher nicht an mich, aber ich bin die Krankenschwester, die bei der ersten Operation geholfen hat.«

»Kate, du erinnerst dich sicher nicht an mich«, sagte ein weiterer Gast, »aber ich bin der Pfarrer, der Dienst hatte, als du hergebracht wurdest, und ich habe mit deinen Eltern gesprochen.«

»Kate«, sagte die nächste Person, »du erinnerst dich sicher nicht an mich, aber ich bin die Sozialarbeiterin, die für deinen Fall zuständig war.«

»Kate«, sagte noch jemand anderes, »du erinnerst dich sicher nicht an mich, aber ich war die Krankenschwester, die am zweiten oder dritten Tag im Dienst war.«

Erik weiß noch genau: »Ein strahlendes Gesicht nach dem anderen zog an uns vorbei.« Zuletzt kam eine Krankenschwester namens Nancy Strong, die Kate im Sommer auf der Intensivstation betreut hatte. »Ich nahm sie zur Seite und erkundigte mich: ›Es ist wirklich nett, dass so viele Leute herkommen und Kate alles Gute wünschen. Aber da steckt doch mehr dahinter, oder?‹«

»Ja«, erwiderte Nancy, »allerdings.«

»Und was?«

»Erik, von zehn Kindern, die mit solchen Verletzungen zu uns kommen, sterben neun. Kate ist einmalig. Wir müssen sie mit eigenen Augen sehen, denn sie ist der Grund, wieso wir jeden Tag hier zur Arbeit erscheinen.«

»Das war die Erlösung«, begriff Erik. »Dazu war das alles gut.«

Warum Geschichten heilen

Als junger Mann verbrachte George Dawes Green, der Gründer von The Moth[2], viele Abende im Haus seiner Freundin Wanda auf der Insel St. Simon's Island im US-Bundesstaat Georgia, wo er aufwuchs. Er saß dann mit seinen Freunden auf Wandas Veranda, sie tranken Whisky und erzählten aus ihrem Leben – zum Beispiel davon, wie einer von ihnen, Dayton, betrunken 6000 Hühner aus einer Scheune entwischen ließ, auf die er aufpassen sollte, oder wie Kenny vergaß, seine Tabletten zu nehmen, und dann splitterfasernackt anderthalb Kilometer weit aufs Meer hinausschwamm, bis die Küstenwache ihn zurückholte. Kenny, so lautet die Geschichte, sagte der Küstenwache, sie solle ihn in Ruhe lassen: »Mir geht es gut«, beharrte er, »ich bin ein Wal.« Während sie reihum ihre Geschichten erzählten, so erinnert sich Green, »taumelte ein Schwarm Motten um die Lampen, und die Zikaden zirpten auf den Eichenbäumen«.

Jahre später lebte Green in New York. Er hatte zwei Romane veröffentlicht, darunter den internationalen Bestseller *Die Geschworene,* der unter dem Titel *Nicht schuldig* mit Demi Moore und Alec Baldwin in den Hauptrollen verfilmt wurde. Green hatte eine Menge Geld verdient, wohnte in Manhattan und besuchte schicke Cocktailpartys in der Stadt. Rein äußerlich betrachtet führte er genau das Leben, das sich die meisten Schriftsteller erträumen.

Irgendetwas jedoch fehlte ihm. Eines Abends, bei einer »besonders langweiligen« Dichterlesung in der Innenstadt, wurde Green klar, dass er sich nach den zauberhaften Abenden auf Wandas Veranda sehnte. So literaturversessen New York auch war, es gab keine Möglichkeit für ganz gewöhnliche Menschen wie Greens Nachbarn in Georgia, auf einer Bühne einfach eine gut strukturierte, gut erzählte Privatgeschichte zu berichten. Deshalb beschloss Green, ein paar Leute in seine Wohnung einzuladen, um in seinem New Yorker Loft das aufleben zu lassen, was er auf Wandas Veranda so geliebt hatte.

Im Jahr 1997 war aus seiner Idee eine gemeinnützige Organisation entstanden, die nach den Motten benannt war, die er aus den Abenden auf St. Simon's Island noch so gut in Erinnerung hatte. 20 Jahre später ist The Moth ein absoluter Fixpunkt der New Yorker Kulturszene und ein internationales Phänomen. Heute gibt es in vielen Städten, von London über

Los Angeles bis hin zu Louisville, über 500 Veranstaltungen pro Jahr – selbst in Tadschikistan fand schon eine statt. Neben den Live-Veranstaltungen, bei denen auf der Bühne mittlerweile über 15000 Geschichten wie die von Erik zu hören waren, bietet The Moth einen wöchentlichen Podcast und eine preisgekrönte Radiosendung; 2013 wurde zudem die erste Geschichtensammlung veröffentlicht.

Unter der Leitung der Redakteurin Catherine Burns wählt The Moth die Geschichten sorgfältig nach ihrer Bedeutung aus. Die Geschichten werden auf verschiedenste Weise übermittelt: Über die The-Moth-Website, bei StorySLAMS – offenen Wettbewerben, an denen jeder teilnehmen kann – und natürlich durch Mund-zu-Mund-Weitergabe. Burns und ihrem Team ist nicht wichtig, woher die Geschichten stammen, sondern dass sie einen Konflikt und eine Lösung bieten – dass sie zeigen, wie sich der Erzählende zu dem Menschen entwickelt hat, der er gerade ist –, und sie suchen nach Berichten von Veränderungen, Geschichten, die so enden könnten, wie der irische Schriftsteller Frank O'Connor seine Kurzgeschichte »Gäste der Nation« beendet hat: »Und alles, was mir danach widerfahren ist, habe ich mit anderen Augen gesehen.«

Die Geschichten sollten von Narben berichten, nicht von Wunden.

Besonders bewegend sind Geschichten, das hat Burns festgestellt, die sich auf Verletzlichkeit gründen, bei denen die Gefühle jedoch nicht mehr blank liegen. Die Geschichten sollten »von Narben berichten, nicht von Wunden«, sagt sie. Der

Erzählende sollte sie verarbeitet haben, sodass er oder sie auf die Erfahrung zurückblicken und einen Sinn darin erkennen kann. »Manchmal«, so Burns, »stellt sich bei einem Telefongespräch heraus, dass jemand nur meint, er habe die Geschichte verwunden, während man deutlich merkt, dass das nicht der Fall ist.«

Wenn sie eine gute Geschichte gefunden haben, übernimmt Burns mit ihrem Team die Rolle eines Regisseurs. Sie proben mit den Geschichtenerzählern, helfen ihnen dabei, die wichtigsten Erzählabschnitte bis zum Höhepunkt und zur Auflösung zu ermitteln, und geben bei Bedarf ein paar Tipps zur Vortragsweise, zum Beispiel, wann eine kleine Pause angebracht wäre und wo man etwas langsamer sprechen sollte. Burns möchte erreichen, dass die Geschichte bei der Zuhörerschaft einen möglichst starken Eindruck hinterlässt. Sie arbeitet mittlerweile seit über 15 Jahren bei The Moth und hat festgestellt, dass die Ausgestaltung einer Geschichte den Erzählenden dabei hilft, die Ereignisse in ihrem Leben in einem anderen Zusammenhang zu sehen, ihre Erfahrungen zu durchschauen und etwas zu erkennen, das ihnen bislang entgangen war.

2005 berichtete Jeffery Rudell bei einer Veranstaltung von The Moth in New York, wie er sich als junger Student seinen Eltern gegenüber outete.[3] Er hatte erwartet, auf Verständnis zu stoßen, und war deshalb ganz schockiert, als sie seine Habseligkeiten verbrannten und jeglichen Kontakt zu ihm abbrachen. Sechs Jahre lang rief er regelmäßig bei ihnen an und schickte Briefe, doch nie kam eine Antwort. Schließlich beschloss er, einen letzten Versuch zu machen, um die Verbindung zu ihnen wiederherzustellen. Er flog unangekündigt in seinen Heimatort und erschien im Büro seiner Mutter. Selbst dann weigerte sie sich, ihn zu sehen oder mit ihm zu sprechen. Zwei Wochen später wurde ihm ein schwarzes Trauergebinde mit einer Karte in sein New Yorker Büro geliefert, auf der Karte stand: »In Erinnerung an unseren Sohn«.

Als Jeffery seine Geschichte für The Moth vorbereitete, ging er davon aus, sie würde sich um Wut und Schmerz drehen. Wie konnten seine Eltern, die ihm beigebracht hatten, wie wichtig Liebe und Freundlichkeit waren, ihm so viel Hass und Abscheu entgegenbringen? »Ich war voll und ganz auf das Thema Wut eingestellt«, sagt er. »Doch es gab ein Problem: Ich war nicht besonders wütend auf meine Eltern.« Nachdem er von seiner Familie verstoßen worden war, hatte Jeffery Trost bei schwulen Freunden gefunden, die ihm versicherten, ihre Eltern hätten – zumindest anfangs – ebenso enttäuschend reagiert, irgendwann jedoch mehr Akzeptanz gezeigt, und bei seinen Eltern werde es vermutlich genauso sein. Jeffery brauche nur Geduld und Hoffnung. Diesen Rat beherzigte er und hoffte jahrelang, dass es irgendwann zur Versöhnung mit seinen Eltern kommen würde. Allerdings hatte das beständige Hoffen zur Folge, dass sein Leben »irgendwie zum Stillstand« kam.

Als er für The Moth verschiedene Entwürfe der Geschichte durchging, erkannte Jeffery, dass er sich so sehr darauf versteift hatte, die Liebe seiner Familie zurückzugewinnen, dass er seine Zukunft und seine eigenen Bedürfnisse vollkommen vernachlässigt hatte. Er hatte Jobangebote abgelehnt und sich von einem Partner getrennt, nur damit er in der Nähe seiner Eltern bleiben konnte. Er wollte da sein, wenn sie bereit waren, ihn wieder in ihr Leben aufzunehmen. »Jahrelang«, erzählt er, »war ich durch mein ständiges Hoffen in einer emotionalen Starre gefangen.« Schließlich erkannte er, dass seine Hoffnung im Grunde eine Art Verleugnung war. Es war aussichtslos, die Beziehung zu seinen Eltern wiederherzustellen, also gab er diesen Wunsch auf und nahm sein Leben in die Hand. Durch diese Entscheidung konnte er endlich Frieden und Entschlusskraft finden.

»Wenn jemand seine Geschichte auf der Hauptbühne von The Moth erzählt«, meint Burns, »ist das oft genauso effektiv wie zehn Jahre Therapie.«

Wenn wir verstehen und einordnen, können wir wachsen

Nur wenige von uns sind bereit, ihre persönlichen Erlebnisse vor einer Gruppe Fremder darzulegen, wie Erik Kolbell es getan hat. Geschichten erzählt jedoch jeder – wir alle, so schreibt die Anthropologin Mary Catherine Bateson, »erschaffen etwas«, nämlich den »Bericht unseres Lebens«.[4] Im Gegensatz zu den Geschichten, die man üblicherweise hört, folgt das eigene Leben jedoch keinem vorgegebenen Spannungsbogen. Stattdessen, so schreibt Bateson, »muss jeder improvisieren und erkennt erst ganz allmählich eine Struktur in dem, was er erschafft«. Mit anderen Worten: Unsere Identitäten und Erfahrungen verändern sich ständig. Wie ein Jazzmusiker beim Improvisieren können wir erst den einen, dann den anderen Weg einschlagen. Und unsere Geschichten helfen uns, darin einen Sinn zu sehen. Indem wir die einzelnen Bestandteile unseres

Lebens zu einer Erzählung zusammenfügen, entsteht ein zusammenhängendes Ganzes, anhand dessen wir unser Leben als schlüssig begreifen – und Schlüssigkeit ist nach psychologischen Erkenntnissen eine wesentliche Sinnquelle.[5]

Unser Drang, Geschichten zu erzählen, resultiert aus einem tief verwurzelten Bedürfnis, das alle Menschen verspüren: das Bedürfnis, die Welt zu verstehen.[6] Unser Urinstinkt verlangt, dass wir der Unordnung eine Ordnung auferlegen, dass wir in Geräuschen ein Signal erkennen. Wir sehen Gesichter in Wolken, hören Schritte im Blätterrauschen und wittern in zusammenhangslosen Ereignissen eine Verschwörung. Ständig erkennen wir in einzelnen Informationen einen tieferen Sinn; das ist von der Natur so vorgesehen. Geschichten helfen uns, die Welt zu begreifen und zu verstehen, wieso bestimmte Dinge geschehen. »Geschichten sind ein elementarer Bestandteil der Suche nach einem Sinn, sei es nun die Erzählung von der Entstehung der Welt oder eine Erzählung über bestimmte Entscheidungen, die wir selbst getroffen haben«, schreibt Bateson.[7]

Geschichten helfen uns, die Welt zu begreifen und zu verstehen, wieso bestimmte Dinge geschehen.

Geschichten sind besonders wichtig, wenn es darum geht, die eigene Identität zu definieren, also zu verstehen, wer wir sind und wie wir so geworden sind.[8] Das zeigt zum Beispiel die Geschichte von Emeka Nnaka.[9] Mit 21 Jahren war Emeka Abwehrspieler beim Footballteam Oklahoma Thunder. Bei einem Auswärtsspiel versuchte Emeka wie schon unzählige Male zuvor, seinen Gegenspieler zu Boden zu bringen. Als er mit dem Kontrahenten zusammenprallte, stürzte sein über 100 Kilo schwerer Körper wie so oft zu Boden. Diesmal jedoch war es anders als sonst: Emeka spürte nicht, wie er fiel. Als er auf dem Spielfeld lag und die Menge um ihn herum verstummte, nahm er lediglich ein Kribbeln wahr, als hätte er sich den Musikantenknochen gestoßen. Die Trainer kamen angerannt. In der Ferne ertönte die Sirene eines Krankenwagens. Emeka wurde auf einer Trage vom Feld gebracht. Er versuchte, den Zuschauern eine zuversichtliche Geste zu schenken, doch er konnte die Hand nicht heben. Im Krankenhaus wurde er neun Stunden lang im Halsbereich operiert, aber als er wieder zu sich kam, war er von der Brust abwärts gelähmt.

Emeka spielte noch nicht sehr lange Football. In der Highschool hatte er den Sport ein paarmal ausprobiert, doch richtig ernsthaft betrieb er ihn erst seit dem zweiten Studienjahr. Als Studienanfänger, so erklärt er, sei er »eine Niete« gewesen. Aber »als es mit dem Football losging, hatte ich es endlich geschafft: Alle waren stolz auf mich. Ich weiß noch, dass ich dachte: ›Endlich habe ich etwas gefunden, in dem ich richtig gut bin, und ich will meine Begabung dafür nutzen.‹ Ich hatte das Gefühl, auf etwas Größeres hinzuarbeiten.« Er trainierte jeden Tag fleißig, und je kräftiger und schneller er wurde, desto stärker wurde das Gefühl, dass sein Leben endlich eine positive Wendung nahm. Nachdem Emeka zwei Saisons für die Oklahoma Thunder gespielt hatte, meldete sich ein Trainer von einem College in Missouri, der ihn für das Universitätsteam gewinnen wollte.

Drei Wochen später verletzte Emeka sich an der Wirbelsäule.

In den Tagen nach seiner Operation konnte er gar nicht richtig begreifen, wie ernst seine Lage war. Er dachte, nach ein paar Wochen Reha könne er wieder Football spielen. Im dritten Monat jedoch, als man ihn aus dem Krankenhaus entließ, konnte Emeka seine Hände und Arme immer noch nicht bewegen, ganz zu schweigen von den Beinen – und da wurde ihm klar, dass der Weg, der vor ihm lag, viel länger und beschwerlicher sein würde als erwartet. »Normalerweise ist man im Krankenhaus, weil man krank ist«, sagt Emeka. »Und man geht nach Hause, wenn man wieder gesund ist. Aber als ich nach Hause geschickt wurde, ging es mir überhaupt nicht besser.« Er dachte: »Was soll das heißen – entlassen?« Der junge Mann, der früher fast 150 Kilo gestemmt hatte, konnte nicht einmal eine Ein-Kilo-Hantel heben. Sein Vater musste umziehen, um sich um den Sohn zu kümmern.

Während Emeka sich an sein neues Leben gewöhnen musste, stellte er sich einige große Fragen: »Was ist mir im Leben wichtig? Werde ich jemals heiraten? Werde ich Kinder haben? Wird mich jemand lieben? Wie werde ich für mich sorgen können?« Vor seiner Verletzung hatte er ein klares Bild von sich selbst: Er war Footballspieler, er war der Mittelpunkt jeder Party, er war Student, ihm stand die Welt offen. Jetzt musste er sich damit abfinden, dass die Zukunft, die er sich immer ausgemalt hatte – der Mensch, der er hatte sein wollen – nicht mehr existierte.

Was noch schlimmer war: Er erkannte die Fehler der Person, die er früher gewesen war. Als Emeka sich vor Augen führte, wie er vor seiner Verletzung gewesen war, gefielen ihm bestimmte Aspekte seiner Persönlichkeit ganz und gar nicht. »Ich muss zugeben«, sagt er, »ich fand mich wirklich toll: Ich machte ständig Party und verschwendete kaum einen Gedanken an andere. Ich dachte: ›Man lebt nur einmal, also mach jetzt das, was du tun möchtest.‹ Mein Leben hatte keine Bestimmung.«

Emekas Identität löste sich zwar auf, doch er gestaltete sich eine neue – eine positive. Er machte sich klar, dass er jetzt ein besserer Mensch war als der ziellose, selbstgefällige Bursche von früher. Im Frühjahr 2010, fast ein Jahr nach seiner Verletzung, begann er in seiner Kirchengemeinde eine ehrenamtliche Tätigkeit als Betreuer für Schüler an weiterführenden Schulen. Diese Mentorenaufgabe lenkte ihn von sich selbst und seiner Situation ab; so konnte er sich anderen Menschen widmen, die seine Hilfe brauchten und aus seinen Erfahrungen lernen wollten. »Erst als ich mich um andere Menschen kümmerte, ging mir ein Licht auf«, erläutert er, »und ich erkannte, wer ich wirklich bin. Mittlerweile versuche ich, immer erst an andere zu denken.« Zwei Jahre nach Beginn der ehrenamtlichen Tätigkeit in der Gemeinde nahm er sein Studium wieder auf. 2015 machte er seinen Abschluss und schloss ein Master-Studium in psychologischer Beratung an. Emeka ist immer noch gelähmt und weiß nicht, ob er jemals wieder wird laufen können, aber er ist sich sicher, dass er nun ein viel erfüllenderes Leben führt als früher.

In den Monaten nach seiner Operation versuchte Emeka immer wieder, seine Verletzung zu begreifen – den Augenblick, in dem die Geschichte seines Lebens eine so abrupte Wendung nahm. Vor seiner Verletzung, erzählt er, »stieg ich den falschen Berg hinauf«. Als er sich die Wirbelsäule brach, stürzte er diesen Berg hinunter »fast ins Bodenlose«. Dann entdeckte er einen anderen Berg – den Berg, den er von Anfang an hätte erklimmen sollen, den Berg, auf dem sich sein wahrer Weg befand. Seitdem arbeitet er sich langsam diesen Berg hinauf.

»Du musst nur den Blickwinkel ändern«

Mit der Geschichte von seiner Verletzung inspiriert Emeka die Jugendlichen, die er betreut. Der Psychologe Dan McAdams würde jedoch einwenden, noch wichtiger sei diese Geschichte für Emeka selbst. McAdams ist Psychologe an der Northwestern University und Experte für ein Konzept, das er als »narrative Identität« bezeichnet.[10] Die narrative Identität ist für McAdams eine verinnerlichte Geschichte, die man von sich selbst erschafft – ein persönlicher Mythos, so nennt es ein Autor, »über die Person, die wir tief in unserem Inneren sind, darüber, woher wir kommen, wie wir so geworden sind und was all das bedeutet«.[11] Genau wie in erfundenen Geschichten gibt es auch in diesen Helden und Bösewichte, die uns unterstützen oder behindern, wichtige Ereignisse, die die Handlung gestalten, Herausforderungen, die wir überwinden, und Leiden, das wir erduldet haben. Wenn wir möchten, dass andere uns verstehen, erzählen wir unsere Geschichte oder zumindest einen Teil davon; wenn wir einen anderen Menschen verstehen wollen, bitten wir ihn, uns im Gegenzug seine Geschichte zu berichten.

Dabei ist die Lebensgeschichte einer Person keinesfalls ein umfassender Bericht über all das, was diesem Menschen widerfahren ist. Vielmehr treffen wir, um es mit McAdams' Worten zu sagen, »narrative Entscheidungen«. Unsere Geschichten konzentrieren sich in der Regel auf die außergewöhnlichsten Ereignisse im Leben, die guten wie die schlechten, denn diese Erfahrungen müssen wir verarbeiten, diese Erfahrungen prägen uns. Unsere Interpretationen dieser Ereignisse können sich jedoch dramatisch unterscheiden. Die einschneidende Erfahrung, als Kind vom eigenen Vater ins Wasser geworfen worden zu sein, um schwimmen zu lernen, kann für einen gewitzten Unternehmer erklären, wieso er bereitwillig Risiken eingeht, während ein anderer seine Abscheu vor Booten und sein Misstrauen gegenüber Autoritäten auf diese Erfahrung zurückführt. Ein Dritter wiederum könnte dieses Ereignis vollkommen auslassen, da es ihm für die Geschichte seines Lebens unerheblich erscheint. Bei Erik Kolbell, der geweihter Priester und Psychotherapeut ist, wurde durch den Unfall seiner Tochter etwas, das für seinen Beruf und damit für ihn als Menschen von entscheidender Bedeutung ist, erst infrage gestellt und dann bestätigt: die Überzeugung, dass in einer Welt, in der gute Menschen zu Unrecht leiden müssen, Erlösung möglich ist.

McAdams befasst sich seit über 30 Jahren mit Lebensgeschichten und Sinn. In seinen Interviews bittet er die Forschungsteilnehmer, ihr Leben in Kapitel zu unterteilen und Schlüsselszenen ihres Daseins zu berichten, zum Beispiel einen Höhepunkt, einen Tiefpunkt, einen Wendepunkt oder eine frühe Erinnerung. Er ermutigt die Teilnehmer, über ihre persönlichen Überzeugungen, Werte und ihre Lebensphilosophie nachzudenken. Und schließlich fordert er sie auf, sich das zentrale Thema der Geschichte zu überlegen.

Nach der Analyse vieler Hundert dieser Lebensgeschichten

hat McAdams erkannt, dass Menschen, die ein sinnerfülltes Leben führen, ihre Erfahrungen nach sehr interessanten Mustern verstehen und deuten. Menschen, die davon angetrieben werden, etwas für die Gesellschaft und künftige Generationen zu tun, haben etwas gemeinsam, stellte er fest: Sie erzählen über ihr Leben häufiger Geschichten von Erlösung oder Geschichten, die einen Wandel von schlecht zu gut darstellen. In diesen Geschichten leiden die Erzähler erst und werden dann gerettet – sie erleben etwas Negatives, auf das etwas Positives folgt, das sich aus dem negativen Ereignis ergeben hat und dem Leiden damit einen Sinn verleiht.

Da ist zum Beispiel ein Mann, der in bitterer Armut aufwuchs, McAdams jedoch berichtete, seine schwere Kindheit habe für eine besondere Bindung zu seiner Familie gesorgt. Eine Frau erzählte ihm, sie habe sich um eine enge Freundin gekümmert, als diese im Sterben lag; das sei zwar eine schreckliche Erfahrung gewesen, habe ihr jedoch gezeigt, dass sie zur Krankenschwester bestimmt sei, obwohl sie diesen Beruf vor längerer Zeit aufgegeben hatte. Und ein Vater legte seine zynische Art ab, als viele Menschen seinem Sohn einfühlsam und großherzig halfen, nachdem bei dem Kind eine Gehirnstörung festgestellt worden war: »So furchtbar diese Erfahrung auch war«, berichtete er, »im Nachhinein hat sie uns bereichert, denn wir haben viel über das Leben und die Natur des Menschen gelernt und erfahren, wie viele gute Menschen es auf der Welt gibt.« Für Erik kam der Moment der Erlösung, als er miterlebte, wie das Krankenhauspersonal auf Kates Überleben reagierte. Die Erlösung »bedeutet zwar nicht, dass sich die Krise lohnt«, so Erik, »aber sie bedeutet immerhin *etwas.*« Diese

Menschen und andere, mit denen McAdams sich befasst hat, empfinden ihr Leben als sinnerfüllter als diejenigen, deren Geschichten keine oder weniger erlösende Momente aufweisen.

Wichtig ist dabei, dass man nicht nur dann eine Erlösungsgeschichte erzählen kann, wenn sich das Leben objektiv verbessert hat. Erik beispielsweise hätte Kates Unfall in seiner Erzählung problemlos als äußerst negatives Ereignis darstellen können. Kate ist immer noch sehr schnell erschöpft und hat aufgrund ihrer Gehirnverletzung nach wie vor Probleme mit der Tiefenwahrnehmung. Zudem hat sie die meisten Erinnerungen an die Zeit vor dem Unfall verloren. Erik hätte also darauf eingehen können, wie beschwerlich Kates Leben in vielerlei Hinsicht geworden ist – aber das tat er nicht. Er erzählte eine Geschichte, die das, was ihr zugestoßen war, zum Teil wieder wettmachte. Für Emeka gilt das Gleiche: Er hätte erzählen können, wie die Lähmung seine Träume ruiniert hat, doch er konzentrierte sich auf die positiven Veränderungen, die seine Verletzung bewirkte.

Das Gegenteil einer Erlösungsgeschichte ist das, was McAdams als »Kontaminationsgeschichte« bezeichnet. In solchen Geschichten werden Lebensläufe oder Lebensereignisse als Veränderungen vom Guten hin zum Schlechten gedeutet. So hörte McAdams zum Beispiel die Geschichte einer Frau, die von der Geburt ihres Kindes berichtete, einem Höhepunkt ihres Lebens. Allerdings traf sie eine auffällige narrative Entscheidung: Sie beendete die Geschichte mit dem Tod des Kindsvaters, der drei Jahre später ermordet wurde. In ihrem Bericht wurde die Freude über die Geburt ihres Kindes durch diese Tragödie zunichtegemacht. Wer Kontaminationsgeschichten erzählt, so stellte McAdams fest, ist weniger »generativ«, wie Psychologen es nennen, verspürt also einen weniger starken Drang, etwas für die Gesellschaft oder die nächste Generation zu tun. Zudem sind diese Menschen im Vergleich zu Menschen mit Erlösungsgeschichten meist ängstlicher und deprimierter und empfinden das eigene Leben seltener als schlüssig.

Erlösungs- und Kontaminationsgeschichten sind nur zwei Arten von Geschichten, die wir über unser Leben erzählen können. Manche Lebensgeschichten beispielsweise definieren sich über innere Wandlung und persönliche Weiterentwicklung, andere dagegen über Stagnation oder Rückschritt; manche über Gemeinschaft, Liebe und Zugehörigkeit, andere wiederum über Einsamkeit und Isolation; manche über Tatkraft – also die Überzeugung, dass der Mensch sein Leben selbst in der Hand hat –, andere über Hilflosigkeit und wieder andere über eine Kombination aus diesen Aspekten. McAdams hat festgestellt, dass Menschen, die ihr Leben als sinnerfüllt empfinden, häufig nicht nur Erlösungsgeschichten erzählen, sondern auch solche, in denen es um Wachstum, Gemeinschaft und Tatkraft geht. Mit diesen Geschichten schaffen sich die Erzählenden eine positive Identität: Sie haben ihr Leben im Griff, sie werden geliebt, machen im Leben Fortschritte, und alle Hindernisse, auf die sie gestoßen sind, haben zu einem positiven Ergebnis geführt.

Die Geschichten, die wir über unser Leben erzählen, zeigen, wie wir uns selbst sehen und wie wir die Entwicklung deuten, die unser Leben genommen hat. Zudem können sie verschiedene Aspekte unserer Identität verstärken. Wer deprimiert oder pessimistisch ist, erzählt vermutlich mit höherer Wahrscheinlichkeit eine Kontaminationsgeschichte über sein Leben – und diese schädliche Geschichte kann dazu führen, dass er sich noch schlechter fühlt. Dieser Teufelskreis lässt sich jedoch durchbrechen. Manche Geschichten stiften zwar mehr Sinn als andere, doch das bedeutet nicht, dass jemand, der eine negative Geschichte über sein Leben erzählt, niemals einen Sinn finden wird. Wir alle schreiben unsere Geschichten selbst und können entscheiden, wie wir sie erzählen möchten.

> *Wir alle schreiben unsere Geschichten selbst und können entscheiden, wie wir sie erzählen möchten.*

Der Psychologie- und Psychotherapieforschung haben wir die Erkenntnis zu verdanken, dass wir die Geschichten, die wir über unser Leben erzählen, im Rahmen der tatsächlichen Fakten bearbeiten, ändern und deuten können.[12] Der Psychologe Michele Crossley schreibt, eine psychische Störung sei häufig darauf zurückzuführen, dass der betroffene Mensch keine gute Geschichte über sein Leben erzählen könne – entweder sei die Geschichte in sich nicht schlüssig oder unangemessen, oder sie sei »schiefgegangen«.[13] Die Aufgabe des Psychotherapeuten besteht darin, mit dem Patienten an der Entwicklung einer positiveren Version der eigenen Geschichte zu arbeiten. Wenn der Patient die Geschichte mit seinem Therapeuten umgestaltet und neu deutet, erkennt er unter anderem, dass er sein Leben selbst in der Hand hat und dass jede schwere Hürde, die er meistern musste, einen bestimmten Sinn hatte. Die wissenschaftliche Literatur bestätigt, dass diese Art von Therapie nicht weniger wirkungsvoll ist als Antidepressiva oder eine kognitive Verhaltenstherapie.[14]

Selbst kleinere Veränderungen an der eigenen Geschichte können erhebliche Auswirkungen auf unser Leben haben.[15] Das stellten Adam Grant und Jane Dutton in einer Studie fest, die 2012 veröffentlicht wurde.[16] Auf Anweisung der Forscher sollten Universitätsmitarbeiter während einer Spendenaktion, bei der Gelder für die Universität gesammelt werden sollten, vier Tage lang Tagebuch führen. Dabei waren sie in zwei Gruppen eingeteilt, die Nutznießer, die notieren sollten, wann ein Kollege etwas für sie tat, und die Wohltäter, die notierten, wann sie etwas für andere taten.

Die Forscher wollten wissen, wann die Testpersonen großzügiger wären – wenn sie sich als Empfänger der Wohltaten anderer definierten oder wenn sie sich als Erbringer von Wohltaten sahen. Dazu kontrollierten sie die aufgezeichneten Anrufe der Spendensammler. Die Anrufer wurden auf Stundenbasis dafür bezahlt, dass sie bei ehemaligen Absolventen der Universität anriefen und um Spenden baten – also sollte sich an der Anzahl der Anrufe während einer Schicht erkennen lassen, wie sozial und hilfsbereit die Anrufer waren, dachten sich die Forscher. Je höher die Anzahl der Anrufe pro Stunde, desto größer die Hilfsbereitschaft gegenüber der Universität.

Nachdem Grant und Dutton die Geschichten analysiert hatten, stellten sie fest, dass die Spendensammler, die sich selbst als Wohltäter sahen – als Gebende –, nach dem Experiment insgesamt 30 Prozent mehr Ehemalige anriefen als zuvor. Wem hingegen Großzügigkeit entgegengebracht worden war, zeigte keinerlei Verhaltensänderung. Damit ließ sich elegant nachweisen, dass sich die Rolle, in die wir schlüpfen, darauf auswirkt, wer wir sind. »Da sie sich als Wohltäter sahen«, sagte Dutton, mussten die Spendensammler »sich nun wie Gebende verhalten und damit ein stärkeres soziales Verhalten unter Beweis stellen«.[17]

Die Studie von Grant und Dutton zeigt, dass die Sicht auf einen selbst sogar noch weitreichendere Folgen haben kann. Diejenigen, die sich als Wohltäter sahen, zeigten in der Folge ein sinnstiftendes Verhalten, sie zeigten mehr Engagement für etwas Größeres. Obwohl sie wussten, dass sie diese Rolle nur im Rahmen einer Studie spielten, »lebten« die Spendensammler anschließend danach. Die geringfügige Umgestaltung der Perspektive sorgte dafür, dass sie eine positive Identität annahmen und wie Emeka eine stärkere Bestimmung im Leben erkannten.

Sich die eigene Zukunft vorzustellen macht Hoffnung

Nicht nur die Umgestaltung des Blicks auf sich selbst kann sinnstiftend wirken, sondern ein Sinn erschließt sich oft auch dann, wenn wir die Wendepunkte des eigenen Lebens betrachten – die zentralen Elemente der eigenen Geschichte – und überlegen, wie diese Momente die persönliche Identität und den Verlauf des Lebens beeinflusst haben. Als Emeka mir seine Geschichte berichtete, gab es darin beispielsweise sehr viele »Was-wäre-Wenns«. Was wäre, wenn ich laufen könnte? Was wäre, wenn ich in der Gemeinde nicht mit den Jugendlichen gearbeitet hätte? Was wäre, wenn ich noch Football spielen könnte? Diese Fragen werden natürlich für immer unbeantwortet bleiben. Doch wenn Emeka sich an diese kritischen Augenblicke erinnert und überlegt, wie sein Leben andernfalls verlaufen wäre, ist das mehr als nur Wunschdenken – Emeka verarbeitet so seine Erfahrungen und entwickelt damit einen Sinn.

Das Nachsinnen darüber, welchen Verlauf das Leben genommen hätte, wenn ein bestimmtes Ereignis nicht eingetreten wäre, bezeichnet man in der Wissenschaft als kontrafaktisches Denken. Damit befasst sich eine 2010 veröffentlichte Forschungsarbeit[18] der Psychologin Laura Kray von der University of California in Berkeley; für diese Arbeit sollten die Studienteilnehmer über entscheidende Lebensereignisse nachdenken und sich ausmalen, wie ihr Leben aussehen würde, wenn diese Erfahrungen nicht eingetreten wären.

So forderten die Forscher beispielsweise Studenten der Universität Northwestern in Illinois auf, sich an ihre Entscheidung für diese Hochschule zu erinnern: »Denken Sie daran zurück, wie Sie Ihren Studienort ausgewählt haben. Was hat Sie veranlasst, sich für die Universität Northwestern zu entscheiden?«, lautete die Anweisung. »Beschreiben Sie in groben Zügen, welche Ereignisse zu Ihrer Entscheidung geführt haben.« Nachdem sie diesen Aufsatz abgefasst hatten, sollte die Hälfte der Teilnehmer eine weitere Aufgabe bearbeiten: »Beschreiben Sie alle alternativen Entwicklungen, die möglich gewesen wären.«

Diese schlichte Übung, so stellten die Forscher fest, hatte zur Folge, dass die Teilnehmer eine wichtige Lebensentscheidung als besonders bedeutungsvoll empfanden. Aussagen wie »Mein

Studium an der Universität Northwestern macht mein Leben sinnerfüllter« und »Meine Entscheidung für die Northwestern zählt zu den wichtigsten meines Lebens« wurden von ihnen eher bestätigt, zudem äußerten sie, dieses Ereignis habe ihre Identität geprägt. Ähnliche Ergebnisse stellten die Forscher fest, wenn die Teilnehmer über eine enge Freundschaft nachdenken sollten. Wer sich ausmalte, er hätte einen befreundeten Menschen niemals kennengelernt, maß der Freundschaft eine größere Bedeutung zu.

Wieso ist das kontrafaktische Denken so machtvoll? Laut Kray liegt es daran, dass eine derartige Übung den Prozess, mit dem wir Erfahrungen verarbeiten, stärker anregt als das bloße Nachdenken über die Bedeutung eines Ereignisses. Zum einen wissen wir so die Vorteile des Wegs, den wir letztlich eingeschlagen haben, mehr zu schätzen. Fast alle Studienteilnehmer, die sich ein Leben ohne den Wendepunkt vorstellen sollten, malten sich kein besseres, sondern ein schlechteres Leben aus. Ohne die Ereignisse, so schlossen sie, würden ihrem Leben viele Beziehungen und Erfahrungen fehlen, die ihnen wichtig waren. Eine mögliche Erkenntnis könnte lauten: Wenn ich nicht zur Universität Northwestern gekommen wäre, hätte ich niemals meinen Traumjob bekommen. Oder: Wenn ich Julie nicht auf der Party begegnet wäre, hätte sie mich niemals dem Mann vorgestellt, den ich später geheiratet habe.

Zum anderen führt kontrafaktisches Denken dazu, dass wir schlüssigere Geschichten über unser Leben erzählen. In einer weiteren Studie erkannten Forscher, dass die Menschen, die sich vorstellten, ein Wendepunkt – zum Beispiel die Begegnung mit dem künftigen Ehepartner – sei niemals eingetreten, häufiger davon überzeugt waren, dieses Ereignis sei »vorbestimmt« gewesen. Ihr Leben, so schlossen sie, sei nicht willkürlich verlaufen, sondern vielmehr einem logischen Muster gefolgt, das unweigerlich zu der Begegnung mit dem Partner führte. Das Leben geschieht nicht nur einfach so, glaubten sie offenbar, sondern folgt einer Ordnung und einem Konzept.

Natürlich dachten viele der Testpersonen in Krays Studien an positive Momente des Lebens – die Entscheidung für eine Hochschule oder das erste Zusammentreffen mit guten Freunden. Zu den wichtigsten Wendepunkten im Leben gehören jedoch diejenigen, die schwierig oder schmerzlich sind. Wenn wir uns unsere Geschichten ohne solche Erfahrungen vorstellen, ergibt sich zwangsläufig die Frage, ob das Leben ohne diese Ereignisse einen besseren Verlauf hätte nehmen können.

> *Zu den wichtigsten Wendepunkten im Leben gehören diejenigen, die schwierig oder schmerzlich sind.*

Für Carlos Eire war die kubanische Revolution ein solch einschneidendes Ereignis.[19] Er war acht Jahre alt, als Fidel Castro im Januar 1959 in Havanna einmarschierte und Diktator Fulgencio Batista stürzte. Vor der Revolution hatte Carlos ein privilegiertes, behütetes Leben in Havanna geführt. Sein Vater, ein angesehener Richter und Kunstsammler, war sich sicher, in einem früheren Leben Ludwig XVI. gewesen zu sein, und verhielt sich entsprechend. Die Mutter, eine schöne Frau und fromme Katholikin, vergötterte ihre beiden Söhne. Carlos spielte die meiste Zeit draußen im Freien und bemühte sich, an seiner strengen katholischen Jungenschule keine Schwierigkeiten zu bekommen.

Nur wenige Tage vor Castros Machtübernahme verbrachte Carlos mit seiner Familie den Weihnachtsabend bei den Großeltern. Es war eine richtige Kindheitsidylle: Schweinebraten zum Abendessen, Nougat zum Nachtisch; Carlos knackte mit dem Großvater auf dem Balkon Nüsse, die Frauen unterhielten sich in der Küche. »Damals konnten wir es noch nicht ahnen«, schreibt Carlos, »aber das war das letzte Mal, dass meine Familie die *Nochebuena* gemeinsam bei meinen Großeltern erlebte.« An diesem Abend fuhr Carlos' Vater den weiten Weg nach Hause, damit sie die Weihnachtsbeleuchtung und Dekorationen an den Häusern und Geschäften der Stadt bewundern konnten. Bald schon sollte »alles vorbei« sein, erzählt Carlos – Castros »Guerillakampf und unsere Zukunft als Familie«.

Bald nach diesem Abend zeigte die Castro-Regierung ihre Zähne – politische Rivalen wurden gefoltert und hingerichtet, Privatbesitz beschlagnahmt und Kinder in der Schule indoktriniert. Als Carlos' Mutter das Gerücht hörte, Castro wolle Kinder von ihren Eltern trennen, geriet sie in Panik und beschloss, Carlos und seinen Bruder in die Vereinigten Staaten zu schicken. Die Jungen gehörten zu den 14 000 kubanischen Kindern, die zwischen 1960 und 1962 im Rahmen der Operation Peter Pan nach Florida ausgeflogen wurden. Carlos' Mutter und Tausende anderer Eltern blieben in Kuba zurück, wo sie auf ihre Ausreisegenehmigungen und die Wiedervereinigung mit ihren Kindern warteten.

Für Carlos' Mutter kam der ersehnte Tag drei Jahre später. 1965 verließ sie Kuba und zog nach Illinois, wo Carlos und sein

Bruder bei ihrem Onkel lebten; der Vater musste in Kuba bleiben. Mittlerweile hatte sich das Leben für Carlos sehr verändert. Nach der Ankunft in Amerika hatten Tony und Carlos zunächst in einem ungezieferverseuchten Waisenhaus in Florida leben müssen, wo sie nur eine Mahlzeit am Tag bekamen und von den anderen Waisen schikaniert wurden. In Illinois war das Leben etwas besser. Doch da die Mutter kein Englisch verstand und seit einer Kinderlähmung gehbehindert war, mussten Tony und Carlos arbeiten, um zum Lebensunterhalt der Familie beizutragen. Mit 15 Jahren gab Carlos ein falsches Alter an, damit er im Conrad-Hilton-Hotel in Chicago einen Job als Tellerwäscher bekam. Mittwochs bis sonntags arbeitete er von vier Uhr nachmittags bis zwei Uhr nachts im Hotel. Ihm blieben nur wenige Stunden Schlaf, bevor es in die Schule ging, wo ihn die Mitschüler wegen seiner Herkunft hänselten. Das behütete Leben, das er aus Havanna kannte, war nur noch ein ferner Traum.

Als Carlos 50 Jahre alt war, löste die Nachricht, dass der kleine kubanische Junge Elián González an der Küste Floridas angespült worden war, eine internationale Krise aus. Carlos war zu diesem Zeitpunkt Historiker an der Yale University und lebte mit seiner Frau und drei Kindern glücklich und zufrieden in Connecticut. An seine ersten Lebensjahre in Kuba dachte er nur selten zurück. Doch die Geschichte von González ließ eine Flut von Kindheitserinnerungen über ihn hereinbrechen. Er verspürte den Drang, diese Erinnerungen festzuhalten, um das, was ihm und seiner Familie widerfahren war, zu verarbeiten.

In dieser Phase dachte Carlos oft über das Leben nach, das er verloren hatte. In seinen Memoiren *Warten auf Schnee in*

Havanna denkt er darüber nach, »was hätte sein können«, wenn die Revolution nicht stattgefunden hätte oder Castro schnell besiegt worden wäre. Er stellt sich vor, die Invasion in der Schweinebucht hätte Erfolg gehabt. Er stellt sich vor, man hätte Castro »an die Wand gestellt und tagelang mit Platzpatronen beschossen«, so wie dieser seine Gefangenen terrorisiert hatte. Er stellt sich vor, er wäre in Havanna geblieben, statt in die USA zu fliehen. Er malt sich aus, wie er sich als junger Mann die Haare frisiert und in das Nachtleben Havannas stürzt. Er stellt sich vor, die Beerdigung des Vaters mitzuerleben, den Carlos nach dem Abschied am Flughafen im Frühjahr 1962 niemals wiedersah.

»Ich weiß nicht, ob man eine Nostalgie für die Zukunft empfinden kann«, sagt er. »Aber manchmal trauere ich der Zukunft nach, die ich hätte haben können. Wie hätte mein Leben ausgesehen? Was für ein Mensch wäre ich geworden? Welches Verhältnis hätte ich zu meinem Vater gehabt? Der abrupte Bruch zwischen Kindheit und Erwachsenenleben wäre mir erspart geblieben. Mein Leben wäre beschaulicher verlaufen.« Ohne die Revolution wäre sein Leben deutlich einfacher und sorgloser gewesen, so glaubt er – er hätte weder die Probleme und Nöte gekannt, die er als Jugendlicher erdulden musste, noch die depressiven Phasen, die er als Erwachsener erlebte, nicht den Zorn auf die Kommunisten, die seine Kindheit zerstört hatten, und keine finanziellen Sorgen. »Ja«, so sagt er, »das Leben wäre einfacher gewesen. Aber wäre es deshalb besser gewesen? Ich glaube nicht. Ich bin mittlerweile alt genug, um zu verstehen, dass der Bruch etwas Gutes war. Er hat mich zu dem gemacht, was ich heute bin.«

Als Carlos mit zehn Jahren Kuba verließ, hatte er gerade erst gelernt, sich selbst die Schuhe zu binden, hatte im Haushalt keinerlei Pflichten erledigen müssen, hatte sich niemals selbst ein Stück Fleisch geschnitten und noch nie außerhalb der eigenen vier Wände übernachtet. Ihm fehlten die grundlegendsten Fähigkeiten. In den USA musste er lernen, für sich selbst zu sorgen. Die widrigen Umstände führten zum »moralischen Wachstum«, erklärt er. »Ich musste erfahren, wie es ist, ganz unten zu sein, und das hat meine allgemeine Sichtweise geprägt. Ich habe jetzt Mitgefühl mit Menschen, die ganz unten sind, und verstehe, dass sie an ihrer Lage nicht unbedingt selbst schuld sind.«

Carlos hat viel verloren. Doch als Entschädigung hat er vieles gewonnen – unter anderem eine Familie, einen erfüllenden Beruf und den Glauben an Gott.

Laura King von der University of Missouri beschäftigt sich in erster Linie damit, wie ein bestimmtes Narrativ dabei helfen kann, ein verlorenes Leben zu verarbeiten.[20] Ende der 1990er-Jahre untersuchte sie drei Gruppen Erwachsener, die bestimmte Herausforderungen meistern mussten: Eltern von Kindern mit Down-Syndrom, Schwule und Lesben, die sich geoutet hatten, und Frauen, die nach mindestens 20 Jahren Ehe geschieden wurden. Diese Menschen lebten zwar in ganz unterschiedlichen Situationen, hatten aber allesamt einen Verlust hinnehmen müssen.

King bat diese drei Teilnehmergruppen, zwei Versionen der Geschichte ihrer Zukunft zu verfassen – das Narrativ des aktuellen »bestmöglichen Ichs«, also die Entwicklung, die sie sich für ihr eigenes Leben erhofften, und das kontrafaktische Narrativ des »verlorenen möglichen Ichs«, also die Identität, die *möglich gewesen wäre,* wenn sie nicht in ihrer jetzigen Situation leben würden. Schwule und Lesben beispielsweise beschrieben ihr Leben, als wären sie heterosexuell, während die Geschiedenen ihr Leben so beschrieben, als wären sie noch verheiratet. Nachdem sie diese beiden Aufgaben erledigt hatten, gaben sie in einem Fragebogen an, wie häufig sie über diese Versionen ihrer Person nachdachten.

> *Visionen der Zukunft machen Hoffnung, da sie erreichbar sind.*

King stellte fest: Je mehr jemand über die Zukunft des aktuellen Ichs nachdachte, desto glücklicher war dieser Mensch. Visionen der Zukunft machen Hoffnung, da sie erreichbar sind. Wer jedoch besonders viel über die verlorene Zukunft nachgrübelte, war besonders unglücklich. Zum Zeitpunkt von Kings Studie waren Homosexuelle noch stärker diskriminiert als heutzutage, gleichgeschlechtliche Paare durften in keinem Bundesstaat der USA heiraten oder eine Lebensgemeinschaft eintragen lassen. Damit bedeutete ein Outing einen echten Verlust. Schwule und Lesben, die häufig über die Möglichkeiten nachdachten, die ihnen verwehrt blieben, verspürten Verzweiflung und Bedauern – ihnen war klar, dass ein sogenanntes »normales« Leben ohne Diskriminierung und andere Hindernisse deutlich leichter gewesen wäre als das Leben, das sie tatsächlich führten. Gleiches galt für geschiedene Frauen.

Beide Gruppen erlebten das Nachgrübeln über das, was »hätte sein können«, als emotional schmerzhaft. Gleichzeitig hat ein solches kontrafaktisches Denken auch zur Folge, dass man sich mit der eigenen Menschlichkeit befasst. King stellte fest: Zwei Jahre, nachdem sie einen ausführlichen, umfassenden Bericht über das verlorene Ich abgefasst hatten[21], konnten Homosexuelle und Geschiedene eine bessere Ich-Entwicklung vorweisen. Die Ich-Entwicklung misst, wie eine Person die Realität wahrnimmt und interpretiert – inwieweit sie »Erlebnisse beherrschen, integrieren und verarbeiten« kann und sich selbst und die Welt im komplexen Zusammenhang erfasst. Mit anderen Worten: Sie misst den emotionalen Tiefgang, der sich auch in den Geschichten zeigt, die King für ihre Forschung zusammentrug. Ein schwuler Mann schrieb über sein verlorenes mögliches Ich als Heterosexueller:

> Als Kind stellte ich mir vor, ich würde später so leben wie die Menschen, die ich bewunderte. Ein solches Leben strebte ich an. Ich bin in einer Kleinstadt aufgewachsen ... Meine Eltern und ihre Freunde engagierten sich für gemeinnützige Zwecke, hatten eigene Unternehmen und waren in der Lokalpolitik aktiv. Mein Traum war immer, Tierarzt zu werden. Ich stellte mir vor, verheiratet zu sein (denn das gehörte ja dazu). Ich malte mir aus, meine Frau würde die Zoohandlung führen, die uns beiden gehörte ... Wir würden uns in der Gemeinde engagieren. Kleinstädte können so schön sein ... Man würde mich als guten, bodenständigen Menschen schätzen ... Unser Geschäft würde gut laufen und irgendwann an unsere Kinder gehen.

Wer so ausführliche, wohlüberlegte Geschichten abfasste – wer also eine fast nostalgische Sicht auf die Zukunft hatte, wie Carlos es nennen würde –, hatte sich offensichtlich eingehend mit dem Weg auseinandergesetzt, der ihm jetzt versperrt blieb. Die Versöhnung mit diesem Verlust war schwierig, aber wichtig, und wirkte sich positiv auf das Leben aus, das die jeweilige Person tatsächlich führte. »Vielleicht kann man glücklich werden, wenn man den Gedanken an den Verlust unterdrückt«, schreibt King, »doch das kann auch die Auseinandersetzung verhindern, die für die persönliche Entwicklung nötig ist.«

Wie wir uns in fiktiven Geschichten spiegeln

Anhand der Geschichten, die wir über uns selbst erzählen, können wir begreifen, wer wir sind, wie sich unser Leben entwickelt hat und welchen anderen Verlauf es hätte nehmen können. Doch auch die Geschichten, die andere erzählen, lassen uns einen Sinn erkennen. Ob in Romanen oder Filmen, im Radio oder auf der Bühne, Geschichten über andere können uns dabei helfen, unsere eigenen Werte und Erfahrungen zu reflektieren.

Ein Beispiel ist der Roman *Schiffbruch mit Tiger.*[22] Er erzählt von einem Jugendlichen namens Pi, der sich nach einem Schiffbruch, bei dem seine Familie ums Leben gekommen ist, mit einem bengalischen Tiger, einer Hyäne, einem verletzten Zebra und einem freundlichen Orang-Utan auf einem Rettungsboot wiederfindet. Schon bald geschehen schreckliche Dinge auf dem Boot: Pi muss entsetzt mit ansehen, wie die Hyäne das hilflose Zebra enthauptet und auffrisst und anschließend den Orang-Utan umbringt. Das Gemetzel endet damit, dass der Tiger die Hyäne tötet und frisst.

Damit bleiben Pi und der Tiger allein im Boot. Pi treibt 227 Tage lang auf dem Pazifik, halb verhungert und verzweifelt, und muss mit dem Tiger ums Überleben kämpfen. Doch er gibt nicht auf, obgleich er alles verloren hat. Die Geschichte von Pis Resilienz ist schier unglaublich, wenn man begreift, was an Bord tatsächlich geschehen ist. Die Tiere, so stellt sich heraus, waren nur Symbole für echte Menschen. Der Orang-Utan war Pis Mutter, das Zebra ein verletzter Matrose, die Hyäne der verabscheuungswürdige Schiffskoch, der den Matrosen verspeiste und Pis Mutter ermordete. Pi selbst, so erfahren wir, war der Tiger. Er tötete den Koch und aß seine Leber und sein Herz.

Pis Auseinandersetzung mit dem Tiger war in Wirklichkeit eine Konfrontation mit seinem Ich. Nach dem Bericht über das Schicksal von Zebra, Hyäne und Orang-Utan erläutert Pi, wie er den wilden Tiger zähmte, der die Hyäne getötet und gefressen hatte. Das entspricht dem tatsächlichen Geschehen: Nachdem er den Koch kaltblütig ermordet hatte, lernte Pi, seine niederen Impulse zu beherrschen. Mit der Geschichte über den Tiger konnte Pi sich von den grausigen Taten distanzieren, die er mit angesehen und selbst begangen hatte. Nur so konnte er in den Ereignissen auf dem Boot einen Sinn erkennen.

Die Forschung hat gezeigt, dass Fiktionen nach einer traumatischen Erfahrung helfen können, das Erlebte zu bewältigen.[23] Tragische Geschichten können die Verarbeitung der eigenen Erfahrungen fördern und gleichzeitig Distanz zu den schmerzlichen Erinnerungen und Gefühlen schaffen. Auf seinem Rettungsboot tut Pi etwas Vergleichbares: Mithilfe einer Fabel verarbeitet er ein Erlebnis, das als wirkliches Geschehen unüberwindlich schien. Die Geschichte über die Entwicklung des Tigers ermöglichte Pi, seine eigene Entwicklung zu begreifen. Genau wie der Tiger durch seinen strengen Meister lernte, sein grausames Wesen im Zaum zu halten, entwickelte Pi bestimmte spirituelle, emotionale und körperliche Eigenschaften, dank derer er die Monate auf See überlebte, bis er schließlich in Mexiko an den Strand gespült wurde. »Die Welt ist nicht nur, wie sie ist«, sagt Pi. »Sie ist, wie wir sie verstehen, oder?«

Natürlich braucht es kein Trauma wie bei Pi, um aus fiktiven Geschichten Erkenntnisse zu ziehen. Für eine Studie, die 2002 veröffentlicht wurde[24], ließen David Miall und Don Kuiken von der University of Alberta Studienteilnehmer die Kurzgeschichte »The Trout« (dt. »Die Forelle«) von Seán Ó Faoláin lesen. Diese handelt von der zwölfjährigen Julia, die in einer kleinen Wasserlache in der Nähe des Sommerhauses der Familie eine Forelle entdeckt. Das Bild der Forelle, die sich in »ihrem winzigen Gefängnis« hin und her wirft, lässt ihr keine Ruhe. In der Nacht beschließt das Mädchen, den Fisch zu befreien. Julia steigt aus dem Bett, geht im Schlafanzug hinunter zu dem Becken, legt die Forelle in einen Krug und läuft dann zum Fluss, um sie dort freizulassen.

Nachdem die Teilnehmer die Geschichte gelesen hatten, sollten sie laut äußern, was ihnen daran besonders sinnträchtig erschien. Eine Leserin erkannte in Julia ihr jüngeres Ich. Sie fühlte sich mit ihr »sehr verbunden«, so sagte sie. Als junges Mädchen, meinte sie, hätte sie die Forelle auch retten wollen. Die Forscher betonten, diese Leserin sei überrascht gewesen, wie sehr sie Julia bewunderte. »Die Geschichte weckte eine ›Heldenhaftigkeit‹ des jüngeren Ichs, die oft unterdrückt wurde«, so schreiben sie. Ein anderer Leser sah in Julias Entscheidung, die Forelle zu retten, den »ersten Schritt zum Erwachsenwerden«. Er ergänzte wie aus eigener Erfahrung, dass man nicht über Nacht erwachsen werde, sondern dazu Zeit nötig sei. »Man merkt gar nicht, wie man sich entwickelt«, sagte er, »sondern erkennt erst nach vielen Jahren im Rückblick, was geschehen ist.« Besonders bewegend fanden diese Leser die Elemente von Julias Erlebnis, die einen Bezug zu ihren eigenen Lebensgeschichten erkennen ließen. Nach der Lektüre von »The Trout« konnten sie sich selbst besser verstehen.

So wie die Teilnehmer der »The Trout«-Studie zeigte sich auch das Publikum, das bei The Moth Eriks Bericht über Kate hörte, von den Geschichten des Abends tief berührt – und zwar aus dem gleichen Grund. »In der Pause traf ich eine Freundin, der eine Geschichte aus der ersten Hälfte sehr nahegegangen war«, erzählt der Moderator David Crabb. Er meint damit eine Geschichte, in der eine Frau vom Tod ihrer Mutter berichtet hatte. »Sie weinte, erzählte von einem Menschen, den sie verloren hatte, und dass sie deshalb dieses Gefühl und diese Erinnerung nur zu gut verstehen könne.«

Indem sie ihre Geschichte teilen, erschaffen die Erzählenden auch für andere einen Sinn.

The Moth zieht Erzähler jeder Art an, darunter einen ehemaligen Pressesekretär des Weißen Hauses, einen Astronauten, Salman Rushdie und Malcom Gladwell. Doch ganz gleich, wer auf der Bühne sitzt – wenn die Geschichten gut vorgetragen werden, ist die Wirkung auf das Publikum immer gleich. Die Geschichten, die »den Raum zum Schweben bringen«[25], wie

Adam Gopnik, Autor für die Zeitschrift *New Yorker,* es nennt, haben »einen besonders erhebenden Moment, ein gewisses Pathos, eine Portion Selbsterkenntnis oder einen poetischen Segen, wodurch die Geschichte, wenn auch nur kurz, in das Reich der Fabel oder des Symbolischen gehoben wird«. Indem sie ihre Geschichte mit dem Publikum teilen, erschaffen die Erzählenden nicht nur für sich selbst, sondern auch für andere einen Sinn. »Und deshalb sind Geschichten so wichtig«, fuhr Crabb fort. »Ich glaube, manche der Leute hier denken, es gehe nur darum, möglichst viel von sich selbst zu erzählen. Dabei nimmt man ins Leere hinein Kontakt auf, erreicht andere Menschen und lässt sie spüren, dass sie nicht allein sind.«

5.

DIE VIERTE SÄULE: Sich als Teil eines größeren Ganzen erfahren

Ich flog von New York nach San Antonio in Texas und fuhr dann weitere sieben Stunden Richtung Westen, durch das Land der Klapperschlangen und Gürteltiere, Cowboys und Rinder bis zum McDonald-Observatorium in Fort Davis.[1] Die Chihuahua-Wüste, die sich vom Westen Texas' bis nach Mexiko erstreckt, zählt zu den größten in Nordamerika und ist besonders erbarmungslos. Zwischen den einzelnen Städten liegen viele Hundert Meilen. Man kann stundenlang auf einer der Hauptstraßen unterwegs sein, ohne ein anderes Auto oder überhaupt ein Lebenszeichen zu sehen. Als ich zur Mittagszeit eine Pause machte, herrschten draußen 35 Grad, abends lagen die Temperaturen nur noch knapp über null.

Die letzte Etappe der Reise führte mich durch die spektakulären Gipfel und Täler der Davis-Berge. El Paso, die nächste Großstadt, war nun etwa 300 Kilometer entfernt. Als ich langsam auf einen dieser Berge hinauffuhr, tauchten die drei großen weißen Kuppeln des McDonald-Observatoriums vor mir auf. In über 2000 Metern Höhe – auf dem höchsten Punkt, der sich auf texanischen Straßen mit dem Auto erreichen lässt – bilden die Teleskope eine Akropolis in der Wüste. Nachts wölbt sich über ihnen der dunkelste Himmel auf dem Festland der USA – so schwarz, dass man nicht mehr die Hand vor Augen sieht, wenn Sonne und Mond verschwunden sind.

Nie hätte ich erwartet, dass in diesem so unwirtlichen Winkel der Welt Hunderte von Menschen zu einer transzendenten Erfahrung zusammenkommen würden. Doch in der kühlen, klaren Julinacht, in der ich McDonald aufsuchte, waren 500 andere zu der berühmten »Sternenparty« ins Observatorium gekommen, die eines der ältesten Rituale der Menschheit aufleben lässt – die Sternenguckerei.

Um Viertel vor zehn war der Himmel finster. Der richtige Zeitpunkt war gekommen. Über einen schwach beleuchteten Pfad wurden wir im Zickzack an einem Dutzend Teleskope vorbei zu einem Amphitheater geleitet. Dicht an dicht mit den anderen Sternenguckern blickte ich auf zum Himmel, der sich wie eine gigantische Kuppel von einem Horizont zum anderen erstreckte. Zuerst war nur eine Handvoll von Sternen am Himmel zu sehen. Wenige Minuten später waren es plötzlich Hunderte.

Die meisten Sterne, die wir erblickten, waren Hunderte Millionen Jahre alt und Dutzende von Lichtjahren entfernt – manche sogar noch viel weiter. Wer sie betrachtet, schaut in die Vergangenheit: Weil sie so weit von der Erde entfernt sind, braucht das Licht viele Jahre, bis es unsere Augen erreicht, sodass wir die Sterne am Himmel so wahrnehmen, wie sie vor vielen Jahren aussahen. Selbst Alpha Centauri, der Stern, der unserem Sonnensystem am nächsten liegt, ist über 40 Billionen

Kilometer entfernt; wenn er eines Tages verglüht und erlischt, werden die Beobachter auf der Erde (sofern es dann noch welche gibt) das erst anderthalb Jahre später merken.

Zum Auftakt der »Sternbild-Tour« zeigte uns der Tourleiter Frank den Großen Wagen, der zum Sternbild Ursa Major oder Großer Bär gehört. Der Große Wagen zeigt auf Polaris, den Polarstern, im Sternbild Ursa Minor oder Kleiner Bär. Seit Jahrhunderten, erläuterte Frank, »haben Zivilisationen dieses Bild als Bären gedeutet«. Man nimmt an, so fuhr er fort, »dass sowohl Europäer als auch die amerikanischen Ureinwohner in diesen willkürlichen Punkten am Himmel unabhängig voneinander das gleiche Tier erkannten. Aus anthropologischer Sicht ist das äußerst interessant.«

Jede Zivilisation verband mit diesen Sternen auch eine bestimmte Geschichte. Im antiken Griechenland und Rom beginnt die Geschichte von den beiden Bären mit dem ewig lüsternen Zeus. Der Göttervater wollte die schöne Nymphe Kallisto verführen, die zu Ehren der jungfräulichen Göttin Artemis ein Keuschheitsgelübde abgelegt hatte.

Zeus ließ sich davon nicht abschrecken, sondern verkleidete sich als Artemis, erschien so vor Kallisto und verging sich an ihr. Als Artemis feststellte, dass Kallisto schwanger war, verbannte sie die Nymphe erbost aus ihrem Kreis. Kallisto irrte einsam und hilflos in den Wäldern umher und gebar einen Sohn, Arkas. Kurz darauf verwandelte Hera, die Frau des Zeus, Kallisto in einem Anfall von Eifersucht in eine Bärin. Jahre später, als Kallisto als Bärin im Wald ihrem Sohn Arkas begegnete, tötete er sie beinahe. Doch dann trat Zeus auf den Plan, um das Chaos, das er angerichtet hatte, (einigermaßen) wieder in

Ordnung zu bringen. Er verwandelte Arkas in einen kleineren Bären und warf dann sowohl den großen als auch den kleinen Bären in den Nachthimmel.

Dieser Mythos lieferte den alten Griechen und Römern wichtige Erkenntnisse zum Wesen des Menschen. Unser Schicksal als Sterbliche liegt in den Händen der launischen Götter. Kontakt zu einem göttlichen Wesen kann zu Unsterblichkeit im Himmel führen – oder auch zu einem gewaltsamen Tod wie im Mythos von Aktaion, der von seinen Hunden in Stücke gerissen wurde, nachdem Artemis ihn in einen Hirsch verwandelt hatte. Der Kosmos ist für uns chaotisch und unberechenbar.

»Heute Abend sehen Sie im Teleskop unter anderem den Ringnebel, den wir hier ›Kosmisches Cheerio‹ nennen«, erläuterte Frank. Der Nebel ist der Überrest eines Sterns, dessen Zentrum Gas ins Weltall freigesetzt hat, sodass es wie ein Ring aussieht. »Irgendwann wird es unserer Sonne genauso ergehen«, so Frank, »aber das hat noch Zeit.«

Dann lenkte er unsere Aufmerksamkeit auf den südwestlichen Teil des Himmels, an dem Mars und Saturn als auffällige rote und gelbe Lichtpunkte zu sehen waren. Während er die Ringe des Saturns beschrieb, flog ein Meteor vorbei. Die Menge ließ ehrfürchtiges Staunen hören. Ein kleiner Junge rief aus: »Das ist die erste Sternschnuppe, die ich je gesehen habe!«

Nach der Sternbild-Tour durften wir an die Teleskope, die jeweils auf einen bestimmten sehenswerten Punkt ausgerichtet waren – auf Saturn, Mars oder den Omeganebel, in dem Tausende von Lichtjahre von der Erde entfernt neue Sterne geboren werden. Eins der Teleskope zeigte auf Messier 51, eine Spiralgalaxie in 25 Millionen Lichtjahren Entfernung. Ein Blick durch dieses Teleskop war ein Blick zurück in die Zeit, in der die ersten Urpferde und die ersten Elefanten mit Rüsseln auf der Erde erschienen.[2] Der moderne Mensch lag damals noch 24,9 Millionen Jahre in der Zukunft.

Die Schlange vor dem Saturn-Teleskop ging einmal rund um das Amphitheater, also stellte ich mich für das Kosmische Cheerio an. Wenn unsere Sonne die gleiche Evolutionsstufe erreicht wie der Ringnebel, hat sie alles Leben auf unserem Blauen Planeten längst vernichtet. Ein Fünfjähriger, der neben mir anstand, fragte seine Mutter: »Mama, passiert das auch mit der Sonne?«

»Ja, Schatz«, antwortete sie und atmete tief durch, »aber erst in Milliarden von Jahren, wenn du und ich und Daddy schon lange nicht mehr da sind.«

Der Junge klammerte sich an das Bein seiner Mutter und sah mit großen Augen zum Himmel auf. »Wow.«

Wir sind nur Sternenstaub

Das McDonald-Observatorium wird von Astronomen aus aller Welt besucht. Sie wohnen in der Astronomers Lodge auf dem Berg und sind vor allem nachts aktiv. Tagsüber schlafen sie in der Lodge, in der schwere Vorhänge vor den Fenstern das Sonnenlicht fernhalten, und wenn es abends dunkel geworden ist, beobachten sie in den Teleskopkuppeln viele Stunden den Himmel.

Ich kam mittags in der Astronomers Lodge an und schlich auf Zehenspitzen durch das Gebäude, um den Schlummer der

Forscher nicht zu stören. Gegen drei Uhr ging ich in die Cafeteria, in der die Astronomen die erste Mahlzeit des Tages zu sich nahmen. Einer von ihnen – William Cochran, ein Professor von der University of Texas in Austin – lud mich ein, mit ihm zum Harlan-J.-Smith-Teleskop zu kommen. Also machte ich mich am Abend mit einer kleinen Taschenlampe auf den Weg durch die Observationskuppel, bis ich einen engen, stillen Raum voll mit alten Computern erreichte, an denen Bill geduldig Daten erfasste und dabei Musik hörte.

Bill erforscht Exoplaneten, also Planeten, die nicht um unsere Sonne, sondern um andere Sterne kreisen. Da Planeten kein eigenes Licht erzeugen, sind sie nur sehr schwer zu erkennen, und die Suche nach Exoplaneten ist für die Astronomie ziemliches Neuland: Die ersten Planeten, die andere Sterne umkreisen, wurden erst in den 1990er-Jahren bestätigt. Mittlerweile gehen Wissenschaftler davon aus, dass sie die Existenz von etwa 2000 solcher Himmelskörper nachgewiesen haben – ein winziger Bruchteil der vielen Milliarden Planeten, die vermutlich im Universum existieren. Bill selbst war in Zusammenarbeit mit anderen Forschern an der Entdeckung von etwa 1000 Exoplaneten beteiligt.[3]

Mithilfe des Weltraumteleskops Kepler verfolgt Bill den Lichtschein weit entfernter Sterne im Laufe der Zeit und gibt seine Beobachtungen in eine Datenbank ein, die er sich mit einer Gruppe anderer Planetensucher teilt; diese können die Daten dann nach bestimmten Mustern untersuchen, die möglicherweise auf einen Exoplaneten hinweisen. Schließlich suchen Bill und seine Kollegen nach Planeten, auf denen, wie auf der Erde, intelligentes Leben möglich wäre. Die

Wahrscheinlichkeit, dass ein solcher Planet existiert, ist »ziemlich groß«, so Bill. »Es gibt da draußen 100 Milliarden andere Galaxien, die jeweils aus Hunderten von Milliarden Sternen bestehen. Es gibt Milliarden, wenn nicht gar Billionen anderer Sonnensysteme. Deshalb glaube ich nicht, dass wir die Einzigen im Universum sind. Bislang jedoch wissen wir das nicht. Es gibt so vieles, das wir einfach nicht wissen.«

Einige Stunden später führte Bill mich nach draußen auf eine Laufbrücke, die unten um die Kuppel lief. Der Mond war untergegangen, um uns herum war es stockdunkel. Bis auf den Wind war kein Geräusch zu hören. Direkt vor mir funkelten Tausende von Sternen. Eine Sternschnuppe nach der anderen flammte auf. So etwas Wunderbares hatte ich noch nie gesehen.

Als wir wieder hineingegangen waren, zeigte Bill mir eine Aufnahme, die das Hubble-Teleskop gemacht hatte. Auf dem Bild ist ein winziger Ausschnitt des Universums zu sehen – ein stecknadelkopfgroßes Stückchen –, der als Hubble Ultra Deep Field bekannt ist. Man sieht 10 000 entfernte Galaxien, darunter einige der ältesten bekannten.

Das Universum entstand vor etwa 13,8 Milliarden Jahren, und einige der Galaxien auf diesem Bild gab es nur noch weitere 400 bis 800 Millionen Jahre. Würde man die gesamten 13,8 Milliarden Jahre, in denen das Universum bereits existiert, in eine Stunde pressen, so sind die Galaxien, die wir im Hubble Ultra Deep Field sehen, nur wenige Minuten nach dem Urknall entstanden. Wenn man also dieses Bild betrachtet, blickt man eigentlich zurück in die Anfänge der Zeit – die Anfänge des Universums selbst.

»Das hier«, sagte Bill, »weckt in mir Ehrfurcht.«

Seit Anbeginn des menschlichen Bewusstseins haben Männer und Frauen zum Nachthimmel aufgeblickt, die Sterne bestaunt und sich gefragt, was diese sein könnten und wofür sie stehen mochten. Durch das Studium der Himmelssphären wollten sie die größten Fragen der menschlichen Existenz beantworten. Wie ist die Welt entstanden? Wird sie irgendwann enden? Was gibt es da draußen sonst noch? Sie suchten nach Omen, Erkenntnissen und Hinweisen auf die Vergangenheit ihrer Vorfahren. Doch im Grunde suchten sie nach einem Sinn.

> *Die Sterne sind nach wie vor eines der rätselhaftesten Geheimnisse der menschlichen Existenz.*

Gleiches gilt auch heute noch. Wenn wir in der Nacht aufblicken, sehen wir keine willkürlichen Flammenbälle oder verstreute Punkte am Himmel. Wir sehen Bären und Krieger. Wir sehen Jäger und Schwäne. Wir sehen das weiße Band der Milchstraße, und wenn wir religiös sind, denken wir an den göttlichen Himmel. Wir wissen vielleicht ein wenig mehr über die Sterne als unsere Vorfahren, doch sie sind nach wie vor eines der rätselhaftesten Geheimnisse der menschlichen Existenz. Wir bemühen uns, unser Leben sorgfältig zu gestalten, doch die wenigen Jahrzehnte, die wir auf dieser Erde haben, sind verschwindend wenig im Vergleich zu den Milliarden von Jahren, die das Universum vor uns existiert hat und noch existieren wird, wenn wir schon lange nicht mehr sind.

Man könnte erwarten, die Bedeutungslosigkeit, die wir angesichts dieses Wissens empfinden, müsse unser Leben absurd und sinnlos erscheinen lassen. Dabei gilt genau das Gegenteil. Die grenzenlose Demut, die uns überkommt, wenn uns klar wird, dass wir nur winzige Pünktchen in einem riesigen, unfassbaren Universum sind, erfüllt uns paradoxerweise mit einem tiefen und mächtigen Gefühl von Bedeutung. Ein Hauch von Mysterium – sei es unter dem Sternenzelt, vor einem wunderbaren Kunstwerk, bei einem religiösen Ritual oder im Kreißsaal – kann uns verändern.

Ein Hauch von Mysterium kann uns verändern.

Das ist die Macht der Transzendenz. Das Wort stammt vom Lateinischen *transcendere* und bedeutet »übersteigen«. Eine transzendente oder mystische Erfahrung ist ein Erlebnis, bei dem wir spüren, dass wir den Alltag hinter uns gelassen und eine höhere Realität erkannt haben. Im Buddhismus wird die Transzendenz manchmal mit der Metapher eines Flugs beschrieben.[4] Der Suchende beginnt auf der Erde, steigt dann jedoch in die Lüfte und »durchbricht das Dach«. Dann, so schreibt der Religionsgelehrte Mircea Eliade, »fliegt er durch die Luft [und] zeigt im übertragenen Sinne, dass er über den Kosmos hinausgestiegen ist und eine paradoxe, gar unvorstellbare Daseinsform erreicht hat«. Die Metapher des »durchbrochenen Dachs« stellt das Schlüsselelement der mystischen Erfahrung dar, ob religiös oder säkular. Der Mensch verlässt die profane Welt, in der man E-Mails checkt und frühstückt, und gibt sich dem Verlangen hin, Verbindung zu einer höheren und heiligeren Ordnung aufzunehmen – sei es auch nur für kurze Zeit. Viele Menschen haben transzendente Erfahrungen gemacht[5] und zählen diese zu ihren bedeutsamsten und wichtigsten Lebensereignissen[6].

So ging es beispielsweise William James, dem großen amerikanischen Psychologen des 19. Jahrhunderts.[7] James hatte ein so starkes Interesse an Transzendenz, dass er mehrfach Stickoxid (Lachgas) inhalierte, um das »mystische Bewusstsein« zu stimulieren. Er war zwar ein gewissenhafter Wissenschaftler und klassischer Pragmatist, gab jedoch zu, dass er unter dem Einfluss dieser Droge »das stärkste Gefühl« verspürte, das er jemals erlebt hatte. Einige Zeit später beschrieb er seine Erfahrung vor einem Publikum in Edinburgh. »Damals drängte sich mir eine Schlussfolgerung auf«, sagte er, »und meine Überzeugung, dass sie wahr ist, wurde seitdem nicht erschüttert. Sie lautet, dass es sich bei unserem normalen Bewusstsein im Wachzustand, dem sogenannten rationalen Bewusstsein, nur um eine spezielle Form des Bewusstseins handelt, während rundherum viele andere, vollkommen unterschiedliche Formen des Bewusstseins existieren, die nur hinter einem hauchdünnen Schleier liegen ... Solange diese anderen Formen des Bewusstseins unbeachtet bleiben, kann das Universum niemals umfassend beschrieben werden.«

In seinem Meisterwerk *Die Vielfalt religiöser Erfahrung* beschreibt James vier Gemeinsamkeiten, die alle mystischen Erfahrungen aufweisen. Zum einen sind sie *passiv*. Zwar lässt sich die Wahrscheinlichkeit einer mystischen Erfahrung durch bestimmte Maßnahmen erhöhen – zum Beispiel durch Meditation, Fasten oder bewusstseinsverändernde Drogen –, doch das mystische Gefühl überkommt den Menschen wie eine äußere Kraft. Das Mystische, so schreibt James, fühle sich an, »als würde man von einer höheren Macht gepackt und festgehalten«. Zweitens sind sie *vorübergehend.* Die mystische Erfahrung hält selten länger als einige Stunden an und ist oft deutlich kürzer. Das typische Gefühl von Tiefgang und Bedeutsamkeit – oder auch das Gefühl des Göttlichen – überkommt den Menschen für eine Weile und verlässt ihn dann wieder.

Die beiden letzten Merkmale hält James für besonders wichtig. Mystische Zustände, so betont er, seien *unbeschreiblich.* Das subjektive Gefühl lässt sich kaum oder gar nicht mit Worten beschreiben. »Daraus folgt«, so schreibt James, »dass es unmittelbar erlebt werden muss, es kann nicht vermittelt oder an andere weitergegeben werden.« Und schließlich sind sie *noetisch* – das bedeutet, dass sie Wissen und Weisheit vermitteln. »Diesen Zustand der Einsicht in tiefe Wahrheiten kann der diskursive Intellekt nicht erreichen«, schreibt James. »Es sind Erleuchtungen, Offenbarungen, voller Bedeutung und Wichtigkeit, wenngleich sie unausgesprochen bleiben; wenn sie vorüber sind, bleibt ein seltsames Gefühl von Autorität zurück.« Der Sinn, den wir aus dem Erlebten ziehen, hat Bestand, oft unser ganzes Leben lang.[8]

Vom Ich zur Welt

Im Zustand der Transzendenz geschehen zwei bemerkenswerte Dinge. Nach David Yaden, Psychologe an der University of Pennsylvania und Fachmann für Transzendenz, verschwindet zunächst unsere Selbstwahrnehmung mit all den kleinen Sorgen und Wünschen.[9] Dann verspüren wir eine tiefe Verbindung zu anderen Menschen und allem, was auf dieser Welt existiert. Dadurch lösen sich alle Ängste auf, die mit unserer Existenz und dem Tod zusammenhängen, und einen Augenblick lang scheint das Leben einen Sinn zu haben – deshalb empfinden wir Frieden und Wohlbehagen.

In den letzten Jahren haben sich Forscher mit der emotionalen Reaktion auf das rätselhafte Gefühl befasst, das sie als Ehrfurcht bezeichnen.[10] Wir empfinden Ehrfurcht, wenn wir etwas wahrnehmen, das so großartig und unermesslich ist, dass wir es nicht begreifen können – das kann ein wunderbares Naturschauspiel sein, ein bezauberndes Musikstück, eine außerordentlich großzügige Geste oder das Göttliche. Der Philosoph Adam Smith schrieb im 18. Jahrhundert, Ehrfurcht entstehe, »wenn etwas Neues und Einzigartiges erscheint« und »das Gedächtnis in all seinen Speichern kein Bild finden kann, das dieser seltsamen Erscheinung auch nur annähernd gleicht«.[11] Mit anderen Worten: Ehrfurcht stellt die geistigen Schablonen infrage, mit denen wir uns die Welt erklären. Unser Hirn muss diese Schablonen dann aktualisieren, um das soeben Erlebte zu verarbeiten. So lässt sich erklären, wieso eine Begegnung mit dem Rätselhaften, Transzendenten einen Menschen stark verändern kann – diese Begegnungen ändern unsere Sicht auf das Universum und den Platz, den wir darin haben.

Im Jahr 2007 veröffentlichte Michelle Shiota mit ihren Kollegen Dacher Keltner und Amanda Mossman eine der ersten empirischen Studien zur Untersuchung der Wirkung von Ehrfurcht auf unsere Selbstwahrnehmung.[12] Für ein Experiment wurden 50 Studenten rekrutiert. Die Forscher versuchten gar nicht erst, im Neonlicht ihres sterilen Psychologielabors grenzenloses Staunen zu erzeugen, sondern führten die Testpersonen in ein anderes Gebäude auf dem Campus in Berkeley. Dort erwartete sie ein wahrhaft Ehrfurcht einflößender Anblick: In der Haupthalle des Valley-Life-Sciences-Gebäudes stand das gigantische Skelett eines *Tyrannosaurus Rex.* Die Nachbildung war überwältigend. Sie maß acht Meter in der Länge, war vier Meter hoch und wog über 2000 Kilo. Unter dem Eindruck dieses massiven Skeletts sollten die Studenten die Frage »Wer bin ich?« in 20 Sätzen beantworten, die jeweils mit »Ich bin« beginnen mussten.

Bei der Analyse der Aussagen konnten die Psychologen vier grobe Kategorien unterscheiden. Es gab körperbezogene Antworten wie »Ich bin groß« oder »Ich bin dünn«. Es gab charakterbezogene Antworten wie »Ich bin lustig« oder »Ich bin schlau«. Es gab Beschreibungen, die sich auf eine Beziehung bezogen, zum Beispiel »Ich bin die Freundin von John« oder »Ich bin ein Bruder«. Und schließlich gab es noch Antworten, die in die »Kategorie des ungeheuren Universums« fielen. In diesen Antworten definierten sich die Studenten in Bezug auf etwas viel Größeres als das Ich. Sie schrieben Sätze wie »Ich bin Teil des Universums« und »Ich bin Teil der Menschheit«.

Offenbar sahen sich die Personen, die Ehrfurcht empfanden, ganz anders als die Mitglieder einer Kontrollgruppe. Bei einer früheren Studie hatten die Forscher festgestellt, dass die ehrfürchtigen Testpersonen mit deutlich höherer Wahrscheinlichkeit äußerten, sie fühlten sich »klein oder unbedeutend«, »losgelöst von den täglichen Sorgen« und dass sie »die Existenz von etwas Größerem« verspürten. In dem Dinosaurier-

Experiment stand das Ich der Teilnehmer weniger im Mittelpunkt, sondern wich einem Gefühl der Verbundenheit mit der Welt als Ganzem und allen, die darin leben. Das ist das Paradoxon der Transzendenz. Sie sorgt dafür, dass der Mensch sich unbedeutend fühlt und gleichzeitig spürt, dass er Teil von etwas Großem, Bedeutsamem ist. Wie lässt sich das erklären?

> *Transzendenz sorgt dafür, dass der Mensch sich unbedeutend fühlt und gleichzeitig spürt, dass er Teil von etwas Großem, Bedeutsamem ist.*

Berichte von Menschen, die häufig meditieren und dabei ähnliche Phänomene erleben, helfen beim Beantworten dieser Frage. Auf dem Höhepunkt der mystischen Erfahrung spüren sie, wie sich die Grenzen ihres Ichs auflösen, und sie fühlen sich eins mit der Welt, die sie umgibt. Ein Mann beschrieb sein Meditationserlebnis in einer Studie als »Gefühl von Zeitlosigkeit und Unendlichkeit. Ich fühle mich, als sei ich Teil von allem und jedem, was existiert.«[13] Angela von Foligno, eine Franziskanernonne aus dem 13. Jahrhundert, schilderte das Gefühl sehr anschaulich: »Ich besaß Gott so umfassend, dass ich meinen bisherigen üblichen Zustand verließ und einen Frieden fand, in dem ich mit Gott vereint und mit allem zufrieden war.«[14]

Cory Muscara kennt dieses Gefühl ebenfalls.[15] Cory, der von Long Island stammt, hatte eigentlich vor, nach dem Studium im Finanzwesen zu arbeiten. Doch nach dem Abschluss im Jahr 2012 wollte er mehr aus seinem Leben machen – deshalb reiste er in ein Kloster in Burma, wo er zu einem buddhistischen Mönch geweiht wurde. In den sechs Monaten, die er dort verbrachte, meditierte Cory täglich 14 bis 20 Stunden lang, schlief auf einer dünnen Matratze auf einem Holzbrett und nahm nur zwei karge Mahlzeiten pro Tag zu sich, eine um halb sechs in der Frühe und eine um halb elf abends. Es wurde nicht gesprochen, keine Musik gehört und nicht gelesen – dieses asketische Leben sollte die Wände des Ichs einreißen.

Auf dem Weg ins Kloster freute sich Cory auf ein Abenteuer. »Ich war guter Dinge und konnte es kaum erwarten, alle Annehmlichkeiten meines behüteten Lebens hinter mir zu lassen.« Als er das Kloster inmitten von 40 Hektar sanfter Hügel erreicht hatte, stellte er fest, dass sein Zimmer, nicht größer als eine Gefängniszelle, vor Ameisen wimmelte. »Genau so will ich es haben«, dachte er. Zwölf Stunden später war er sich nicht mehr so sicher: Er lag weinend auf seinem Lager und fragte sich, wieso er überhaupt nach Burma gekommen war.

Seine Lage wurde nicht besser. Nach wenigen Tagen strikten Meditationsprogramms, das täglich um halb vier Uhr morgens begann, litt Cory schreckliche Schmerzen, da er fast den ganzen Tag im Schneidersitz auf dem Boden des Meditationsraums sitzen musste. Ein »Umhang aus Schmerzen« zog sich vom Hals den Rücken hinunter um seinen Bauch herum, der sich verkrampfte, wenn er zu tief Luft holte. Die Schmerzen beeinträchtigten die Meditation, Cory konnte sich nicht von seinen Gedanken lösen. Er dachte an nichts anderes als die starken Schmerzen. Fünf Tage nach seiner Ankunft entschied Cory, dass er das nicht sechs Monate lang aushalten konnte; er wollte nach Hause. Als er jedoch abreisen sollte, fiel ihm wieder ein, wieso er ursprünglich ins Kloster gekommen war – um eine bessere Vorstellung vom Leiden zu bekommen. Also beschloss er, zu bleiben und sich dem Leiden zu stellen, statt vor der Sache davonzulaufen, die er doch kennenlernen wollte.

Während der langen, schmerzerfüllten Tage übte sich Cory in achtsamer Meditation – oder versuchte es zumindest. Bei der achtsamen Meditation soll ein Zustand erhöhter Aufmerksamkeit erreicht werden. Dazu wird im Gegensatz zu anderen Meditationsformen kein Mantra wiederholt, sondern der Meditierende konzentriert sich auf alles, was mit ihm selbst und um ihn herum passiert, zum Beispiel auf das eigene Ein- und Ausatmen oder die kaum merklichen körperlichen Empfindungen bei jeder Bewegung. »Achtsamkeit«, so beschrieb es Jon Kabat-Zinn, einer der berühmtesten Lehrer dieser Technik, »bedeutet, auf ganz besondere Weise aufmerksam zu sein: ganz gezielt, im gegenwärtigen Augenblick und vollkommen vorurteilsfrei«.[16]

Die Person soll erkennen, dass sie sich von ihren Gedanken, Gefühlen, Empfindungen und Erfahrungen lösen und diese neutral beobachten kann, statt sich davon definieren zu lassen. Im Buddhismus ist die achtsame Meditation ein Weg zur Erleuchtung oder zu der Erkenntnis, dass das Ich nur eine Illusion ist. Die einzelnen Schichten des Ichs werden durch die Meditation abgelöst, zurück bleibt die unmittelbare Erfahrung der Welt, wie sie wirklich ist – eine Realität, die durch Einheit und Verbundenheit definiert ist und nicht durch die ständigen Kommentare des Egos.

Cory kehrte also in den Meditationsraum zurück, in der Hoffnung, Erkenntnisse zum Leiden zu gewinnen. Jedes Mal, wenn er sich auf seine Schmerzen konzentrierte, stellte er fest, dass viele Gedanken in seinem Kopf kreisten: »Wieso machst du das? Diese Erfahrung bringt dir nichts. Wie soll man bei dieser Hitze überhaupt meditieren? Hier sind viel zu viele Mücken. Geh doch lieber in ein anderes Kloster. Du könntest eine nette Frau kennenlernen, statt den ganzen Tag schweigend dazusitzen.« Diese Gedanken, die Zorn auslösten, verstärkten seine körperlichen Schmerzen. Doch mit der Zeit erkannte Cory, dass er den negativen Kreislauf durchbrechen konnte, indem er sich von seinen Gedanken und Gefühlen distanzierte. Er konnte »nur mit dem Schmerz sein«, wie er es ausdrückte – oder, um eine achtsame Metapher zu verwenden, er konnte am Flussufer sitzen und dem Wasser beim Fließen zusehen, statt sich von der Strömung mitreißen zu lassen. Der Körper tat ihm zwar nach wie vor weh, doch die »Nebenschmerzen« des emotionalen Leidens waren verschwunden. Als ihm klar geworden war, dass er sein Schmerzempfinden kontrollieren konnte, wusste er, dass er die gesamten sechs Monate im Kloster durchstehen würde.

Die Wochen verstrichen, und an einigen Tagen konnte Cory gelassen meditieren, während sein Geist an anderen Tagen vollkommen aufgewühlt war. Immer, wenn ein gutes Gefühl wie Gelassenheit aufkam, sagte Cory sich: »Das ist es, was du willst, versuch, es zu halten.« Doch immer wieder verging das Gefühl. Immer, wenn er Schmerzen verspürte, redete er sich zu: »Du musst versuchen, das zu ertragen.« Doch dann ging auch dieses Gefühl vorüber.

»Irgendwann sagte ich mir ›Was soll's. Gib es auf, bestimmte Empfindungen festhalten und andere verbannen zu wollen. Im Leben wird es immer Gutes und Schlechtes geben, und selbst wenn man das Gute halten und das Schlechte loswerden will, ändert sich trotzdem ständig alles. Also lass es einfach sein.‹ Als ich das beherzigte, gab es kein Hin und Her mehr. Ich konnte das, was ich erlebte, einfach hinnehmen, und das verschaffte mir ein tiefes Gefühl von Gleichmut.«

In dieser Zeit widmete sich Cory noch intensiver der Meditation. Anfangs meditierte er wie im Kloster vorgeschrieben 14 Stunden am Tag, vor allem im Meditationssaal. Nun jedoch waren es täglich 20 bis 22 Stunden, die er meist in seinem kleinen, dunklen Zimmer zubrachte. Er wachte um halb drei morgens auf und ging gegen Mitternacht ins Bett, sein Zimmer verließ er nur zum Frühstück und Mittagessen.

In seinen letzten Wochen im Kloster fühlte sich Cory eines Tages beim Aufwachen besonders fokussiert. Bevor er die Augen aufschlug, konnte er jede Empfindung, die durch seinen Körper lief, wie elektrischen Strom spüren. Als er langsam aus dem Bett stieg, stellte er fest, dass er sich nicht einfach bewegte, sondern beobachtete, wie sich sein Körper bewegte. Während der morgendlichen Meditation gerieten seine Gedanken kein einziges Mal auf Abwege.

Später, auf dem Rückweg vom Frühstück, machte Cory an einer Brücke, die über einen Teich führte, Halt und setzte sich an eine Stelle, an der er über das Wasser schauen konnte. An früheren Tagen hatte Cory bei der Meditation auf der Brücke Frieden und Gelassenheit verspürt, mehr jedoch nicht. Doch an diesem bestimmten Tag betrachtete Cory das Wasser und spürte, wie seine Konzentration immer intensiver wurde. Dann geschah etwas Bemerkenswertes: Er fühlte, wie er eins mit dem Teich wurde. Zuvor hatte er sich immer als eigenes Wesen wahrgenommen, das den Teich betrachtete, der ebenfalls eine eigene Einheit darstellte. Jetzt war alles »Eins, Nicht-Dualität, Gemeinschaft«, sagte Cory. Er spürte, wie er mit allem, was ihn umgab, verschmolz.

»Ich erkannte ganz klar, dass die Vorstellung von einem Selbst – einer Trennung, eines Ichs, eines Innen und Außen – nur eine Illusion ist«, sagte er, »etwas vom Gehirn Geschaffenes. Die Vorstellung war wie der Rauch, der von einer Pfeife aufsteigt. Sie verschwindet, sobald man sie nicht mehr erzeugt.« Als sein Gehirn an jenem Morgen nicht mehr die Illusion eines Teichs erschuf, ging ihm das Herz auf, so, dass ihn eine Welle des Mitgefühls überkam. »Wenn man sich selbst auflöst«, so erläuterte er, »erkennt man, dass man eins mit allem ist.«

»Das Ich ist nur eine Illusion.«

Als Cory einen Monat später nach Hause nach Long Island zurückkehrte, hatte sich seine Einstellung zum Leben geändert. Er strebte nicht mehr nach einem lukrativen Beruf, sondern wollte jetzt anderen Menschen dabei helfen, Erlösung von ihren Problemen zu finden. Er begann, als Achtsamkeitslehrer zu arbeiten. Das emotionale Hochgefühl, das ihm das Erlebnis in Burma verschafft hatte, ließ allmählich nach, doch das, was er dort gelernt hatte, blieb ihm erhalten. So stellte er beispielsweise irgendwann fest, dass er sich bemühte, mit seinem Unterricht viel Geld zu verdienen und ein toller Lehrer zu sein. Doch als er erkannte, dass sein Ego die Kontrolle übernehmen wollte, ließ er seinen Stolz fahren und konzentrierte sich ganz auf seine Schüler. »Es fällt mir jetzt leichter, meine Selbstbezogenheit abzulegen«, sagte er, »weil ich so deutlich durchschaut habe, dass das Ich nur eine Illusion ist.«

Bei Menschen wie Cory können Wissenschaftler erkennen, dass mystische Erlebnisse im Gehirn Spuren hinterlassen. Andrew Newberg, ein Neurowissenschaftler von der Thomas Jefferson University, erforscht die Hirnaktivität von Menschen, die hingebungsvoll meditieren – darunter Buddhisten, Katholiken und Sufis –, um zu ermitteln, was genau im Zustand der Transzendenz vor sich geht. In einer Studie untersuchte er mit seinen Kollegen mithilfe von Gehirnaufnahmen, der sogenannten Einzelphotonen-Emissionscomputertomografie oder SPECT, acht Menschen, die große Erfahrung in der tibetisch-buddhistischen Meditation hatten.[17]

Die Wissenschaftler maßen die Ausgangs-Gehirnaktivität der Testpersonen und ließen sie dann ungestört in einem eigenen Raum meditieren. Wenn ein Meditierender das Gefühl hatte, dass ein Augenblick der Transzendenz nahte, zog er an einer langen Schnur, die Newberg und sein Kollege Eugene d'Aquili in einem anderen Zimmer beobachteten. Dann injizierten die Forscher dem Meditierenden über eine lange intravenöse Leitung eine radioaktive Substanz und machten nach der Meditation mit einer besonderen Hightech-Kamera eine Aufnahme von der Hirnaktivität. Die radioaktive Substanz zeigte den Forschern, wie viel Blut in die verschiedenen Gehirnregionen geflossen war – je mehr Blut, desto mehr Aktivität in dem Gehirnteil, je weniger Blut, desto geringer die Aktivität.

Newberg und d'Aquili stellten fest: Auf dem Höhepunkt des mystischen Erlebens war die Aktivität im hinteren oberen Scheitellappen reduziert – also in dem Gehirnbereich, den

Newberg als »Orientierungsassoziationsareal« bezeichnet, da er in erster Linie dazu dient, das Ich im Raum einzuordnen, physische Grenzen nachzuverfolgen und das Ich vom Nicht-Ich abzugrenzen. Das Orientierungsassoziationsareal ist im Allgemeinen äußerst aktiv, erfasst sensorische Informationen aus der Umwelt und lenkt uns anhand dieser wichtigen Informationen durch den Raum. Erhält das Orientierungsassoziationsareal plötzlich keine neuronalen Informationen mehr von unseren Sinnen, wie es bei den Meditierenden der Fall war, kann das Gehirn das Ich nicht mehr von seiner Umgebung unterscheiden. Der Mensch fühlt sich dann mit allem und jedem verbunden – er empfindet ein Gefühl der Einheit.

In einer neuen Forschungsreihe hat Newberg einen Blick in das Gehirn meditierender Sufis geworfen.[18] Die Arbeit mit den Sufis steckt noch in der Anfangsphase – Newberg hat bislang erst zwei Personen untersucht –, sie könnte jedoch neue Erkenntnisse zu den neurologischen Grundlagen mystischer Zustände liefern. Während der Meditation zeigte sich im Gehirn der Sufis eine verminderte Aktivität im Stirnlappen, der für die bewusste Entscheidungsfindung zuständig ist und dem Menschen ermöglicht, sein Umfeld und seine Handlungen zu steuern. Erhält der Stirnlappen erheblich weniger neuronalen Input als üblich, schaltet sich der logische, steuernde Teil des Gehirns ab, und wir haben das Gefühl, uns fallen zu lassen.

Wie sich Selbstverlust auf die Psyche auswirkt

Zwar nimmt der Augenblick der Transzendenz, wie William James betonte, irgendwann ein Ende, doch er kann einen unlöschbaren Eindruck in der Psyche hinterlassen. Manche Menschen verändern sich grundlegend, nachdem sie einen solchen Selbstverlust erlebt haben. Das zeigt unter anderem die Geschichte des früheren Astronauten Jeff Ashby.[19] Jeff war noch ein Kind, als mit Alan Shepard der erste Amerikaner in den Weltraum flog. Das war im Mai 1961. Die Gründung der NASA lag drei Jahre zurück, die Sowjets hatten erst wenige Wochen zuvor den ersten Menschen ins All geschickt. Und im zarten Alter von sechs Jahren träumte der kleine Ashby davon, auch einmal in den Weltraum zu fliegen.

Für einen Jungen, der gerne das All erkunden wollte, war das eine spannende Epoche. In dem Jahrzehnt, in dem Shepard im Rahmen des Mercury-Projekts gestartet war, ließen die Vereinigten Staaten *Apollo 8* einmal um den Mond fliegen.[20] Das markierte einen Wendepunkt der Geschichte und lieferte einen Funken von Hoffnung und Optimismus in dem sonst so beunruhigenden Jahr 1968, in dem Martin Luther King Jr. und Robert Kennedy ermordet wurden. Nie zuvor hatten sich Astronauten aus der unteren Erdumlaufbahn herausgewagt, nie zuvor einen anderen Himmelskörper umkreist.

Gebannt verfolgte der 14-jährige Ashby, wie der Rest der Welt, die Liveübertragung der Mission an Heiligabend im Fernsehen. Das Team flog zehn Mal um den Mond und las dabei abwechselnd aus dem Buch Genesis: »Am Anfang schuf

Gott Himmel und Erde. Und die Erde war wüst und leer, und es war finster auf der Tiefe; und der Geist Gottes schwebte auf dem Wasser. Und Gott sprach: Es werde Licht! Und es ward Licht.«

Die Mitglieder der *Apollo 8*-Crew machten auch betörende Fotos, das berühmteste hieß *Erdaufgang*. Das Bild der Erde aus dem All sollte die Sicht der Menschheit auf sich selbst verändern. Aus Tausenden von Kilometern Entfernung wirkte unser Planet klein und zerbrechlich. Am 25. Dezember 1968, einen Tag, nachdem das Foto entstanden war, schrieb der Dichter Archibald MacLeish in der *New York Times*: »Indem wir die Erde so sehen, wie sie wirklich ist, klein und blau und schön in der ewigen Stille, in der sie schwebt, sehen wir uns selbst als gemeinsame Reiter der Erde, als Brüder in dieser hellen Lieblichkeit inmitten der ewigen Kälte, als Brüder, die nun wissen, dass sie wirklich Brüder sind.«[21]

Seit Beginn der ersten bemannten Raumflüge hatten weniger als 600 Astronauten, Kosmonauten und Taikonauten die Gelegenheit, die ganze Erde aus dieser erhabenen Perspektive zu betrachten. Jeff ist einer von ihnen. 1999, mit 45 Jahren, erfüllte sich sein Kindheitstraum, und er reiste als Pilot für die erste weibliche Shuttle-Kommandantin Eileen Collins ins Weltall. Ihre Mission bestand darin, ein großes Teleskop namens Chandra, eine Ergänzung zum Hubble-Teleskop, auszusetzen, das energiereiche Ereignisse wie Schwarze Löcher, explodierende Sterne und Zusammenstöße von Galaxien festhalten sollte. Ashby und Collins sollten am 30. Jahrestag der Mondlandung starten. Zwischen dem Start und dem Eintritt ins All lagen acht Minuten – acht Minuten, dann würden sie nicht mehr auf der Erde, sondern 240 Kilometer über ihr im Orbit sein. Sie würden also wirklich »die Decke durchbrechen«.

Aus dem All sah Ashby die Erde als Kugel, die haltlos im schwarzen Nichts hing. Die Atmosphäre war »unfassbar dünn«, sagt er, »wie ein Stück Papier, das um einen Basketball gewickelt ist.« Die gesamte menschliche Existenz lag hinter einem transparenten Schleier. »Man begreift, dass sich die ganze Menschheit auf dieser winzigen Schicht oben auf diesem Gesteinsbrocken befindet«, erzählt er. »Man begreift, wie leicht wir vom Vakuum des Alls ausgelöscht werden können. Man begreift, wie klein unser Planet ist. Man kann ihn in nur 90 Minuten umrunden. Bis auf wenige Ausnahmen sieht man keine Grenzen zwischen den Ländern. Man sieht nur eine zusammenhängende Masse Land und Wasser. Ich hatte den Eindruck, dass sich alles, was auf einer Seite des Planeten passiert, auf die andere Seite auswirken müsse. So entstand ein Gefühl von Verbundenheit – dass wir alle irgendwie miteinander verbunden sind.«

In den Weltraum kommt man nur, wenn man in der Wissenschaft, beim Militär und in der Regierung jahrelang Höchstleistungen erbracht hat. Wem das gelingt, der wird in einen auserwählten Kreis von Heldinnen und Helden aufgenommen, die in der zeitgenössischen Kultur gefeiert und in Geschichtsbüchern verehrt werden. Somit sei es kein Wunder, meint Ashby, dass die meisten Astronauten von Ehrgeiz und Erfolgshunger angetrieben werden.

Der Ruhm des Raumflugs motivierte Ashby viele Jahre lang. Doch nach dieser ersten Mission spürte er, dass er sich grundlegend verändert hatte. Er suchte nach einem tiefer gehenden Weg zur Erfüllung, einem Weg, der sich auf das größere Wohl statt auf persönliche Ziele konzentrierte. Andere Astronauten, die ebenfalls ins All gereist sind, berichten von ähnlichen Veränderungen. Laut einer Studie[22] verlagern sich ihre Werte, von eher ichbezogenen wie Erfolg, Vergnügen und Selbststeuerung hin zu über sich selbst hinausgehenden Werten wie Einheit mit der Natur, Glaube an Gott und Weltfrieden. »Man entwickelt auf der Stelle ein globales Bewusstsein, richtet das Augenmerk auf die Menschen, empfindet starke Unzufriedenheit mit dem Zustand der Welt«, sagt ein Astronaut, »und den Drang, etwas daran zu ändern. Dort oben, vom Mond aus, wirkt die internationale Politik viel zu kleinlich. Man würde die Politiker am liebsten im Nacken packen, über 300 000 Kilometer weit hinaus zerren und sagen: ›Schau dir das mal an, du Mistkerl‹.«[23] Diese dramatische Perspektivänderung wird in der Wissenschaft als Overview-Effekt bezeichnet.

Ashby flog mit zwei weiteren Missionen in den Weltraum, um beim Aufbau der Internationalen Raumstation mitzuhelfen. Mit 54 Jahren schied er aus der NASA aus. Wie viele andere Astronauten, die den Overview-Effekt erlebt hatten, beschloss er, seine Erfahrungen und Fähigkeiten für einen guten Zweck einzusetzen. Ron Garan[24] beispielsweise gründete Manna Energy Ltd., eine Umweltorganisation, die Dörfer in Ruanda und Kenia mit Trinkwasser versorgt, Edgar Mitchell[25] schuf das Institute of Noetic Sciences zur Erforschung des menschlichen Bewusstseins.

Aufgrund seiner Erfahrungen im Weltraum dachte Ashby viel über die Zukunft der Menschheit und der Erde nach. »Wenn man aus dem All den dünnen blauen Bogen unserer Atmosphäre sieht«, sagt er, »macht man sich unweigerlich große

Sorgen um dieses fragile Lebensband und will unbedingt dabei helfen, es zu schützen.«[26]

Ihm wurde klar: Da der Planet irgendwann vergehen oder unbewohnbar werden wird, kann die Menschheit nur überleben, wenn sie auf einen anderen umzieht. »Vielleicht befindet er sich im Sonnensystem«, sagt er, »aber da die Existenz unserer Sonne endlich ist, müssten wir zu einem Planeten ziehen, der sich um einen anderen Stern dreht, und dort eine Zivilisation aufbauen.« Ashby ist mittlerweile für ein Unternehmen namens Blue Origin tätig, das von Jeff Bezos, dem Geschäftsführer von Amazon, gegründet wurde. Bei Blue Origin arbeitet Ashby mit seinen Kollegen an der Entwicklung einer Technologie, mit der Personen zu erschwinglichen Preisen in den Weltraum geflogen werden können. Ihr langfristiges Ziel besteht darin, Menschen von unserem Planeten wegzubringen, wenn die Erde unbewohnbar wird. Kurzfristig jedoch möchten sie normalen Menschen einen sicheren Flug ins All ermöglichen, damit diese den Overview-Effekt erleben und vielleicht ebenfalls als andere Menschen zurückkommen.

Führt Ehrfurcht zu mehr Hilfsbereitschaft?

Nur die wenigsten von uns werden jemals in einem Raumschiff fliegen. Doch auch hier auf der Erde können wir das Gefühl, Teil eines großen Ganzen zu sein, erfahren, indem wir uns unserer Umwelt zuwenden. John Muir, der Naturwissenschaftler aus dem 19. Jahrhundert, der sich für die Gründung von Nationalparks engagierte und der erste Präsident des Sierra Clubs war, hat das vielleicht besser verstanden als jeder andere.[27]

Muir wurde in der Küstenstadt Dunbar in Schottland geboren. Schon dort liebte er die Natur; als Kleinkind ging er oft mit seinem Großvater spazieren. Sobald er alt genug war, machte er sich allein auf den Weg und verbrachte seine Freizeit an der Nordseeküste oder auf den nahegelegenen Wiesen. Als seine Familie 1849 in die Vereinigten Staaten auswanderte, fand der elfjährige Muir auf der Farm in Wisconsin, wo sie sich niederließen, einen unberührten Spielplatz in der Wildnis. Die Vögel, Insekten, Eichhörnchen, Blumen und Farne ließen ihn immer wieder staunen.

Je älter Muir wurde, desto stärker wurde seine Liebe zur Natur. Mit Anfang 20 begann er ein Studium an der University of Wisconsin und befasste sich zum ersten Mal mit Botanik. Das Fach veranlasste ihn, »in wilder Begeisterung in die Wälder und Wiesen zu stürmen«, wie er später äußerte. »Wie jeder andere«, so schrieb er, »liebte ich seit jeher Blumen, ihre äußere Schönheit und Reinheit. Nun waren meine Augen auch für ihre innere Schönheit geöffnet, die in wundervoller Weise von den Gedanken Gottes zeugt und immer weiter bis hin zum unendlichen Kosmos führt.«

Wenn ihn diese Blumen begeisterten, dann versetzen ihn die Berge der kalifornischen Sierra Nevada geradezu in Ekstase. Muir zog 1868 in den Golden State und verbrachte den Sommer des Folgejahres in der Gegend, in der heute der Yosemite National Park liegt, wo er »über Felsen und Berghänge sprang, sich über drohende Abhänge beugte, das Gesicht in Wasserfälle tauchte, durch lilienbewachsene Wiesen stapfte, über die übermütigen Späße der Grashüpfer und Streifenhörnchen lachte, die Rinde mächtiger Flusszedern und Zuckerkiefern streichelte und Nacht für Nacht auf einem würzigen Bett aus Fichtenzweigen schlief«. Dieser moderne Johannes der Täufer war überwältigt von der Einheit und Harmonie, die er in der Natur wahrnahm. »Wenn wir versuchen, eine Sache herauszugreifen«, so schrieb er, »stellen wir fest, dass es mit allem anderen im Universum verbunden ist.«

Muirs Begeisterung für die Natur war vom Transzendentalismus geprägt, einer philosophischen Bewegung, die etwa zum Zeitpunkt seiner Geburt in New England aufkam.[28] Zu den bahnbrechenden Werken der Bewegung zählt der Essay »Natur« von Ralph Waldo Emerson aus dem Jahr 1836.[29] Für Emerson ist die Schönheit, die wir in der Natur erkennen, ein Abbild der göttlichen Schönheit; die Natur selbst ist eine Erscheinungsform Gottes und der Weg zu ihm. Doch die meisten Menschen, so meinte Emerson, wüssten diese Großartigkeit nicht zu schätzen. Sie seien vom alltäglichen Leben zu stark abgelenkt, klagte sein Freund Henry David Thoreau – ein Problem, das umso schlimmer wurde, je hektischer das Leben durch die Industrialisierung und die Einführung der Eisenbahnen wurde. »Dem abgestumpften Geist erscheint die gesamte Natur bleiern. Für den erleuchteten Geist brennt und funkelt die ganze Welt dank ihres Lichts.«[30]

Muir hatte einen solchen erleuchteten Geist. Er empfand Transzendenz, wenn er sich in der Natur aufhielt. In der Wildnis sah er nicht nur Berge, Ströme und Wiesen, sondern das Gesicht Gottes, und empfand Demut. »Wieso sollte der Mensch sich selbst für mehr halten als einen kleinen Teil der großen Schöpfung?«, schrieb er. In »Natur« beschrieb Emerson das gleiche Gefühl mit anderen Worten. In den Wäldern, so schreibt er, »fühle ich, dass mich im Leben nichts treffen kann – keine Schande, kein Unheil (solange mir die Augen erhalten bleiben), was nicht die Natur heilen kann. Wenn ich auf dem kahlen Erdboden stehe – meinen Kopf in die heitere Luft getaucht und in den unendlichen Raum erhoben –, schwindet alle eitle Selbstgefälligkeit dahin. Ich werde zu einem durchsichtigen Augapfel; ich bin nichts; ich sehe alles; die Ströme des universellen Wesens durchwogen mich; ich bin ein Teil oder Splitter Gottes.«

Muir und Emerson erlebten in der Natur das Gleiche wie Jeff Ashby im All und Cory Muscara im Kloster in Burma. Um »das Dach zu durchbrechen«, mussten sie lediglich ins Freie gehen. »Wenn das Mystik ist«, so schreibt Emersons Biograf, »dann ist es eine weit verbreitete, leicht verständliche Mystik.«[31]

In einer 2015 veröffentlichten Studie erforschte der Psychologe Paul Piff mit seinen Kollegen, welche Wirkung eine Ehrfurcht einflößende Begegnung mit der Natur auf seine Forschungsobjekte haben würde.[32] Würden sie sich nach einem Waldspaziergang ebenfalls wie ein durchsichtiger Augapfel fühlen? Um das herauszufinden, führten die Forscher 90 Studenten einzeln in einen hohen Hain mit Eukalyptusbäumen. Die Hälfte der Studenten blickte eine Minute zu den 70 Meter hohen Bäumen auf, die anderen dagegen bestaunten genauso lange ein ebenso hohes Gebäude in der Nähe.

Der wahre Zweck der Studie war den Studenten unbekannt – man hatte ihnen gesagt, die Forscher würden die visuelle Wahrnehmung untersuchen. Trotzdem bewirkte die eine Minute unter den mächtigen Bäumen eine Veränderung.

Nachdem die Studenten entweder den Baum oder das Gebäude angeschaut hatten, kam ein Forschungsmitarbeiter mit einer Schachtel Stifte und einem Fragebogen auf sie zu und ließ die Stifte »versehentlich« zu Boden fallen. Piff und seine Kollegen vermuteten, aufgrund des Ehrfurchtserlebnisses würden die Studenten stärker auf ihre Mitmenschen und ihre Umwelt eingehen und weniger selbstbezogen sein. Und genau so war es: Wer sich auf die Bäume konzentriert hatte, war hilfsbereiter, hob deutlich häufiger die Stifte auf als die Personen in der Kontrollgruppe. Der anschließend ausgefüllte Fragebogen verriet den Grund. Die Personen mit dem Ehrfurchtserlebnis, so stellten die Forscher fest, nahmen sich im Vergleich zu den anderen weniger wichtig und waren vermutlich deshalb selbstloser. Genau wie bei Emerson verschwand ihr kleinlicher Egoismus. Sie hielten sich nicht für den Mittelpunkt der Welt, wie es viele tun, sondern gingen aus sich heraus, um eine Verbindung zu anderen Menschen und deren Bedürfnissen herzustellen.

Wie der Tod des Egos die Angst vor dem Tod nimmt

Der Selbstverlust, den man während einer transzendenten Erfahrung erlebt, wird gelegentlich auch als »Tod des Egos« bezeichnet und bereitet uns auf den endgültigen Verlust des Ichs vor, den wir alle einmal erleben werden: den Tod selbst. »Bei dem Gedanken an den Tod«, schreibt der Psychologe Mark Leary, »stellen sich viele Menschen vor, dass dieses Bewusstsein – das Selbst, das der zentrale Bestandteil ihrer Existenz zu sein scheint – nicht mehr existieren wird.«[33] Der Untergang des Ichs im Tod ist für die meisten eine furchterregende Aussicht. Wer jedoch bei der Erfahrung, Teil eines größeren Ganzen zu sein, bereits einmal einen Tod des Egos erlebt hat, ist deutlich besser darauf vorbereitet, diesen Verlust zu erleiden und hinzunehmen.

Das zeigt das Beispiel von Janeen Delaney[34], bei der im Jahr 2005 unheilbare Leukämie diagnostiziert wurde. Janeen war in einer christlichen Familie in Michigan aufgewachsen, hatte ihren Glauben jedoch im Laufe der Zeit verloren. Als erwachsene Frau war sie spirituell angehaucht und ließ sich vom Buddhismus inspirieren, doch feste religiöse Riten oder Andachtsformen befolgte sie nicht. Nach der schlimmen Diagnose erschien ihr die fehlende Religion plötzlich wie ein tiefes Loch. »Ich hatte keinen Glauben, der mir Halt gab«, sagte sie, »und das machte mir sehr zu schaffen.«

Eine Krebsdiagnose kommt immer zum falschen Zeitpunkt, doch bei Janeen war das Timing besonders tragisch. Erst zwei Jahre zuvor hatte man sie am offenen Herzen operiert. Dass sie nach dieser schweren Zeit nun auch noch erfahren musste, dass sie unheilbar an Leukämie erkrankt war, bedeutete einen besonders schlimmen Schlag. »Nach allen Rückschlägen, die ich im Laufe der Jahre erlebt habe, konnte ich mich immer wieder zurückkämpfen.« Doch nach der Diagnose, so fuhr sie fort, »gab es Augenblicke, in denen ich dachte, ›Mensch, wie lange soll ich denn noch kämpfen müssen?‹« Sie fühlte sich isoliert, doch sie wusste nicht genau, wovon. Sie war »allein auf weiter Flur«.

2008 erfuhr Janeen von einer Studie an der Johns Hopkins University. Forscher wollten herausfinden, ob eine durch die Droge Psilocybin ausgelöste transzendente Erfahrung Patienten helfen kann, die unmittelbar vom Tod bedroht sind. Psilocybin, der Wirkstoff in sogenannten Magic Mushrooms, kann mystische Erlebnisse und das Gefühl von Ehrfurcht und Verzückung fördern und wird wie viele andere Halluzinogene seit langer Zeit für religiöse Zwecke verwendet. »Als ich von der Studie las«, so Janeen, »wusste ich auf Anhieb, dass ich genau das brauchte.«

Seit dem Altertum haben Mystiker, Suchende und Schamanen in aller Welt für ihre Rituale Halluzinogene zu sich genommen.[35] Viele eingeborene Völker Nordamerikas konsumierten beispielsweise Peyote und »göttliche Pilze«, und es gibt Grund zu der Annahme, dass Halluzinogene in den religiösen Zeremonien der arischen Völker im heutigen Indien und Iran genauso eine Rolle spielten wie in den Mysterien von Eleusis im antiken Griechenland. Diese Pflanzen waren äußerst heilig und wurden verehrt, man war überzeugt, dass sie direkten Zugang zum Reich der Geister und Götter verschafften. Wer sie konsumierte, gelangte in eine transzendente Welt, hatte Visionen und hörte Stimmen, die als göttlich interpretiert wurden. Die Azteken bezeichneten die magischen Pilze als *teonanácatl* oder »Fleisch der Götter«.

Roland Griffiths, der federführende Leiter der Studie, schreibt der Droge keine göttlichen Kräfte zu.[36] Seine persönlichen Erfahrungen aus über 20 Jahren Meditation hatten jedoch sein Interesse an Mystizismus und dessen Vereinbarkeit mit seiner säkularen Weltsicht als Psychopharmakologe geweckt. Konnte eine transzendente Erfahrung die Ängste mindern, die Janeen und andere angesichts ihrer hoffnungslosen Diagnose verspürten?

Um dies herauszufinden, schufen die Forscher für die Studie optimale Rahmenbedingungen. Die Teilnehmer erhielten ihre Dosis in einem komfortablen Privatzimmer und trugen dabei eine Augenmaske und Kopfhörer. Die Augenmaske sollte verhindern, dass visuelle Störfaktoren die innerliche Erfahrung beeinträchtigten. Über den Kopfhörer lief von den Forschern programmierte Musik, die dem Verlauf der durch die Droge hervorgerufenen Transzendenz entsprach. Man hatte die Testpersonen sorgfältig darauf vorbereitet, was sie nach der Einnahme der Droge erwarten konnten, zudem blieben während der Sitzung stets zwei wissenschaftliche Mitarbeiter in der Nähe, um den Freiwilligen bei Bedarf Hilfe zu leisten. Insgesamt taten die Forscher alles in ihrer Macht Stehende, damit die Teilnehmer sich sicher und geborgen fühlten und keinen »schlechten Trip«[37] erlebten.

Mit dieser gründlichen Vorbereitung wollten Griffiths und sein Team unter anderem auch verhindern, dass sich das Schicksal des charismatischen Psychologen Timothy Leary[38] wiederholte, einer der Ikonen der Gegenkultur in den 1960er-Jahren. Leary, damals Dozent für Psychologie an der Harvard University, hatte gehört, dass man in Mexiko »göttliche Pilze« einnahm. Im Sommer 1960 reiste er ins mexikanische Cuernavaca und probierte die Pilze mit Freunden in einer Villa aus. Damals befand sich Leary auf dem Höhepunkt seiner Midlife-

Crisis. Er war fast 40 und klagte: »Ich war ein Mann mittleren Alters und begann allmählich zu sterben. Meine Lebensfreude, meine sinnliche Aufgeschlossenheit, meine Kreativität – mit alledem ging es bergab.« Seine transzendente Erfahrung – einschließlich psychedelischer Visionen – katapultierte ihn jedoch wieder mitten ins Leben zurück. »In vier Stunden am Pool in Cuernavaca«, so schreibt er in seiner Autobiografie, »lernte ich mehr über das Gehirn und seine Strukturen als in den 15 Jahren zuvor als studierter Psychologe.« Ihm sei ein Schleier von den Augen genommen worden, so erläuterte er, und er sei ein »neuer Mensch«.

Als er nach Harvard zurückkehrte, war Leary überzeugt davon, Halluzinogene seien eine positive Kraft. Er startete das Harvard-Psilocybin-Projekt, um zu ermitteln, unter welchen Bedingungen »Psilocybin das Erleben des Menschen erweitern und vertiefen kann« – und setzte sich öffentlich für den Konsum psychedelischer Drogen ein. Doch Learys Begeisterung für diese Mittel führte zu Fehlern in seiner Forschungsmethodik. Und nachdem LSD als Freizeitdroge populär geworden war, ging man gegen Leary und die Drogen vor. 1963 musste er Harvard verlassen, einige Jahre später wurden halluzinogene Drogen landesweit verboten. Für Richard Nixon war Leary sogar der »gefährlichste Mann in Amerika«.[39]

Über 50 Jahre später versuchen Griffith und seine Forschungskollegen mit Zustimmung der Bundesregierung, diesen Weg der Forschung behutsam wieder einzuschlagen. Ihre Studien haben untersucht, welche Wirkung Psilocybin auf vier Gruppen von Forschungsteilnehmern haben kann: gesunde Freiwillige, ängstliche oder deprimierte Krebspatienten mit einer lebensbedrohlichen Diagnose, Menschen, die mit dem Rauchen aufhören wollen, und Menschen in religiösen Berufen wie Geistliche.[40] Ihre Erkenntnisse haben wieder und wieder bestätigt, wie stark sich transzendente Erfahrungen auf das Sinnempfinden auswirken können – das sollte auch Janeen bald herausfinden.

Nachdem sie die Kapsel eingenommen hatte, blieb Janeen etwa acht Stunden lang im Forschungsraum, lag auf dem Sofa und hörte den Soundtrack der Wissenschaftler. In dieser Zeit hatte sie ein klassisches mystisches Erlebnis. Sie spürte, wie die Zeit stehenblieb; sie fühlte Verbundenheit zu etwas Großem außerhalb der üblichen Erfahrungswelt; das Gefühl der Ehrfurcht übermannte sie. »Jedes einzelne Atom meines Körpers verband sich mit dem Göttlichen«, beschreibt sie die Erfahrung. »Man denkt ja manchmal über so etwas nach, man hat ein paar Erlebnisse, die irgendwie transzendent sind, aber wenn es dann wirklich passiert, ist es einfach *un-fass-bar.*«

Den dramatischsten Augenblick, den Höhepunkt der Sitzung erlebte Janeen während des »Adagio for Strings« von Samuel Barber. Sie konzentrierte sich ganz auf die wunderbare Musik, als sie plötzlich bemerkte, dass sie im Takt der Melodie atmete. Je weiter sich die Musik dem Höhepunkt näherte, desto höher wurden die Noten. Auf dem Gipfel hielt Janeen schließlich den Atem an. »Und dann war das Stück vorbei, und in diesem Augenblick«, sagte sie, »wurde mir klar, dass es vollkommen in Ordnung ist, nicht mehr zu atmen. Das war eine sonderbare Erkenntnis. Zu begreifen, dass es nicht schlimm ist, wenn man nicht mehr atmet – das war für mich überwältigend.«

Wie viele andere Krebspatienten, die Griffiths untersucht hat, hatte auch Janeen die Angst überwunden.[41] Sie fürchtete sich weniger vor dem Tod. »Nach so einer Erfahrung«, sagte sie, »verliert man die Angst.« Sie fuhr fort: »Trotzdem hatte ich noch Ängste, zum Beispiel, als mir eine Niere entfernt wurde oder weil diese Art von Krebs so aggressiv ist. Aber ich kann mir jetzt immer wieder vor Augen führen, was ich schon gesagt habe: Wenn das Ende kommt, ist es in Ordnung, nicht mehr zu atmen.«

»Wenn man die äußerst materialistische Weltsicht vertritt, dass mit dem Tod des Körpers alles vorbei ist, ohne Sinn oder Hoffnung«, erläuterte Griffith, »dann ist der Tod eine sehr düstere Aussicht.« Aber, so fuhr er fort, bei »einem transzendenten Erlebnis, bei dem man sich mit allem verbunden fühlt und das Leben und Bewusstsein in erstaunlicher Weise zu schätzen weiß, erkennt man unsere grenzenlose Unwissenheit angesichts des unfassbaren Mysteriums des Lebens und Bewusstseins – ob man an einen Himmel, ein Karma oder ein Leben nach dem Tod glaubt oder nicht.« Janeen konnte durch diese Erfahrung ihren Frieden damit machen, dass sie sterben würde.

Die Erkenntnis, zu etwas viel Größerem zu gehören, ist tröstlich.

»Ich sitze gerade auf meiner Veranda«, sagte Janeen 2014, »sehe meinen Pflanzen beim Wachsen zu, und alles, auf das mein Blick fällt, ist das Universum. Man selbst ist das Universum, Teil des großen Ganzen.« Die Erkenntnis, zu etwas viel

Größerem zu gehören, war für sie tröstlich. So konnte sie ihren Tod als Phase in einem großen Kreislauf sehen.

Buddhisten, so Janeen, erläutern diesen Gedanken mit dem Bild einer Wolke. Ist eine Wolke, die nicht mehr am Himmel zu sehen ist, gestorben? »Früher oder später«, schreibt der buddhistische Mönch Thich Nhat Hanh, »wird die Wolke zu Regen oder Schnee oder Eis. Wenn man aufmerksam in den Regen schaut, kann man die Wolke erkennen. Die Wolke ist nicht verloren; sie hat sich in Regen verwandelt, und der Regen wird zu Gras, das Gras zur Kuh und dann zu Milch und dann zu dem Eis, das man isst.«[42] Die Wolke ist nicht gestorben. Sie bleibt für immer in der einen oder anderen Form im Universum. Genauso ließ das transzendente Erlebnis Janeen erkennen, dass auch sie immer irgendwie im Universum bleiben würde – sodass sie sich damit abfinden konnte, nicht mehr zu atmen, als ihre Zeit gekommen war. Janeen ist 2015 verstorben.

6.

Persönliches Wachstum

»Wie oft träumst du von ihr?«, fragte Sarah. »Und wie ist das dann? Kommt sie auf dich zu und sagt: ›Es wird alles wieder gut‹?«

»Oh ja. Solche Träume kenne ich. Aber auch ganz alltägliche. Einmal zum Beispiel«, antwortete Christine, »habe ich geträumt, dass sie Geschirr spült und ich zu ihr gehe und sage: ›Lass doch das Geschirr. Ich mache das schon.‹ Das war alles. Ganz kurz. Ein andermal dagegen träumte ich, dass ich auf einer Bank saß, und sie kam und setzte sich neben mich. Sie legte ihre Hand auf meine und sagte: ›Es wird alles wieder gut.‹ Das war sehr intensiv. Ich konnte ihre Hand auf meiner *spüren,* als wäre sie wirklich da.« Christine legte die Hände übereinander.

»Und dann«, fuhr sie fort, »wachte ich auf und dachte: ›Ich werde meine Mutter niemals wiedersehen.‹ Das wird mir manchmal ganz unvermittelt klar. Wenn ich zum Beispiel die Straße entlanggehe und irgendetwas Besonderes sehe, denke ich oft: ›Oh, das muss ich Mom erzählen.‹ Doch dann fällt mir wieder ein, dass das nicht möglich ist. Weil sie tot ist.« Christine stocherte mit der Gabel in dem Essen auf ihrem Teller. »Sie war genau *hier.* Ich konnte sehen, wie sie ins Zimmer kam. Und jetzt«, sagte sie kopfschüttelnd und senkte den Blick, »werde ich sie nie wiedersehen.«

»Bis jetzt habe ich noch nicht von meinem Vater geträumt«, berichtete Sarah.

Ich saß an einem kleinen quadratischen Esstisch in Sarahs Wohnung in Washington Heights in Manhattan. Wir waren zu fünft – Sarah und ihr Freund Raúl, Christine, eine weitere junge Frau namens Sandy und ich. Als Sarah und Christine auf die Träume von verstorbenen Elternteilen zu sprechen kamen, war es etwa acht Uhr abends an einem kühlen Sonntagabend im Oktober. Christine, Sandy und ich waren vor zweieinhalb Stunden mit Wein, Chips, Guacamole und einem Apfelkuchen erschienen. Sarah hatte Moussaka gemacht, und als wir kamen, mixte Raúl ein paar Cocktails; seine aromatisierten Tequilas standen in Einmachgläsern auf einem Beistelltisch. Das Licht war gedämpft. Im Hintergrund lief leise instrumentale Independent-Musik. Hin und wieder sauste eine der beiden Katzen vorbei.

Willkommen zur Dinner Party[1], einer landesweiten Gemeinschaft junger Erwachsener, die unerwartet einen geliebten Menschen verloren haben. In vielen Städten der USA treffen sich Leute wie Sarah, Christine, Sandy und Raúl regelmäßig zum Essen, um darüber zu sprechen, wie der Verlust ihr Leben verändert hat. Die vier, die ich erst an diesem Abend kennengelernt hatte, trafen sich bereits seit einigen Wochen bei Sarah und Raúl. Ich selbst hatte keinen solchen Verlust erlitten, sondern war eingeladen worden, um mir ein Bild davon zu machen, wie Menschen gemeinsam ihr Leiden verarbeiten und einen Sinn darin erkennen können.

Wir alle tragen emotionalen Ballast mit uns herum – Ballast, der Angst, Schmerz, Schuldgefühle und Unsicherheit hervorrufen kann. Für die meisten von uns gibt es mindestens eine besonders schmerzliche Erfahrung, die sich auf unsere Sicht auf die Welt auswirkt.[2] Die Erinnerung an eine alkoholabhängige Mutter oder einen gewalttätigen Vater, das qualvolle Mobbing in der Schule, der entsetzliche Verlust eines Kindes, das Trauma einer Vergewaltigung, die Hilflosigkeit angesichts einer Depression, einer Krebserkrankung, Sucht oder anderer körperlicher und psychischer Leiden: Diese leidvollen Erfahrungen sind oft außerordentlich schwer zu bewältigen.

Zudem verhindern sie häufig, dass der Betroffene im Leben einen Sinn sieht. Sie können unsere grundlegenden Überzeugungen infrage stellen – dass der Mensch an sich gut ist, die Welt gerecht und unser Umfeld sicher und verlässlich.[3] Sie können Zynismus und Hass hervorrufen. Sie können uns verzweifeln lassen und sogar dazu führen, dass wir uns das Leben nehmen wollen. Sie können bewirken, dass unsere Beziehungen gestört sind, dass wir unsere Identität und Bestimmung nicht erkennen, unseren Glauben aufgeben und zu dem Schluss gelangen, wir seien unwichtig oder das Leben sinnlos – dass alles »voller Klang und Wut« ist und »nichts bedeutet«, wie Shakespeares Macbeth sagt.

Doch dieses rein negative Bild ist nicht die ganze Wahrheit. Natürlich können traumatische Erfahrungen tiefe, manchmal dauerhafte Wunden hinterlassen. Doch wer sie übersteht, kann dadurch auf gewisse Weise wachsen, sodass er letztlich weiser wird und ein erfüllteres Leben führt.[4] Das gelingt, wenn wir uns auf die Säulen Zugehörigkeit, Bestimmung, Geschichten und

Transzendenz stützen. Sind diese Säulen stark, können wir uns auf sie verlassen, wenn uns etwas Schlimmes widerfährt.

Sind diese Säulen stark, können wir uns auf sie verlassen, wenn uns etwas Schlimmes widerfährt.

Werden die Säulen jedoch durch ein vernichtendes Trauma zerstört, können wir sie wieder aufbauen, stärker und belastbarer als zuvor. Genau das taten Sarah, Christine, Sandy und Raúl, als wir an jenem Herbstabend in New York um den Esstisch saßen.

Wie lebt man nach dem Tod einer geliebten Person weiter?

Die Dinner Party nahm ihren Anfang, als zwei Frauen, Lennon Flowers und Carla Fernandez, sich 2010 in Los Angeles kennenlernten und bald feststellten, dass sie beide vor kurzer Zeit ein Elternteil verloren hatten. Carlas Vater war an einem Gehirntumor gestorben, Lennons Mutter an Lungenkrebs. Beide Frauen waren damals 21 Jahre alt, und die gemeinsame Erfahrung schuf sofort ein Gefühl der Verbundenheit, zumal beide mit ihren Freunden nicht gut über den Verlust sprechen konnten. Den Freunden war das Thema Tod immer unangenehm. Sie wussten nicht, wie sie damit umgehen sollten, drückten lediglich ihr Beileid aus und wechselten dann schnell das Thema. Das war nicht böse gemeint – sie wussten es nicht besser, erzählte Lennon, als wir uns in New York trafen –, aber diese

Reaktion führte dazu, dass sie und Carla sich einsam fühlten. Deshalb war es für die beiden eine große Erleichterung, endlich jemanden zu finden, mit dem sie die Höhen und Tiefen der Trauer durchstehen konnten.

Carla stellte eine Liste anderer junger Leute zusammen, die ebenfalls einen geliebten Menschen verloren hatten, und lud diese zum Essen zu sich nach Hause ein. Fünf Frauen erschienen. Sie saßen bis zwei Uhr morgens zusammen, als wären sie die allerbesten Freundinnen. Lennon und Carla wurde klar, dass sie an jenem Abend eine ganz besondere Gemeinschaft geschaffen hatten, und überlegten sich, wie sich diese Gemeinschaft im ganzen Land verbreiten ließe.

Im Jahr 2016 hat sich aus diesem zwanglosen Abendessen in Carlas Wohnung eine landesweite gemeinnützige Organisation und Bewegung entwickelt. Dank Carla und Lennon treffen sich nun in über 60 Städten in aller Welt – von San Francisco und Washington, D. C., bis hin zu Vancouver und Amsterdam – junge Hinterbliebene im kleinen Kreis zu einer Mahlzeit, wie ich es in Washington Heights miterlebt habe. Lennon und Carla haben auch Auszeiten für Dinner-Party-Gastgeber wie Sarah organisiert und Events in New York und San Francisco veranstaltet, bei denen es darum geht, wie der Mensch mit Trauer zurechtkommt. Schwerpunkt der Organisation sind jedoch die Dinner Partys an sich. An jedem Tisch finden sechs bis zehn Leute Platz, und in manchen Städten kommt es durchaus vor, dass man sich auf eine Warteliste eintragen muss oder aufgrund der großen Nachfrage ein neuer Gastgeber einen Tisch anbietet.

Für das Abendessen gibt es kein bestimmtes Thema oder einen festen Ablauf. Die Dinner-Party-Teilnehmer können über alles sprechen, was sie möchten, seien es Beziehungsschwierigkeiten oder die Schönheitsideale in den Medien, wie an dem Abend, an dem ich dabei war. Irgendwann kommt aber immer der Tod eines geliebten Menschen zur Sprache. Wie lebe ich mein Leben, wenn eine wichtige Bezugsperson gestorben ist? Was soll ich tun, wo doch die Person, die mich immer aufgemuntert und beraten hat, nicht mehr da ist? Wie komme ich mit dem schlechten Gewissen zurecht, das ich empfinde, weil ich mich dem Verstorbenen gegenüber nicht immer richtig verhalten habe? Sind die Toten wirklich für immer verschwunden, oder beobachten sie mich noch? Wie kann ich diesen plötzlichen, unerwarteten Verlust verarbeiten? Diese und andere Fragen kommen am Tisch immer wieder zur Sprache.

Christines Mutter starb fünf Jahre vor der Dinner Party, als Christine Ingenieurwesen an der University of Michigan studierte. Ihre Mutter wurde auf dem Heimweg von der Arbeit von einem Lastwagen erfasst, als sie die Straße überquerte. Sie war sofort tot.

Christine hatte ein sehr enges Verhältnis zu ihrer Mutter. Sie trafen sich regelmäßig, um gemeinsam einen Film zu schauen und zu Abend zu essen. Seit einem schrecklichen Unfall fuhr Christines Mutter nicht mehr selbst Auto, sodass Christine ihren Stundenplan so legte, dass sie ihre Mutter fast jeden Tag chauffieren konnte. Christine hatte sich unter anderem deshalb für das Studienfach Ingenieurwesen entschieden, um später einen guten Job zu finden und für ihre Mutter sorgen zu können.

Christine investierte so viel Zeit in ihr Studium, dass ihr kaum Freizeit blieb. Ihre Mutter setzte sie zwar nie unter

Druck, doch oft lernte Christine abends lieber, statt die Mutter zu besuchen: »Manchmal konnte ich mich einfach nicht von meinen Büchern trennen und rief sie deshalb an: ›Mom, ich kann heute nicht, ich muss lernen.‹ Und sie antwortete immer: ›Ach, das macht doch nichts.‹ Sie war so verständnisvoll.«

An dem Abend, an dem ihre Mutter starb, hatte Christine eine Verabredung in einem Kunstmuseum – eine Pause vom Lernen, die sie sich nur selten gönnte. Ihrer Mutter hatte sie gesagt, sie könne sie nicht wie üblich abholen. Das sei kein Problem, antwortete die Mutter; sie könne mit dem Bus nach Hause fahren. Abends klingelte Christines Telefon. Es war ihre Mutter.

»Ich gehe im Museum nicht gerne ans Telefon«, sagte Christine. »Als ich den Anruf sah, nahm ich mir vor, sie später zurückzurufen.«

Christine sah erst spät am Abend wieder auf ihr Telefon. »Ich hatte zehn entgangene Anrufe und Sprachnachrichten von unbekannten Nummern«, sagte sie. »Das ist nie ein gutes Zeichen. Ich rief zurück, und jemand vom Krankenhaus sagte mir: ›Ihre Mutter hatte einen Unfall. Sie müssen sofort herkommen.‹ Ich fragte: ›Geht es ihr gut? Was ist passiert?‹, und die Antwort war: ›Sie müssen sofort herkommen. Jemand muss Sie fahren.‹«

»Ich kann es immer noch nicht begreifen«, sagte Christine über den plötzlichen Tod ihrer Mutter. »Ich bin ein Mensch, der verstehen will, wieso etwas geschieht. Die Logik, die dahintersteckt. Aber in diesem Fall ist das unmöglich.«

»Es gibt nicht zwangsläufig einen Sinn«, wandte Raúl ein. »Manche Sachen passieren einfach. Dann muss man einfach loslassen. Akzeptieren, dass sich im Leben nicht alles logisch erklären lässt. Wir müssen damit klarkommen, dass das Leben unberechenbar ist. Viele Ungewissheiten haben wir in den Griff bekommen, aber trotzdem kann aus heiterem Himmel einfach die eigene Mutter über den Haufen gefahren werden.«

Wir müssen damit klarkommen, dass das Leben unberechenbar ist.

»Wisst ihr, sie wurde von einem Idioten getötet«, äußerte Christine. »Von einem verantwortungslosen, dämlichen Typen. Dem ist nicht einmal klar, dass er das Leben einer ganzen Familie zerstört und so viel kaputtgemacht hat. Wie kann es sein, dass er weiterleben darf und meine Mutter tot ist? Ich war danach so fertig; konnte es nicht begreifen. Sie war einfach nicht mehr da. Wie konnte das sein? Und ich bin hin- und hergerissen zwischen diesem Zorn und einem Teil von mir, der endlich loslassen und das eigene Leben leben will. Nach vorne schauen will.« Sie ließ die Hände auf die Tischplatte klatschen. »Ich hasse die Menschen so sehr. Und trotzdem muss man weiterleben. Nach vorne schauen.«

»Deshalb gibt es ja den Nihilismus«, erwiderte Raúl.

Früher am Abend hatte Raúl berichtet, er habe nach dem Tod seines Freundes den Glauben an die Menschheit verloren. Raúl studierte damals in Alaska. Er war mit seinem Freund in einem Kiesteich in Fairbanks schwimmen gegangen, als beide im kalten Wasser Krämpfe bekamen. Raúls Freund drohte unterzugehen. Raúl versuchte, ihn zu retten, war jedoch bald selbst zu schwach. Er rief die Leute am Ufer zu Hilfe, aber niemand kam. Man glaubte wohl, die beiden jungen Männer machten nur Spaß. Raúl kämpfte gegen das Ertrinken, als sein Freund ihn unter Wasser drückte, um selbst oben zu bleiben. Irgendwann begriff Raúl, dass er sterben würde, wenn er nicht zurück ans Ufer schwamm. Vor Erschöpfung konnte er sich nur noch in Rückenlage fortbewegen. Während er auf dem Rücken in Sicherheit schwamm, sah er, wie sein Freund verzweifelt versuchte, sich über Wasser zu halten, und trotzdem unterging – sich wieder nach oben kämpfte und wieder unterging, sich hochkämpfte und unterging – bis er schließlich ertrank.

Als Raúl endlich das Ufer erreichte, war er kaum noch bei Bewusstsein. Die ersten Menschen, auf die er stieß, waren eine Mutter mit ihrem Kind, das mit einem Floß spielte. Ganz benommen fragte Raúl, ob er sich das Floß ausleihen könne, weil sein Freund ertrinke. Die Mutter glaubte ihm nicht, sondern fragte: »Wieso schwimmen Sie dann nicht raus, um ihn zu retten?« Aber es war zu spät, jemanden zur Rettung hinauszuschicken. Die Behörden fanden den Leichnam drei Tage später. Raúl konnte sich beim besten Willen nicht vorstellen, dass der Tod seines Freundes irgendeinen Sinn hatte.

»Ich habe mit dieser Philosophie geliebäugelt«, sagte Christine zum Thema Nihilismus, »aber ich fand sie nicht besonders hilfreich.«

Stattdessen schloss Christine ihr Studium ab und zog nach New York, wo sie ihre Ingenieurspläne aufgab und das tat, zu dem sie sich berufen fühlte: Sie wurde Konditorin. »Das hätte ich nicht getan, wenn meine Mutter noch leben würde«, räumte sie ein. »Nach einem solchen Erlebnis denkt man über das Leben und die eigene Identität nach und überlegt sich, was man wirklich will. 95 Prozent meiner Entscheidungen werden nun dadurch beeinflusst, dass meine Mutter gestorben ist. Deshalb: Konditorin!«

Als ich mit am Dinner-Tisch saß und zuhörte, wie die anderen sich unterhielten – manchmal zornig, manchmal traurig, manchmal mit schweren Vorwürfen und Schuldgefühlen –, war ich erstaunt, wie sie mit jedem Satz versuchten, ihren Verlust und dessen Bedeutung für ihr jetziges Leben zu begreifen. Einige würden noch länger brauchen als andere, um den Verlust zu verarbeiten und sich persönlich weiterzuentwickeln, doch sie alle stützten sich dabei auf die Säulen des Sinns – wenn nicht auf alle, so zumindest auf einige. Sie bildeten eine Gemeinschaft. Sie suchten angesichts des Verlusts nach ihrer Bestimmung. Sie versuchten, das Geschehen zu begreifen. Und sie nahmen an einem Ritual teil, mit dem sie die hektische Betriebsamkeit des Alltags hinter sich lassen und Frieden finden konnten.

Dazu hatten Carla und Lennon die Dinner Party gegründet: Sie wollten Menschen, deren Leben durch die Trauer aus den Fugen geraten war, einen Sinn zeigen. »Wir wollten eine Bewegung schaffen«, so Lennon, »die dafür sorgt, dass das Leben nach dem Verlust nicht vollkommen zum Stillstand kommt und scheitert, sondern größer und stärker wird.«

»Was mich nicht umbringt, macht mich stärker«

Die Vorstellung, dass das Leben durch Schicksalsschläge erfüllter und bedeutsamer werden kann, ist in der Literatur, Religion und Philosophie seit jeher weit verbreitet – von Nietzsche stammt das bekannte Zitat: »Was mich nicht umbringt, macht mich stärker.« In der gängigen Psychologie ist dieses Konzept jedoch noch relativ neu.[5] Bis vor Kurzem galten Traumata gemeinhin als katastrophale Stressfaktoren. Zu den charakteristischen Merkmalen eines Traumas gehöre, so glaubten die Psychologen, dass es einer Person psychologischen und körperlichen Schaden bis hin zur Handlungsunfähigkeit zufügt. 1980 nahm die American Psychiatric Association die posttraumatische Belastungsstörung (engl.: post-traumatic stress disorder, Abkürzung: PTSD)[6] in das *Diagnostische und statistische Handbuch der psychischen Störungen* auf, anhand dessen Psychologen und Psychiater geistige Störungen diagnostizieren. Seither hat die PTSD unter Psychologen, in den Medien und unter normalen Menschen, die die Folgen einer schweren Krise verstehen wollen, viel Beachtung gefunden.

Die Geschichte von Bob Curry[7], einem Vietnam-Veteranen aus Milwaukee, Wisconsin, steht beispielhaft für das, was die Psychologen meinen. Curry wuchs in einer Arbeitergegend in Wisconsin auf – wo man, wie er sagte, viel Apple Pie isst und viele John-Wayne-Filme schaut. Als Kind nahm er sich John F. Kennedys Appell an die Nation zu Herzen. »Ich dachte: Was immer dein Land von dir verlangt, das musst du tun«, erinnert sich Curry.

Die Proteste gegen den Vietnam-Krieg erreichten ihren Höhepunkt, als Curry ein Teenager war. Trotzdem verspürte er das starke Verlangen, seinem Land zu dienen, und ging direkt nach dem Schulabschluss zur Army. »Ich dachte, ich würde das Richtige tun, die richtige Entscheidung für mein Leben treffen«, sagt er. »Das war für mich Ehrensache. Ich tat alles, was von mir verlangt wurde. Und ich dachte, damit würde ich andere Menschen retten oder unterstützen.«

Im Krieg flog Curry Aufklärungsmissionen über Nordvietnam und Laos, für ihn eine entsetzliche Erfahrung. Sein Flugzeug wurde häufig vom Feind beschossen, mehrmals wäre er beinahe ums Leben gekommen. Die Schrecken der Kriegserlebnisse ließen ihn nie wieder los, genauso wenig wie die Schuldgefühle, die er verspürte, weil er den Krieg überlebt hatte, während so viele andere – darunter auch seine Freunde – gestorben waren. Als Curry 1971 nach Hause zurückkehrte, hatte er sich sehr verändert. Er bemühte sich jedoch, ein relativ normales Leben zu führen, was ihm anfangs auch gelang. Er gründete eine Familie, kaufte ein Haus und arbeitete bei IBM. Trotz einiger Flashbacks war er in der Lage, seine Schuldgefühle und Ängste weitestgehend zu verbergen.

Als 1991 der Golfkrieg begann, geriet Currys fragiles Lebensgebilde allmählich aus den Fugen. Vor den Kriegsszenen, die überall im Fernsehen und in Zeitungen zu sehen waren, gab es kein Entkommen. Diese Bilder versetzten ihn unmittelbar zurück nach Vietnam. Seine Flashbacks wurden immer schlimmer, er litt unter Albträumen, in denen er mit dem Flugzeug abstürzte. Seiner Frau jagte er Angst ein, weil er mitten in der Nacht mit der Hand gegen die Kopfstütze am Bett schlug, als suche er nach dem Hebel für den Schleudersitz. Zudem begann er zu trinken. Doch der Alkohol half ihm nicht. Nach dem Terroranschlag vom 11. September 2001, der den Krieg wieder einmal landesweit ins Rampenlicht rückte, wurden seine Flashbacks noch intensiver – genauso wie sein Trinkverhalten.

Im Jahr 2002 wartete Curry in einer Apotheke in der Nähe

von Milwaukee auf ein Medikament, das er für seine Frau abholen sollte. Er blätterte eine Zeitschrift durch und stieß auf eine schockierende Meldung: In Laos hatte man die Überreste von zwei Männern gefunden, mit denen er gedient hatte und die bislang als vermisst gegolten hatten. Die Nachricht vom Tod seiner alten Freunde veranlasste ihn zu einer ausgiebigen Sauftour, an die er sich kaum erinnern kann. Als er wieder zu sich kam, lag er im Krankenhaus. An seinem Bett standen zwei Polizeibeamte, die berichteten, er habe einen Autounfall gehabt. Und dann erfuhr er, dass er einen Mann totgefahren hatte.

Curry wurde wegen Totschlags angeklagt. Weil eine posttraumatische Belastungsstörung festgestellt wurde, sprach man ihn frei und schickte ihn in eine psychiatrische Einrichtung. Dort grübelte er über das Unheil nach, das er angerichtet hatte. Während des Gerichtsprozesses hatten er und seine Frau ihr Haus verloren, die Tochter musste aus finanziellen Gründen ihr Studium abbrechen. Curry überlegte, sich das Leben zu nehmen. Schließlich hatte er nicht nur seine eigene Familie zerstört, sondern auch die Familie des Unfallopfers. »Ich sollte im Gefängnis sein«, dachte er nach Prozessende. »Ich sollte nicht mehr hier sein. Ich hätte mich umbringen sollen.« Doch er hatte eine zweite Chance bekommen. »Wie soll ich weiterleben«, fragte er sich, »nachdem ich so viel angerichtet habe?«

Da fiel ihm etwas ein: Als das Verfahren noch lief, hatte Currys Sponsor von den Anonymen Alkoholikern, ebenfalls ein Vietnam-Veteran, ihn zum Essen in eine Einrichtung des Veteranenverbands eingeladen. Das hatte Curry unerwartet gutgetan. Es gab Burger und Cola light inmitten von Dekorationen, die ihn an den Krieg erinnerten, doch er erlebte keine negativen

Flashbacks. Ganz im Gegenteil, dort fiel ihm wieder ein, wieso er sich überhaupt für das Militär entschieden hatte: aus dem Wunsch heraus, dem Land zu dienen, das er liebte.

An diesem sicheren Ort konnte er sich mit Menschen zusammentun, die während des Krieges ähnliche Erfahrungen gemacht und danach mit ähnlichen Folgen zu kämpfen hatten. Man machte ihm keine Vorwürfe, und nachdem er drei Jahrzehnte lang unter der Last gelitten hatte, dass er an diesem allgemein so verhassten Krieg beteiligt gewesen war, tat ihm das unglaublich gut. 1971, bei seiner Rückkehr aus Vietnam, hatten Demonstranten am Flughafen ihn und andere Veteranen mit Eiern beworfen und als »Babymörder« beschimpft. Dass er sich in der eigenen Heimat als Außenseiter gefühlt hatte, so erkannte Curry später, hatte seine Schuldgefühle und den Druck, der auf ihm lastete, verschärft und damit in die posttraumatische Belastungsstörung geführt.

Bei seinem Besuch in der Veteraneneinrichtung spürte er, dass ihn die anderen dort verstanden. »Wenn man jemanden findet, der das Gleiche durchmacht wie man selbst, geht es einem besser«, sagte er. Curry überlegte, wie er dieses Gefühl der Verbundenheit zu den anderen Veteranen wiederherstellen könnte. Er kannte zwar etliche Veteranenorganisationen, doch dort kamen in erster Linie ältere Männer zusammen, um reichlich Alkohol zu trinken – für Veteranen wie Curry, die eine PTSD oder eine Suchterkrankung hinter sich hatten, war das zu riskant. Curry sehnte sich nach einer moderneren, alkoholfreien Alternative.

Deshalb gründete er 2008 gemeinsam mit Freunden Dryhootch, ein Begegnungszentrum für Veteranen, das wie ein

Café gestaltet ist. Betrieben wird es von Veteranen, es gibt dort Livemusik, Lesekreise, Kunstgruppen und Therapiesitzungen für die ehemaligen Soldaten und ihre Familien. Mittwochmorgens trifft sich der Schachclub, und am Freitag vor dem Mittagessen findet achtsame Meditation statt. Auch Nicht-Veteranen sind willkommen, denn deren Anwesenheit hilft den früheren Soldaten, sich wieder in die Zivilgesellschaft einzugliedern. »Der Gedanke war, statt einer Bar ein Café zu gründen, in dem sich die ehemaligen Militärleute täglich treffen und aufhalten können«, sagte Curry. »Guter Kaffee und Gleichgesinnte. Das wollte ich anbieten.«

Anfangs hatte Curry nicht genug Geld für ein Ladenlokal und betrieb Dryhootch deshalb aus einem alten, rotlackierten Popcornwagen, den er zu einem mobilen Café umgebaut hatte. 2009 eröffnete er dann seinen ersten festen Standort in Milwaukee. Im Jahr 2012 wurde Curry für sein Engagement für Veteranen vom Weißen Haus als »Champion of Change« ausgezeichnet. 2014 hatte Dryhootch bereits mehrere Filialen im Mittleren Westen, davon zwei in Milwaukee, eine in Madison und zwei im Großraum Chicago.

Der Verkehrsunfall, den Curry betrunken verursacht hatte, zwang ihn zur Besinnung – er überlegte, was er für die Welt leisten könnte. »Nach allem, was geschehen ist, kommt für mich nur infrage, etwas für andere zu tun«, sagte er. »Ich kann die Zeit nicht zurückdrehen, aber ich kann jetzt etwas bewirken, und das treibt mich an. Wenn mir ein Veteran anvertraut, wie sehr Dryhootch sein Leben verändert hat, dann hat es sich gelohnt.«

Nach einem traumatischen Erlebnis verspüren viele Menschen einen starken Drang, denjenigen zu helfen, die Ähnliches durchgemacht haben. Psychologen und Psychiater bezeichnen diesen Drang manchmal als »Survivor Mission«, also als Mission der Überlebenden. Der Psychiater Robert Jay Lifton definiert einen »Überlebenden« als »jemanden, der dem möglichen Tod ins Auge gesehen oder den Tod anderer miterlebt hat, selbst jedoch nicht gestorben ist«. Überlebende, so fährt Lifton fort, verspüren »ein schlechtes Gewissen gegenüber den Toten, das Bedürfnis, in ihrem Sinne zu handeln oder ihre Wünsche zu erfüllen, um das eigene Überleben zu rechtfertigen«.[8]

Mittlerweile wird der Begriff »Überlebende« weiter gefasst und schließt auch die Opfer von traumatischen Erlebnissen ohne tödlichen Ausgang mit ein. Diese Menschen sehen häufig ihre Berufung darin zu verhindern, dass andere das durchmachen müssen, was sie selbst erlebt haben.[9] So gibt es Überlebende von sexuellen Übergriffen, die als Missbrauchstherapeuten tätig sind. Wer eine Schießerei überlebt hat, setzt sich oft für strengere Waffengesetze ein. Eltern, deren Kinder an Leukämie gestorben sind, engagieren sich für die Erforschung und Vermeidung von Krebserkrankungen. Die Überlebenden von Hiroshima und Nagasaki arbeiten am Abbau der Nuklearwaffen. Diese Bestimmungen helfen den Überlebenden bei der Bewältigung ihres Traumas.[10] Wenn jemand, der selbst gelitten hat, anderen hilft, leidet er selbst seltener unter Depressionen, Angstzuständen und Wut und verspürt dafür häufiger Optimismus, Hoffnung und einen Sinn im Leben.[11]

Curry zum Beispiel möchte dazu beitragen, dass jüngere Veteranen nicht die gleichen Fehler machen wie er selbst, als er zur Flasche griff. »Ich kann die Zeit nicht zurückdrehen und ändern, was ich getan habe«, sagte er, »aber ich kann verhindern, dass andere Veteranen den gleichen Weg einschlagen.« Indem er seiner Bestimmung folgt, hat Curry nicht nur viel Gutes für eine neue Veteranengeneration getan, sondern auch für sich selbst. Seine Mission hat entscheidend dazu beigetragen, dass sein Leben wieder in die Spur kam. Curry ist seit 2002 trocken.

Warum schreiben hilft, ein Trauma zu überwinden

Die meisten Menschen haben schon davon gehört, dass eine posttraumatische Belastungsstörung einen Menschen zugrunde richten kann. Weniger bekannt ist das posttraumatische Wachstum, also das Phänomen, das Curry aus seiner Verzweiflung in seine neue Rolle als führende Persönlichkeit in der Veteranen-Gemeinschaft half. Die Geschichte von Curry zeigt, dass diese beiden Reaktionen auf ein Trauma keine krassen Gegensätze bilden oder einander ausschließen; wer das eine erlebt, kann sehr wohl auch das andere erleben, und die meisten Menschen zeigen nach einem Trauma verschiedene PTSD-Symptome[12] wie Albträume oder Flashbacks, ohne dass eine ausgeprägte Störung entsteht. Forscher haben jedoch festgestellt, dass die Hälfte bis zwei Drittel[13] der Trauma-Überlebenden ein posttraumatisches Wachstum erkennen, während nur ein kleiner Prozentsatz[14] an PTSD leidet.

Richard Tedeschi und Lawrence Calhoun[15] von der University of North Carolina in Charlotte zählen zu den führenden Experten in Sachen posttraumatisches Wachstum, das sie als

»positive Veränderung infolge der Bewältigung äußerst belastender Lebenskrisen« definieren. Tedeschi und Calhoun, die Mitte der 1990er-Jahre den Begriff »posttraumatisches Wachstum« prägten, kamen auf diese Idee, als sie sich damit befassten, wie Weisheit entsteht. Dazu befragten sie Menschen, die Schicksalsschläge erlebt hatten – in der Annahme, diese Gespräche könnten Aufschluss darüber geben, wie der Mensch eine Perspektive und Tiefgang entwickelt. Vielleicht, so überlegten sie, hatten diese Menschen aus dem Schicksalsschlag etwas gelernt, das eine neue Sicht auf die Welt bewirkte. Nach zahlreichen Gesprächen mit Trauma-Überlebenden stellten Tedeschi und Calhoun fest, dass sich der Mensch durch Leiden grundlegend positiv verändern kann – und dass diese Veränderungen sowohl nachhaltiger als auch häufiger waren als ursprünglich erwartet.

»Wir haben zehn Jahre mit Eltern zusammengearbeitet, die ein Kind verloren hatten«, sagt Tedeschi.[16] »Diese Menschen hatten den schlimmsten Verlust durchgemacht, den man sich vorstellen kann. Mir fiel auf, wie sehr sie einander unterstützten, wie einfühlsam sie gegenüber anderen Eltern in der gleichen Situation waren und wie sie trotz der eigenen Trauer oft die Umstände ändern wollten, die zum Tod ihres Kindes geführt hatten, um zu verhindern, dass andere Familien einen ähnlichen Verlust erleben mussten. Diese Menschen waren bemerkenswert und geerdet, mit eindeutigen Prioritäten im Leben.«

Tedeschi und Calhoun befassten sich mit verschiedensten Überlebenden und ermittelten schließlich fünf Wege, wie ein Mensch nach einer Krise wachsen kann. Erstens, indem er die zwischenmenschlichen Beziehungen verstärkt. Eine Frau, bei der Brustkrebs festgestellt worden war, sagte beispielsweise, sie habe erkannt, ihre Beziehungen seien »das Wichtigste, was man hat«.[17] Viele Menschen reagieren auf ein Trauma mit dem aktiven Aufbau dieser Säule des Sinns. James, den wir aus dem Kapitel über Zugehörigkeit kennen, fand nach seinen Selbstmordgedanken Unterstützung in der Gesellschaft für kreativen Anachronismus. Und die hinterbliebenen Eltern berichteten Tedeschi und Calhoun, der Verlust ihres Kindes habe sie mitfühlender gemacht, ein Elternteil sagte: »Ich begegne allen Menschen, die leiden oder trauern, mit mehr Empathie«.[18]

Zweitens entdecken Überlebende neue Wege und Bestimmungen im Leben. Manchmal hängen sie mit einer bestimmten »Survivor Mission« zusammen. Tedeschi und Calhoun erfuhren beispielsweise von einer Frau, die Pflegerin in der Onkologie wurde, nachdem sie ihr Kind aufgrund einer Krebserkrankung verloren hatte.[19] In anderen Fällen führt die Krise zur einer kritischen Prüfung der eigenen Prioritäten – wie bei Christine nach dem Tod ihrer Mutter.

Drittens hilft das Trauma, innere Stärke zu finden. Als Carlos Eire sich plötzlich in bitterer Armut in den USA wiederfand, entwickelte er Überlebensfähigkeiten und bewies dabei eine Ausdauer, von der er zuvor nichts geahnt hatte. Die Personen, mit denen sich Tedeschi und Calhoun befassten, bezeichneten sich im Allgemeinen als »verletzlich, aber stärker«.[20] Diese scheinbar paradoxe Charakterisierung passt zu der Einstellung eines Vergewaltigungsopfers: Die Frau beschrieb, die Welt erscheine ihr nun feindseliger, während sie sich gleichzeitig belastbarer fühle, weil sie nach dem Angriff eine größere innere Stärke entwickelt habe.[21]

Viertens wird das spirituelle Leben intensiver. Zum Beispiel kann sich der Glaube an Gott erneuern, wie bei Carlos, oder es erfolgt eine allgemeine Auseinandersetzung mit existenziellen Fragen, die neue Einsichten über die Welt oder die eigene Person verschafft, wie bei Emeka Nnaka nach seiner Wirbelsäulenverletzung.

Und schließlich wissen die Überlebenden das Leben mehr zu schätzen. Eine freundliche Geste oder die prächtigen Farben des Herbstlaubs werden nicht mehr als selbstverständlich hingenommen, sondern die kleinen Momente, die den Tag schöner machen, werden mehr genossen. Nachdem sie ihre hoffnungslose Diagnose akzeptiert hatte, fühlte sich Janeen Delaney der Natur sehr verbunden und konzentrierte sich darauf, was ihr wirklich wichtig war. »Ich glaube, ich kann jetzt besser beurteilen, ob etwas von Belang ist oder nicht«, sagte der Überlebende eines Flugzeugabsturzes.[22] »Seitdem ist es mir viel wichtiger, das Richtige zu tun – nicht das Vorteilhafte oder das strategisch Clevere, sondern das Richtige.«

Das Wachstum nach einer Krise erläutern Tedeschi und Calhoun anhand einer Erdbeben-Metapher. Genau wie es in einer Stadt vor einem großen Beben bestimmte Bauwerke gibt, haben auch wir bestimmte grundsätzliche Überzeugungen zum Leben und zur Welt. Das Trauma zerstört diese Annahmen.[23] Doch in den Trümmern liegt die Möglichkeit zum Wiederaufbau. Nach einem Erdbeben bemüht sich eine Stadt, Gebäude und Infrastrukturen zu errichten, die stärker und belastbarer sind als das, was nun in Trümmern liegt. Genauso sind Menschen, denen nach einer Krise ein psychologischer, spiritueller oder anderer Wiederaufbau gelingt, anschließend für künftige

Schicksalsschläge besser gerüstet und führen ein sinnerfüllteres Leben.

Tedeschi und Calhoun wollten herausfinden, wieso ein Trauma manche Menschen wachsen lässt und andere nicht. Art und Schwere des Traumas, so stellten sie fest, waren in dieser Hinsicht weniger wichtig, als man annehmen könnte. Eine andere Forscherin, die sich mit dem posttraumatischen Wachstum befasst hat, meint: »Nicht das Trauma an sich ruft die Veränderung hervor. Das Wachstum entsteht dadurch, wie der Mensch das Geschehen interpretiert, wie sehr die Sicht auf die eigene Person, das Leben und die Welt erschüttert wird, nicht durch das Trauma selbst.«[24]

> *Wachstum entsteht dadurch, wie der Mensch das Geschehen interpretiert, nicht durch das Trauma selbst.*

Bei genauerem Studium ihrer Daten entdeckten Tedeschi und Calhoun den Unterschied zwischen den beiden Gruppen; diesen bezeichnen sie als »gezielte Rumination« oder Selbstbeobachtung. Die Teilnehmer, die Tedeschi und Calhoun studierten, verwandten viel Zeit darauf, ihre schmerzliche Erfahrung zu verarbeiten und zu überlegen, wie das Ereignis sie verändert hat. Das ermöglichte ihnen, die Veränderungen in ihrem Leben vorzunehmen, die als posttraumatisches Wachstum gesehen werden.

Der Prozess der »gezielten Rumination« lässt sich unter anderem durchs Schreiben in Gang setzen. Der Sozialpsychologe James Pennebaker von der University of Texas in Austin untersucht, wie Menschen ihre Erlebnisse sprachlich deuten.[25] Mit seinen Forschungen zum Thema Trauma begann er in den 1980er-Jahren. Aus früheren Arbeiten wusste er, dass Personen nach einem traumatischen Ereignis niedergeschlagener und stärkeren Stimmungsschwankungen ausgesetzt waren als Menschen, denen nichts Vergleichbares widerfahren war, und dass sie häufiger an Herz- und Krebserkrankungen starben. Er wusste jedoch nicht, wieso sich ein Trauma derartig negativ auf die Gesundheit auswirkte.

Dann erkannte er eines Tages, als er über Daten nachgrübelte, einen interessanten Zusammenhang: Wer nach eigenen Angaben als Kind ein schweres Trauma erlitten, dies jedoch geheim gehalten hatte, klagte deutlich häufiger über gesundheitliche Probleme als Erwachsene, die mit anderen über ihre Erlebnisse gesprochen hatten. Somit stellte sich die Frage: Könnte sich die Gesundheit der Geheimniskrämer bessern, wenn man sie dazu anhielt, anonym über das Ereignis zu sprechen?

Seit 30 Jahren versucht Pennebaker, diese Frage zu beantworten. Dazu lädt er Testpersonen in sein Büro ein und lässt sie an drei oder vier aufeinanderfolgenden Tagen täglich 15 Minuten lang über »das schlimmste Ereignis meines Lebens« schreiben. Er ermutigt seine Testpersonen, »wirklich loszulassen und die tiefsten Gefühle und Gedanken« über das Erlebte und dessen Auswirkungen zu erforschen. In seinen Studien wurde über Vergewaltigungen, Überfälle, den Verlust geliebter Menschen und Selbstmordversuche geschrieben. Nicht selten verlassen die Forschungssubjekte das Schreibzimmer mit Tränen in den Augen, verriet mir Pennebaker.

Der Wissenschaftler hat festgestellt, dass diejenigen, die ihre Gedanken und Gefühle über das Trauma niederschrieben, seltener zum Arzt gingen. Zudem erzielten sie nach dem Experiment bessere Noten, zeigten seltener Angst- und Depressionssymptome, hatten niedrigeren Blutdruck, einen niedrigeren Puls und ein leistungsstärkeres Immunsystem. Mit anderen Worten: Das schriftliche Festhalten hat eine heilsame Wirkung. Aber wieso war das Schreiben über ein Trauma so wirkungsvoll?

Als er die Texte der Probanten in seinen Studien analysierte, stellte Pennebaker fest, dass sich die schriftlichen Äußerungen nicht einfach auf eine Nacherzählung des Traumas beschränkten. Auch wollten die Probanden nicht lediglich Dampf ablassen oder ihren Gefühlen Luft machen. Vielmehr bemühten sie sich aktiv darum, in dem Geschehen einen Sinn zu sehen – und diese Sinnsuche half ihnen, das traumatische Erlebnis körperlich und emotional zu bewältigen.

Die Sinnsuche half ihnen, das traumatische Erlebnis körperlich und emotional zu bewältigen.

Die Schreibübung trug in verschiedener Hinsicht dazu bei, dass Pennebakers Forschungsteilnehmer einen Sinn erkennen konnten. Zunächst verstanden sie den Schicksalsschlag besser, da sie sich eingehend mit dessen Ursachen und Folgen auseinandersetzten. Sie verwenden in ihren Berichten mehr Begriffe, die Pennebaker als »Erkenntniswörter« bezeichnet – Wörter und Wendungen wie »erkennen«, »ich weiß«, »weil«, »verarbeiten« und »verstehen«. Zum Beispiel könnte ein Vater erkennen, dass er nicht für den Selbstmord seines Sohnes verantwortlich war – und diese Erkenntnis kann ihm helfen, sich damit abzufinden.

Weiterhin ließ sich im Laufe der drei oder vier Tage eine Veränderung der Perspektive feststellen, die Pennebaker anhand der Verwendung von Pronomen ermittelt. Die Betroffenen schrieben nicht mehr, was *mir* geschehen ist und was *ich* durchmache, sondern darüber, wieso *er* mich misshandelt hat oder *sie* sich von mir scheiden ließ. Mit anderen Worten: Sie befreiten sich aus ihrem emotionalen Durcheinander und versuchten, sich in die andere Person hineinzuversetzen. Die Fähigkeit, das Trauma aus verschiedenen Perspektiven zu betrachten, so Pennebaker, zeugt davon, dass das Opfer Abstand zu dem Vorfall gewonnen hat und deshalb verstehen kann, welchen Einfluss dieser auf seine Person und sein Leben hatte.

Die dritte Eigenschaft, die die Schreiber auszeichnete, war ihre Fähigkeit, in dem traumatischen Erlebnis einen positiven Sinn zu erkennen. Pennebaker nannte mir ein Beispiel: »Stellen wir uns vor, ich wurde in einer dunklen Seitengasse überfallen. Man hat mir einen Reifenheber über den Kopf geschlagen und mein ganzes Geld geraubt, sodass ich sämtliches Vertrauen in die Welt verloren habe. Ich könnte schreiben: ›Das war ein schreckliches Erlebnis. Ich weiß gar nicht, was ich jetzt machen soll‹, und so weiter. Ich berichte also von dem Erlebnis und entdecke möglicherweise sogar einen Sinn: ›Mir ist jetzt klar, dass die Welt gefährlich ist und ich vorsichtig sein muss.‹ Oder ich könnte sagen: ›Dieses Ereignis hat mich in vielerlei Hinsicht erschüttert, aber mir ist auch klar geworden, wie gut es mir bislang ging. Zum Glück habe ich zuverlässige enge Freunde, die mir helfen können.‹« Die zweite Deutung, so Pennebaker, ist für die Gesundheit förderlicher. Andere Forschungen haben ergeben, dass diejenigen, die eine positive Folge ihres Traumas erkennen können, weniger deprimiert sind und sich insgesamt besser fühlen, selbst wenn sie weiterhin von Gedanken an den Vorfall heimgesucht werden.[26]

Der Holocaust-Überlebende und Psychiater Viktor Frankl berichtet, wie er einst einen älteren Arzt tröstete, dessen Frau zwei Jahre zuvor verstorben war.[27] Der Doktor hatte seine Frau innig geliebt, und der Verlust ließ ihn in eine schwere Depression verfallen, aus der er sich nicht befreien konnte. Frankl verhalf dem Arzt dazu, seine Sichtweise zu ändern. »Doktor, wie wäre es denn gewesen«, fragte Frankl, »wenn Sie zuerst gestorben wären und Ihre Frau hätte Sie überleben müssen?« Der Arzt erwiderte: »Oh, das wäre für sie ganz furchtbar gewesen. Wie hätte sie gelitten!«

Dann wies Frankl darauf hin, dass es also etwas Gutes hatte, dass der Arzt seine Frau überlebte: »Sehen Sie, Doktor, dieses Leiden ist ihr erspart geblieben, und Sie haben es ihr erspart – dafür zahlen Sie nun den Preis, dass Sie zurückbleiben und um sie trauern.« Da erhob sich der Arzt aus seinem Stuhl, schüttelte Frankl die Hand und verließ seine Praxis. Frankl hatte ihm geholfen, einen Sinn im Tod seiner Frau zu sehen, sodass er seinen Frieden damit machte.

Von Pennebakers Experiment profitierten die Teilnehmer am meisten, die im Laufe der Zeit am besten einen Sinn erkannten. Diese Menschen waren zunächst emotional sehr verletzlich gewesen und konnten keine zusammenhängende Geschichte berichten, doch mit jedem Tag wurde ihr Narrativ klarer strukturiert und erkenntnisreicher. Ungefilterte Emotionen und

Plattitüden, so stellte Pennebaker fest, haben keine gesundheitlichen Vorteile, ausgefeilte, wohlüberlegte Texte dagegen schon. Diese können uns helfen, eine tiefere Ebene jenseits der instinktiven emotionalen Reaktionen zu erreichen.

Schreiben bietet die Möglichkeit, einen Vorfall systematisch zu verarbeiten und einzuordnen.

Pennebaker erkannte sogar, dass sich die Heilkraft allein auf schriftliche Darlegungen beschränkt – Personen, die ihre Gefühle zu einem traumatischen Erlebnis im Tanz ausdrücken sollten, erzielten damit nicht so große Vorteile wie die Schreiber.[28] Laut Pennebaker liegt das daran, dass Schreiben im Gegensatz zu anderen Ausdrucksformen die Möglichkeit bietet, einen Vorfall systematisch zu verarbeiten und einzuordnen. Im Schreiben stellen sich neue Erkenntnisse ein, und die Betroffenen begreifen, wie die Krise in das größere Mosaik ihres Lebens passt. Indem man einen Sinn erkennt und ein Narrativ entwickelt, lässt sich ein Trauma effektiv verarbeiten und letzten Endes bewältigen. Doch es gibt noch andere Möglichkeiten, sich von schwierigen Erlebnissen zu erholen – das zeigt die wachsende Forschung zur menschlichen Resilienz.

Resilienz – eine Frage des Sinns

Resilienzforscher fragen nach dem Warum – warum kommen manche Menschen mit Schicksalsschlägen besser zurecht als andere und können trotz ihrer negativen Erlebnisse ein normales Leben führen, während andere dadurch vollkommen aus der Bahn geworfen werden? Anfang der 1990er-Jahre versuchte die Psychologin Gina Higgins diese Frage zu beantworten. In ihrem Buch *Resilient Adults* erstellt sie Profile von Personen, die schwere Traumata erlebt und dies erstaunlich unbeschadet überstanden haben.

Eine dieser Personen ist Shibvon.[29] Shibvon wuchs in bitterer Armut auf, das Verhältnis zwischen ihren Eltern war sehr gespannt. Obgleich der Vater seine Kinder liebte, war er sehr distanziert. Er litt an einer psychischen Störung und versuchte, sich das Leben zu nehmen, als Shibvon sieben Jahre alt war. Ihre Mutter dagegen war ein schrecklicher Mensch, eine mächtige Frau mit dröhnender Stimme, die Shibvon und ihre drei jüngeren Geschwister regelmäßig schlug und nachts an die Betten fesselte. Zweimal schob sie ihre Kinder in ein Heim ab, nahm sie später jedoch wieder zu sich. Und als Shibvon neun Jahre alt war, wurden die Misshandlungen noch albtraumhafter. Shibvons Mutter ließ zu, dass ihr Freund Shibvon regelmäßig vergewaltigte. Er drohte damit, Shibvons Vater zu töten, sollte sie jemandem davon erzählen – also schwieg Shibvon.

Ihre Kindheit beschreibt Shibvon mit dem Wort »Chaos«. In Erinnerung geblieben ist ihr »viel Geschrei, viel Gebrüll, dass ich quer durch das Zimmer geschleudert wurde«. Sie kann sich nicht daran erinnern, dass ihre Mutter ihr jemals Liebe oder Zuneigung entgegengebracht hätte; im Gegenteil, sie wurde ständig als »dämlich« und »verkommen« beschimpft. Mehrfach sagte die Mutter zu Shibvon, sie hätte versucht, sie abzutreiben – und sie hätte Shibvons Vater nur deshalb geheiratet, weil sie mit Shibvon schwanger gewesen sei. »Ich empfand, dass sie mir damit sagen wollte, wie sehr sie mich hasste«, sagte Shibvon zu der Rolle, die ihre Mutter bei dem sexuellen Missbrauch spielte, »und wie sehr ich nur ein Exkrement war, ein Opferlamm«.

Bei einem solchen Missbrauch wären verheerende Folgen für das spätere Leben nur zu verständlich. Traumata aus der Kindheit lassen sich besonders schwer verarbeiten und können dauerhafte psychische und körperliche Wunden zurücklassen.[30] Wenn Kinder schweren, unvorhersehbaren Stress erleben, verknüpfen sich ihre Gehirne und Körper in einer Art und Weise, die dazu führt, dass sie später hypersensibel auf andere Stressfaktoren reagieren und anfälliger für Krankheiten sind. Schicksalsschläge im Kindesalter können Herzerkrankungen, Fettleibigkeit und Krebsleiden bei Erwachsenen begünstigen.[31] Und Erwachsene, die als Kinder schwere Stressfaktoren erlebt haben, greifen eher zu Drogen und Alkohol, leiden häufiger an Depressionen, entwickeln Lernschwierigkeiten, begehen mehr Gewaltverbrechen und werden häufiger verhaftet.

Deshalb ist die Geschichte von Shibvon so besonders bemerkenswert. Zwar hatte sie als Erwachsene gelegentlich mit Depressionen und Angstzuständen zu kämpfen, doch sie war letztlich sehr resilient. Die unablässige Belastung und die chaotischen Verhältnisse in ihrer Kindheit konnten ihr Leben nicht zerstören. Shibvon wurde Kinderkrankenschwester und arbeitete auf einer Intensivstation für Neugeborene. Mit 21 Jahren heiratete sie einen Mann, den sie innig liebte und mit dem sie drei Söhne bekam. Gemeinsam gründeten sie eine glückliche Familie.

Die systematische Erforschung der Resilienz begann etwa 1970 mit der Untersuchung von Kindern wie Shibvon.[32] Ursprünglich wollten Psychologen und Psychiater erforschen, wie psychische Erkrankungen entstehen. Da Schicksalsschläge in der Kindheit die Wahrscheinlichkeit einer psychischen Störung erhöhten, untersuchte man Kinder, die in großer Armut oder in schwierigen Familienverhältnissen lebten. Als die Forscher die gefährdeten Kinder erneut kontrollierten, machten sie eine unerwartete Feststellung: Viele von ihnen hatten tatsächlich psychische Probleme, doch eine Untergruppe zeigte entgegen jeder Wahrscheinlichkeit keinerlei nennenswerte psychische Störung. Diese Personen waren emotional gesund, konnten starke Beziehungen aufbauen und hatten in der Schule Erfolg. Woran mochte das liegen?

Im Laufe der Jahre konnten Forscher diese Frage durch die genaue Untersuchung von Kindern und Erwachsenen beantworten, die trotz schlimmer, belastender und traumatischer Erlebnisse ein gesundes, produktives Leben führen. Steven Southwick von der Yale School of Medicine und Dennis Charney von der Icahn School of Medicine in Mount Sinai, zwei Fachleute für Resilienz, haben sich in den vergangenen drei Jahrzehnten mit Menschen befasst, die traumatische Erfahrungen wie eine Entführung, Vergewaltigung oder Inhaftierung als Kriegsgefangene erleben mussten und davon zwar gezeichnet, aber nicht vernichtet wurden, wie sie es nennen.[33] Diese resilienten Menschen haben sich von dem Erlebten nicht nur erholt, sondern wurden dadurch sogar häufig gestärkt: »Manche von ihnen äußern sogar«, so schreiben die beiden Psychiater über die untersuchten Kriegsgefangenen, »aufgrund ihrer Inhaftierung wüssten sie das Leben mehr zu schätzen, hätten eine engere Bindung zu ihrer Familie und würden Sinn und Bestimmung besser erkennen.« Nach umfassenden Gesprächen mit solchen Personen ermittelten Southwick und Charney zehn charakteristische Eigenschaften, die resiliente Menschen von anderen unterscheiden.

Eine davon ist die Bestimmung, nach Definition der Forscher »ein lohnendes Ziel oder eine Mission im Leben«. Eine andere hängt mit der Bestimmung zusammen, nämlich ein moralischer Kompass, der den Altruismus fördert – oder den selbstlosen Dienst für andere. Diese Faktoren spielen auch in Shibvons Geschichte eine Rolle. Als ihre Mutter sie mit ihren Geschwistern ins Kinderheim geschickt hatte, half die zehnjährige Shibvon den Nonnen im Säuglingszimmer, für die verlassenen Babys zu sorgen. Dort brachten ihr die Nonnen und die Babys Zuwendung und Aufmerksamkeit entgegen, die ihr genauso guttaten wie die Tatsache, dass sie über ihre Ziele im Leben nachdenken konnte. »Ich hatte vor, genauso zu werden wie die Nonnen im Waisenhaus und mich um Kinder zu kümmern: Ich wollte dort den kleinen Kindern helfen, denen es nicht gut ging, und ihnen ein schöneres Leben ermöglichen«, sagte sie. »Das war mein höchstes Ziel im Leben.« Die Überlegungen und Pläne für die Zukunft gaben ihr Hoffnung auf ein besseres Leben. Sie erkannte, dass sie anderen helfen konnte, indem sie Liebe und Wärme ausstrahlte statt Hass und Verachtung wie ihre Mutter. »Ich habe nicht viel zu bieten«, dachte sie, »aber ich habe mich.«

Neben der Bestimmung ist auch die Unterstützung durch das soziale Umfeld ein wichtiger Faktor, der die Resilienz begünstigt. Insbesondere bei Kindern kann ein gesundes Verhältnis zu einem Erwachsenen oder einer Bezugsperson die schweren Folgen eines schlimmen Erlebnisses abmildern.[34] Shibvon wurde zwar von ihrer Mutter abgelehnt und hatte das Gefühl, sie »gehöre nicht dazu«, doch von ihrem Vater und von einer Tante väterlicherseits, die in der Nähe wohnte, erfuhr sie Zuneigung. Die Beziehung zu ihrer Tante, so Shibvon, sei besonders wichtig gewesen, auch wenn sie sich nicht sehr häufig sahen. Shibvon erinnert sich jedoch, dass die Tante sie und ihre Geschwister besuchte, wenn sie in den Kinderheimen lebten, und mit ihnen essen ging. Waren sie zu Hause bei der Mutter, brachte die Tante Lebensmittel und Kleidung, und wenn Shibvon sie in ihrer Wohnung besuchte, vermittelte die Tante ihr ein Gefühl von Sicherheit, Geborgenheit und Wertschätzung. »Sie gab mir wirklich das Gefühl, ich sei wichtig«, sagte Shibvon. Liebe und Fürsorge der Tante gaben Shibvon die Kraft, ihre schrecklichen Lebensumstände auszuhalten und schließlich zu überwinden.

Auch transzendente Sinnquellen spielen bei der Verarbeitung von Traumata eine Rolle. Southwick und Charney untersuchten beispielsweise Vietnam-Veteranen, die zum Teil bis zu acht Jahre lang als Kriegsgefangene festgehalten wurden. Diese Männer wurden gefoltert, litten Hunger und lebten unter entsetzlichen Bedingungen. Was sie durchhalten ließ, war unter anderem die Verbindung zu Gott. Manche beteten regelmäßig in ihren Zellen, andere fanden Kraft in dem Gedanken, dass Gott an ihrer Seite war, und das bedeutete, laut einem ehemaligen Kriegsgefangenen, »wir stehen das gemeinsam durch«. Zudem kamen die Häftlinge in dem berüchtigten Gefängnis, das als »Hanoi Hilton« bekannt wurde, zu religiösen und patriotischen Treffen zusammen.[35] Nicht alle waren fromm, stellten Southwick und Charney fest, doch viele setzten auf eine spirituelle Kraft, um ihr Schicksal zu überstehen. Einer von ihnen erklärte: »Wenn es nichts gibt, aus dem man Kraft und Stärke schöpfen kann, dann hält man vermutlich nicht durch.«

Forschungen haben ergeben, dass manche Menschen mit Schicksalsschlägen von Natur aus besser zurechtkommen als andere; Wissenschaftler wissen nun, dass unsere Fähigkeit zur Resilienz teilweise durch unsere genetische Veranlagung[36] und Erfahrungen in frühester Kindheit[37] geprägt wird. Resilienz ist jedoch keineswegs ein unveränderlicher Charakterzug. Manche sind zwar grundsätzlich empfindlicher für Stress als andere, doch wir alle können lernen, effektiver mit Belastungen umzugehen, indem wir bestimmte psychologische Hilfsmittel entwickeln, die uns bei der Stressbewältigung helfen, so Charney.[38]

Die Tatsache, dass sich Resilienz lernen lässt, wurde in zwei im Jahr 2004 veröffentlichten Studien von Michele Tugade vom Vassar College und Barbara Fredrickson von der University of North Carolina in Chapel Hill deutlich.[39] Tugade und Fredrickson baten die Testpersonen ins Labor, wo ihre Basis-Herzfrequenz, der Blutdruck und andere Körperwerte gemessen wurden. Danach mussten sich die Teilnehmer einer Stresssituation stellen, nämlich unter Zeitdruck einen dreiminütigen Vortrag vorbereiten und halten, in dem sie darlegen sollten, wieso sie ein guter Freund sind. Man sagte ihnen, der Vortrag werde aufgezeichnet und bewertet.

Obgleich der Stressfaktor, dem die Teilnehmer dieser Studie ausgesetzt waren, deutlich weniger schlimm war als die Belastungen, von denen in diesem Kapitel bislang berichtet wurde, zeigten die Probanden dennoch Angstsymptome – Herzfrequenz und Blutdruck schossen in die Höhe. Manche Testpersonen erreichten aber schneller wieder die Ausgangswerte als andere. Die Forscher notierten sich, welche Menschen in dieser Hinsicht mehr Resilienz zeigten und welche weniger. Dann untersuchten Tugade und Fredrickson, wie die verschiedenen Personen die Aufgabe angingen. Die von Natur aus Resilienteren, so stellten die Forscher fest, hatten eine andere Einstellung zu der gestellten Aufgabe. Sie sahen den Auftrag im Gegensatz zu den Nicht-Resilienten nicht als Bedrohung, sondern als Herausforderung.

Vor diesem Hintergrund führten die Forscher ein weiteres Experiment durch, um festzustellen, ob sich bei den weniger resilienten Personen die Resilienz steigern ließ. Die Forscher luden neue Testpersonen ins Labor ein und wiederholten das erste Experiment. Dann jedoch sagten Tugade und Fredrickson einem Teil der Personen, sie sollten die Aufgabe als Bedrohung empfinden, und anderen, sie sollten sie als Herausforderung sehen.

Das Forschungsergebnis ist sowohl für resiliente als auch für weniger resiliente Menschen eine gute Nachricht: Wer von Natur aus resilient war, erholte sich schneller, unabhängig davon, ob die Aufgabe als Herausforderung oder als Bedrohung gesehen wurde. Die weniger Resilienten konnten ihre Werte durch die neue Perspektive jedoch verbessern, denn diejenigen, die die Aufgabe als Chance und nicht als Bedrohung sehen sollten, wiesen plötzlich ähnliche Herz-Kreislauf-Ergebnisse wie die resilienteren Personen auf. Sie waren also belastbarer geworden.

Für Forscher ist es nicht so leicht, in Laborsituationen Schicksalsschläge zu untersuchen, doch indem sie Menschen über längere Zeit während eines belastenden Lebensabschnitts beobachten, können sie Erkenntnisse darüber gewinnen, wie diese mit langfristigen Stressfaktoren zurechtkommen. Genau das taten Gregory Walton und Geoffrey Cohen von der Stanford University in einer Studie, die 2011 veröffentlicht wurde[40] – sie begleiteten eine Gruppe von Studenten drei Jahre lang, um zu ermitteln, wie sie den nicht ganz leichten, aber wichtigen Übergang von der Schulzeit zum Erwachsenenleben bewältigten. Ihre Ergebnisse zeigen, dass die Säulen des Sinns dabei helfen, mit schwierigen Situationen besser zurechtzukommen.

> *Die Säulen des Sinns helfen dabei, mit schwierigen Situationen besser zurechtzukommen.*

Studienanfänger finden sich an der Uni in einer ganz neuen Welt wieder und sind dann schnell orientierungslos. Sie müssen sich überlegen, welche Kurse sie belegen und welchen Gruppen sie sich anschließen möchten, und oft müssen sie auch neue Freunde finden. Walton und Cohen betonen, dass dieser Übergang vor allem für Afroamerikaner schwierig sein kann. Natürlich machen sich alle Studenten Gedanken, wie sie an der Uni zurechtkommen werden, doch schwarze Studenten fühlen sich häufig besonders fehl am Platz, so Walton. Da sie an den meisten Hochschulen einer Minderheit angehören und Zielscheibe rassistischer Diskriminierung werden können, haben sie häufig die Sorge, ob »jemand wie sie« richtig dazugehören kann. Ihr

Bedürfnis nach Zugehörigkeit wird bedroht – und das, so stellen die Forscher fest, kann sich darauf auswirken, wie sie ihre Erlebnisse deuten. Wenn diese Studenten eine schlechte Note oder eine negative Rückmeldung bekommen, sehen sie diese Rückschläge häufig nicht als normalen Teil des Hochschullebens, sondern denken, mit ihnen persönlich oder »Leuten wie ihnen« sei etwas nicht in Ordnung.

Die Forscher baten eine Gruppe schwarzer und weißer Studierender ins Labor und gaben ihnen mehrere Berichte älterer Studenten zu lesen. Diese sollten das Zugehörigkeitsgefühl der Testpersonen fördern. In allen Berichten ging es darum, dass Rückschläge für Studienanfänger eine normale, aber vorübergehende Phase sind. Die Teilnehmer des Studienexperiments lernten: In der Eingewöhnungsphase ist es ganz normal, dass ein Student einen Rückschlag hinnehmen muss oder das Gefühl hat, er gehöre nicht dazu; das ist kein persönlicher Fehler und bedeutet auch nicht, dass er aufgrund seiner Rasse oder ethnischen Herkunft ausgegrenzt wird. Dieses Narrativ sollte beeinflussen, was sich die Studenten selbst über das Studium erzählten.

Drei Jahre später, gegen Ende des Studiums, befassten sich die Forscher erneut mit den Teilnehmern und stellten fest, dass die Maßnahme zur Umgestaltung der eigenen Geschichte erhebliche Folgen gezeigt hatte – allerdings nur bei den afroamerikanischen Studenten. Ihre Durchschnittsnoten hatten sich im Laufe der drei Jahre kontinuierlich verbessert, während die Noten der schwarzen Studenten in der Kontrollgruppe unverändert geblieben waren. Die Studienteilnehmer zeigten erheblich bessere akademische Leistungen als andere Studenten aus ihrer Minderheitengruppe und erreichten dreimal häufiger das beste Viertel ihrer Klasse. Zudem waren die Studenten nach eigenen Angaben gesünder und glücklicher und mussten seltener einen Arzt aufsuchen. Das entsprechende Narrativ hatte ihnen geholfen, das Hochschulleben besser zu meistern. Wenn die Studierenden in der Kontrollgruppe einen Rückschlag erlebten, zweifelten sie an sich und daran, ob sie mit der Universität die richtige Entscheidung getroffen hatten. Bei den Personen, die das Experiment absolviert hatten, war das Gefühl der Zugehörigkeit unter ähnlichen Belastungen nicht gefährdet, sodass sie die Herausforderung erfolgreich bewältigen konnten.

Bei weißen Studenten waren diese Auswirkungen nicht erkennbar. Die Durchschnittsnoten der Weißen verbesserten sich zwischen dem ersten und letzten Semester sowohl in der Kontroll- als auch in der Experimentgruppe. Das Narrativ hatte keinen Einfluss auf ihre Noten oder ihre körperliche oder psychische Gesundheit. Als Mehrheit auf dem Campus führten die weißen Studenten ihre Belastungen nicht darauf zurück, dass sie nicht dazugehörten, und brauchten im Gegensatz zu den Schwarzen keine Maßnahme, mit der sie ihre Herausforderung in einem neuen Licht sahen. Wenn es Letzteren gelang, die Sicht auf das durch den Wechsel an die Hochschule Erlebte zu ändern, profitierten sie noch Jahre später davon. Eine solche Maßnahme ist zwar kein Wundermittel gegen Ungleichheit, wie Walton betont – »sie schafft keine Chancen für Menschen, die keine haben« –, zeigt jedoch, wie eine Änderung der Einstellung eine üblicherweise ausgegrenzte Gruppe beflügeln kann.

Die Säulen des Sinns können bei der Bewältigung von

Traumata wie Missbrauch, Inhaftierung und Rassismus helfen. Neben solch belastenden Erlebnissen gibt es jedoch noch viele andere widrige Umstände, mit denen der Mensch zu tun hat. Im Alltag ergeben sich zahllose größere und kleinere Stressfaktoren, zum Beispiel ein Umzug in eine neue Stadt, die Suche nach einem Job oder die Erledigung einer wichtigen Aufgabe für Beruf oder Schule. Wie bei Traumata gilt auch hier, dass manche Menschen mit diesen täglichen Stressquellen besser zurechtkommen als andere – und auch hier spielt der Sinn eine wichtige Rolle.

In einer 2014 veröffentlichten Studie wollte eine Forschergruppe unter der Leitung von James Abelson an der University of Michigan herausfinden, wie sich eine sinnerfüllte Einstellung bei einem anstrengenden Bewerbungsgespräch auswirkt.[41] In der Studie hatte jeder Teilnehmer drei Minuten Zeit, um einen fünfminütigen Vortrag vorzubereiten, mit dem er ein Auswahlkomitee davon überzeugen sollte, er sei der beste Bewerber für die Stelle. Vor dem gespielten Bewerbungsgespräch sagten die Forscher einigen Teilnehmern, sie sollten in dem Gespräch nicht sich selbst in den Vordergrund stellen, sondern erläutern, wie sie mit diesem Job anderen helfen und ihre über das Selbst hinausgehenden Werte ausleben könnten. Diese sinnstiftende Maßnahme, so stellte sich heraus, minderte die körperlichen Stressreaktionen.

Eine sinnerfüllte Einstellung bietet nicht nur kurzfristige Vorteile während des Laborexperiments, sondern hat auch im echten Leben dauerhafte Wirkung. Forschungsarbeiten unter der Leitung von David Yeager und Marlone Henderson an der University of Texas in Austin zeigen, dass Schüler, die schriftlich festhalten, wieso sie durch ihre Schularbeiten ihren Lebenszweck erreichen können, mehrere Monate später bessere Ergebnisse in Mathematik und Naturwissenschaften erzielen.[42] In dem gleichen Studienzyklus gelang es Studenten, die über ihre Bestimmung nachdachten, deutlich häufiger, anspruchsvolle Mathematikaufgaben zu lösen, obwohl sie während des Experiments jederzeit Online-Spiele spielen durften. Der Erfolg stellte sich ein, so ermittelten Yeager und Henderson, weil die Studenten einen »Lernzweck« erkannten. Diejenigen, die sich an den Ursprung ihrer Bestimmung erinnerten, sahen schwierige Aufgaben – oder wie bei der Studie von Abelson ein nervenaufreibendes Bewerbungsgespräch – nicht als lästiges Übel, dem man aus dem Weg gehen sollte, sondern als notwendigen Schritt auf dem Weg zur Bestimmung oder zu einem Leben im Einklang mit den eigenen Werten.

> *Wer den Sinn nicht aus dem Blick verliert, ist auch vor der schädlichen Wirkung von Stress geschützt.*

Wer den Sinn nicht aus dem Blick verliert, ist auch vor der schädlichen Wirkung von Stress geschützt. Kelly McGonigal aus Stanford schreibt: »Stress erhöht die Gefahr von gesundheitlichen Problemen, es sei denn, die Betroffenen tun regelmäßig etwas für die Gemeinschaft. Stress erhöht die Sterblichkeitsrate, es sei denn, die Betroffenen sehen darin einen Sinn. Stress erhöht die Gefahr von Depressionen, es sei denn, die Betroffenen erkennen in ihren Mühen einen Nutzen.«[43]

In seinem klassischen Werk zum Thema Trauer, *When Bad*

Things Happen to Good People[44], legt Rabbi Harold Kushner dar, wie kompliziert es ist, in Schicksalsschlägen einen Sinn zu erkennen. Zu dem persönlichen Wachstum, das er nach dem Tod seines kleinen Sohnes erlebt hat, erläutert er: »Weil Aaron gelebt hat und gestorben ist, bin ich sensibler, ein besserer Hirte, ein einfühlsamerer Seelsorger geworden. Aber ich würde all diese Vorteile, ohne zu zögern, aufgeben, wenn ich meinen Sohn zurückbekommen könnte. Wenn ich die Wahl hätte, würde ich auf das ganze spirituelle Wachstum und die Einsichten verzichten, die ich unseren Erfahrungen zu verdanken habe, und wieder so sein wie vor 15 Jahren: ein ganz gewöhnlicher Rabbi, ein gleichgültiger Seelsorger, der manchen Menschen hilft und anderen nicht helfen kann, und der Vater eines klugen, fröhlichen Jungen. Aber diese Wahl habe ich nicht.«

Sosehr wir es uns auch wünschen mögen, keiner von uns wird das Leben ohne jegliches Leid überstehen. Deshalb ist es ganz wichtig, dass wir lernen, richtig zu leiden.[45] Wem es gelingt, nach Schicksalsschlägen zu wachsen, stützt sich dazu auf die Säulen des Sinns – und anschließend sind diese Säulen stärker als zuvor.

Manche Menschen gehen sogar noch weiter. Da sie erlebt haben, welch starke Wirkung Zugehörigkeit, Bestimmung, Geschichten und Transzendenz in ihrem Leben hatten, bemühen sie sich darum, diese Sinnquellen in Schulen, am Arbeitsplatz und in der Nachbarschaft zu verbreiten – in der Hoffnung, damit unsere Gesellschaft insgesamt zu verändern. Mit diesen Sinnkulturen wollen wir uns nun befassen.

7.

Sinnkulturen

Das Innere der »Heiligen Kiste«, wie die St. Mark's Cathedral in Seattle manchmal genannt wird, ist schmucklos und schlicht.[1] Dort, wo die Farbe abgeblättert ist, sind die ehemals weißen Wände schmutzig und grau, an manchen Kronleuchtern fehlen Glühbirnen. Es gibt keine Buntglasfenster mit Bibelszenen, keine barocken Kruzifixe am Altar. Und an dem Oktobermorgen, an dem ich die Episkopalkirche zum Sonntagsgottesdienst besuchte, roch es nach nassem Hund. Jener Sonntag war der Gedenktag des heiligen Franz von Assisi, des mittelalterlichen Mönchs, der die Natur so liebte. Zu seinen Ehren hatte die Kirche die Gemeinde eingeladen, ihre Haustiere mit in den Gottesdienst zu bringen. Hunde saßen in den Bankreihen oder streiften durch den hinteren Teil der Kirche – und immer wieder ertönte ein unruhiges, schrilles Jaulen.

Am Abend jedoch hatte sich die Kirche in einen Hort der Ruhe und des Friedens verwandelt. Als ich hereinkam und mir einen Platz suchte, war die Kathedrale vollkommen still. Bis auf ein paar schwach erleuchtete Lampen an der Decke und einige Kerzen, die am Altar flackerten, war es dunkel. In den dicht besetzten Bankreihen saßen in meiner Nähe eine Frau mit einem Blindenhund, ein Mönch mit einer Kordel um die Taille und mehrere Familien mit Kindern. Hinter uns entlang den Kirchenwänden hatten sich Dutzende von Menschen versammelt; manche saßen oder lagen direkt auf dem Boden, andere hatten es sich an der Kanzel bequem gemacht. Wir alle waren zusammengekommen, um schweigend einer alten klösterlichen Andacht namens Komplet zu lauschen.

Die Komplet, nach dem lateinischen Wort *completorium* für Abschluss, geht auf das 4. Jahrhundert zurück. Diese Andacht ist das letzte Stundengebet im täglichen Zyklus der Mönche, bei dem vor der Nachtruhe Psalmen, Gebete, Lieder und Hymnen gesungen werden. In der Komplet bittet man Gott um Schutz vor den unbekannten und unsichtbaren Schrecken der Nacht – und um Frieden angesichts des Todes.

Außerhalb von Klöstern ist die Komplet nur selten zu hören; das macht St. Mark's und die wenigen anderen Kirchen, die diese Andacht regelmäßig anbieten, so einzigartig.[2] Als die Komplet 1956 in St. Mark's eingeführt wurde, war es das erste Mal überhaupt, dass eine solche Andacht in den Vereinigten Staaten öffentlich abgehalten wurde. In den ersten Jahren kamen nur wenige Besucher, doch in den 1960er-Jahren wuchs das Interesse, und Hunderte von Hippies, die sich nach der »direkten, unvermittelten Erfahrung göttlicher Nähe«[3] sehnten, strömten sonntagabends in die Kirche. Die Andacht kommt zwar ohne Predigt oder Priester aus – lediglich ein Chor erfüllt die Kathedrale mit heiligen Gesängen –, doch wie eine Messe folgt auch die Komplet einem festen Ablauf.

Fast 50 Jahre nach dem Sommer der Liebe ist der Geist der Gegenkultur in St. Mark's noch immer lebendig. Einige Gottesdienstbesucher in der Nähe des Altars hatten neonfarbenes

Haar, andere Tätowierungen und Piercings. Viele waren noch jung – jünger, als man es in einer Stadt wie Seattle am Sonntagabend in einer Episkopalkirche erwarten würde. Sie hatten Decken und Kissen mitgebracht – in manchen Fällen sogar Schlafsäcke – und legten sich auf den Boden, starrten direkt an die Holzbalken am Kirchengewölbe und warteten darauf, dass es losging. Ein bärtiger Mann saß wie Buddha im Lotussitz, hatte das Kinn auf die Brust gesenkt und meditierte. Eine junge Frau im Studentenalter lehnte an einer der massiven weißen Säulen. Sie hatte die Knie an die Brust gezogen und starrte versonnen vor sich hin, die Arme um die Beine geschlungen.

In der hinteren Ecke der Kirche, für die Gemeinde unsichtbar, hatte sich ein Männerchor versammelt. Eine Stimme durchbrach die Stille: »Eine ruhige Nacht und ein gutes Ende gewähre uns der allmächtige Herr.« Ein Chor fiel ein und sang: »Ehre sei dem Vater und dem Sohn, und dem Heiligen Geist. Wie es war im Anfang, jetzt und immerdar, und von Ewigkeit zu Ewigkeit.« Ihre körperlosen Stimmen erfüllten die Kathedrale. »Was ist der Mensch«, sangen sie aus Psalm 8, »dass Du an ihn denkst, des Menschen Kind, dass Du Dich seiner annimmst?« Sie sangen auch eine mystische Hymne aus der Feder des zeitgenössischen Musikers Francis Poulenc zu den Worten des heiligen Franz von Assisi: »Herr, ich bitte Dich, dass die brennende, holde Kraft Deiner Liebe meine Seele aufnehme und sie über alles hinweghebe, was unter dem Himmel ist. Auf dass sie sterben möge aus Liebe zu Deiner Liebe, weil Du würdig warst, aus Liebe zu meiner Liebe zu sterben.«

Nach Ende der Andacht senkte sich große Stille über die Kirche. Manche Zuhörer verließen schweigend das Gebäude.

Andere blieben noch auf ihren Plätzen. Eine Frau und ein Mann in der Nähe des Altars erhoben sich und umarmten einander, bevor sie ihre Decken nahmen und sich auf den Weg machten. Manche versammelten sich in kleinen Grüppchen vor der Kirche und unterhielten sich mit gedämpfter Stimme. Die Andacht hatte nur 30 Minuten gedauert, doch die Menschen waren im Anschluss daran sichtlich verändert – ruhiger, weicher, sanfter.

Wie diejenigen, die in den 1960er-Jahren hier zur Komplet zusammengekommen waren, sind auch heute noch viele Besucher von St. Mark's Gegner des Establishments. Sicher gab es unter ihnen etliche Christen, doch viele waren auch Agnostiker und Atheisten, einige sogar offen gegen jede Form von organisierter Religion. Das macht die Komplet umso bemerkenswerter. Innerhalb der Kirchenwände findet jeden Sonntagabend ein starkes spirituelles Ereignis statt, das Gläubige und Ungläubige gleichermaßen anzieht.

»Ich kann dabei vollkommen abschalten«, sagte Emma, eine 20-jährige Studentin, auf den Stufen vor der Kathedrale. Sie kommt seit einigen Jahren in unregelmäßigen Abständen zur Komplet. »Ich wurde jüdisch erzogen, deshalb habe ich eine andere Einstellung«, so erklärte sie, »aber irgendetwas an der Musik versetzt mich in eine heilige Stimmung. Quasi wie eine spirituelle Dusche. Viele der kleineren Sorgen, die man so mit sich herumträgt, werden einfach weggespült. Die Gegenwart einer höheren Macht lässt einen erkennen, wie oberflächlich diese Problemchen eigentlich sind.«

Emma wurde von zwei Freunden begleitet, Dylan und Jake. Dylan, ein 25-jähriger Freiberufler, hatte die Haare zu einem Pferdeschwanz gebunden. Wie Emma war auch er von der Musik bewegt. »Musik ist heutzutage nicht mehr so ein Gemeinschaftserlebnis wie früher«, sagte er. »Heute hat jeder einen Kopfhörer im Ohr. Hier jedoch kommt man mit einer Menge anderer Leute zusammen, die alle das Gleiche hören. Die Stimmen des Chors hallen rundherum wider ...«

»Als würde die ganze Kirche singen«, unterbrach Jake.

»Ja. Die Stimmen klingen viel mächtiger als normale menschliche Stimmen«, ergänzte Dylan. »Da merkt man, dass die Musik größer ist als das Ich.«

»Das Ego fühlt sich dann kleiner an«, sagte Jake, »etwas gedämpfter.«

Zur Ruhe kommen in einer materialistischen Welt

Das, was in St. Mark's passiert, ist einzigartig. Unsere Gesellschaft entfernt sich immer mehr von mystischen und transzendenten Sinnquellen. Die Forscher Paul Piff und Dacher Keltner, die sich mit Ehrfurcht auseinandersetzen, schrieben: »Erwachsene verbringen immer mehr Zeit bei der Arbeit oder auf dem Arbeitsweg und immer weniger Zeit im Freien oder in Gesellschaft anderer Menschen. Sie verzichten auf Campingtouren, Picknicks und den Mitternachtshimmel, müssen stattdessen an Wochenenden und spät am Abend noch arbeiten. Die Besucherzahlen bei Kunstveranstaltungen – Livemusik, Theater, Museen und Galerien – gehen seit Jahren zurück.«[4] Selbst wenn wir bei einem Gottesdienst, in einem Museum oder in den Wäldern nach einem Mysterium suchen, ist für ein transzendentes Erlebnis oft Aufmerksamkeit, Konzentration und Ruhe erforderlich, also genau das, was in unserem Zeitalter der Ablenkung so schwer zu finden ist. Ganz deutlich wurde das an einem Freitag im Jahr 2007, als der Violinist Joshua Bell zur morgendlichen Stoßzeit in einer Metrostation in Washington, D.C., einige besonders anspruchsvolle und bezaubernde Klassikstücke spielte, von Schuberts »Ave Maria« bis hin zu Bachs »Chaconne«.[5] Dazu hatte ihn ein Journalist der *Washington Post* überredet, der herausfinden wollte, ob Menschen auf dem Weg zur Arbeit innehalten und sich Zeit für das Schöne nehmen oder ob sie einfach wie üblich weiterhasten. Und tatsächlich, die meisten Pendler waren im hektischen Alltag gefangen und blieben nicht stehen, um zuzuhören. Über 1000 Menschen eilten an diesem Morgen an Bell vorbei. Nur sieben blieben stehen und lauschten der Musik.

Die Komplet zieht Menschen an, die sich eine Zuflucht vom ständigen Rauschen des Alltags wünschen. Sie finden einen Sinn, indem sie als Gemeinschaft zusammenkommen und sich der Musik, dem Schweigen, dem Göttlichen hingeben. Die Komplet führt dazu, dass man sich »mit etwas *Größerem* verbunden fühlt – was auch immer das für Sie persönlich bedeuten mag«, so Jason Anderson, der Leiter des Komplet-Chors.

Bislang hat sich dieses Buch auf das Individuum konzentriert – darauf, was jeder von uns persönlich tun kann, um ein sinnerfüllteres Leben zu führen. Doch wer nach Sinn sucht, steht in unserer Kultur unter ständigem Beschuss. Unser heutiges Leben ist charakterisiert durch eine Mentalität des »Arbeitens und Ausgebens«, schreibt der Autor Gregg Easterbrook, und das entfremdet den Menschen von dem, was wirklich wichtig ist.[6] In der Nachbarschaft und im Büro werden soziale Beziehungen immer seltener.[7] Das hohe Tempo des modernen Lebens mit all seinen Ablenkungen macht es fast unmöglich, sich auf sich selbst zu besinnen. Und in einer Welt, in der wissenschaftliche Erkenntnisse das Nonplusultra sind, begegnet man transzendenten Erfahrungen mit Misstrauen.

Auf diese Entwicklungen ist es zurückzuführen, dass eine Vielzahl von Menschen unzufrieden ist und sich nach mehr sehnt. Mittlerweile gibt es viele, die so nicht mehr leben wollen und nach einer erfüllteren Existenz suchen. Immer mehr Mediziner, Wirtschaftsgrößen, Lehrer, Geistliche und ganz gewöhnliche Menschen wollen mithilfe der Säulen des Sinns verändern, wie wir leben und arbeiten, um Gemeinschaften zu schaffen, die Beziehungen für wichtig halten und aufbauen, die Bestimmung wertschätzen, Möglichkeiten für Geschichten schaffen und Platz für das Unerklärliche lassen. Easterbrook schreibt: »In nie dagewesenem Ausmaß vollzieht sich ein Wandel von materiellen Wünschen hin zu einem Wunsch nach Sinn; dieser betrifft viele Hundert Millionen Menschen und kann letztlich als wichtigste kulturelle Entwicklung unserer Epoche betrachtet werden.«[8]

Ronald Inglehart, Politikwissenschaftler an der University of Michigan, leitet den World Values Survey, der seit 1981 die Werte, Motivationen und Überzeugungen von Menschen erfasst. In seiner Forschungsarbeit stellte Inglehart fest, dass postindustrielle Nationen wie die Vereinigten Staaten sich in einem großen kulturellen Umbruch befinden. Die Entwicklung geht weg von »materialistischen« Werten, die wirtschaftliche und physische Sicherheit in den Vordergrund stellen, und hin zu »postmaterialistischen« Werten wie Selbstentfaltung und dem »Gefühl von Sinn und Bestimmung«.[9] Robert William Fogel, ein mittlerweile verstorbener, mit dem Nobelpreis ausgezeichneter Wirtschaftswissenschaftler von der University of Chicago, erkannte einen ähnlichen Trend. Er schrieb, wir befänden uns im »vierten großen Erwachen«, welches durch ein Interesse an »spirituellen« Fragen wie Bestimmung, Wissen und Gemeinschaft definiert sei, die Vorrang vor »materiellen« wie Geld und Konsumgüter haben.[10]

Um das existenzielle Vakuum zu füllen, sind leider auch weniger wünschenswerte Sinnkulturen entstanden. Je nachdem, welche Werte und Ziele sie verfolgen, können Sinnkulturen gut oder schlecht sein. Nicht nur positive, sondern auch negative Kulturen des Sinns wie Sekten und Hassgruppen stützen sich auf die vier Säulen, um Unzufriedene anzulocken. Der Islamische Staat beispielsweise bietet seinen Anhängern eine Gemeinschaft von Gleichgesinnten, eine angeblich von Gott gewollte Bestimmung, die Gelegenheit, Teil eines heroischen Narrativs zu werden, und das Versprechen auf größtmögliche Nähe zu Gott. Viele gebildete Menschen aus den westlichen Ländern werden von dieser Botschaft angesprochen und haben sich dieser Gruppierung angeschlossen. Wenn unsere Gesellschaft keine besseren Alternativen bieten kann, werden solche Gruppen weiterhin Zulauf haben.

Die Sinnkulturen, die in diesem Buch vorgestellt werden, verstärken mit den vier Säulen positive Werte und Ziele. Ihre Mitglieder erkennen und respektieren die Würde des Einzelnen. Sie fördern Tugenden wie Freundlichkeit, Mitgefühl und Liebe statt

Angst, Hass und Wut. Sie möchten andere unterstützen und ihnen nicht schaden. Diese Kulturen säen weder Zerstörung noch Unheil, sondern leisten einen positiven Beitrag zur Welt.

Warum positive Sinnkulturen für Jugendliche besonders wichtig sind

Positive Sinnkulturen helfen jedem Menschen bei der persönlichen Entwicklung, doch für Jugendliche sind sie oft besonders wichtig. Viele Teenager wissen nicht genau, welchen Weg ihr Leben nehmen soll, und sind damit empfänglich für die Verlockungen von Gangs und andere negative Einflüsse.[11] Wenn sie etwas haben, an das sie glauben und auf das sie hinarbeiten, sind sie vor solchen Gefahren besser geschützt.

Dieser Gedanke steckt hinter dem Future Project. Das Ziel dieser Organisation, die von Andrew Mangino und Kanya Balakrishna gegründet wurde, besteht darin, das »grenzenlose Potenzial jedes jungen Menschen« zu entfalten. Mangino und Balakrishna haben ein Staraufgebot an Beratern zusammengestellt, die ihre Mission unterstützen, darunter Forscher wie William Damon und Carol Dweck von der Stanford University und Angela Duckworth von der University of Pennsylvania. Damon, Duckworth und Dweck sind für ihre bahnbrechende Arbeit zu Bestimmung, Beharrlichkeit und einem »dynamischen Selbstbild« bekannt, und Mangino und Balakrishna helfen mit ihren wissenschaftlichen Erkenntnissen jungen Menschen dabei, ihre Bestimmung zu erkennen und darauf hinzuarbeiten.

Die Früchte ihrer Arbeit kamen an einem winterlichen

Samstagmorgen im Jahr 2014 im Edison Ballroom am Times Square zusammen. Fast 700 Teenager tanzten im Schein hellblauer Lichtpunkte zur Musik von Kanye West, Jay Z und Alicia Keys, die ein charismatischer DJ vorne im Saal auflegte. Auf Stühlen, auf der Bühne und auf den Emporen bewegten sich die jungen Leute im Takt der Musik, die aus den Lautsprechern dröhnte. Zwei Jungen mit wilden Frisuren zeigten den Robot Dance, während ein Mädchen im Hidschab in Elvis-Manier die Hüften kreisen ließ. Der ganze Saal vibrierte wie ein Nachtclub.

Die ohrenbetäubende Musik, die tanzenden, johlenden Teenager, die Erwachsenen, die dafür sorgten, dass das Geschehen nicht außer Kontrolle geriet – all das passte zur Mission des Tages. Die Teenager im Edison Ballroom waren aus den schlimmsten Gegenden, aus Städten wie New Haven, Detroit, Newark und Philadelphia zur DreamCon gekommen, einer Tagesveranstaltung, bei der alle 700 vor einer Erwachsenenjury ihre Träume vorstellen und erläutern durften, inwieweit sie diesen in den letzten Monaten näher gekommen waren.[12]

Teenager verbringen die meisten wachen Stunden eines Tages in der Schule. Die meisten Schulen konzentrieren sich aber darauf, jungen Menschen beizubringen, wie man Algebraaufgaben löst und Aufsätze schreibt, nicht jedoch, was ihre persönliche Berufung sein könnte. Deshalb haben viele Schüler nach dem Abschluss noch keine genaue Vorstellung davon, was sie später tun wollen. Andere brechen die Schule ab, weil ihnen das Lernen sinnlos erscheint. Das wollen Mangino und Balakrishna ändern. Sie wollen Jugendliche – insbesondere gefährdete Jugendliche – in dieser kritischen Lebensphase auffangen und ihnen helfen, ihre Bestimmung zu finden.

Jede Schule, so glauben Mangino und Balakrishna, sollte einen »Traumregisseur« haben, eine Art Berufsberater, der sich mit den jungen Leuten zusammensetzt, sie ermutigt, sich hohe Ziele zu stecken, und ihnen Ideen gibt, wie sie die Gesellschaft bereichern könnten. Diese Berufsberater sollten anschließend jeden Schüler bei der Entwicklung eines Stufenplans unterstützen, mit dem sich ihr Ziel erreichen lässt. Schließlich haben viele Menschen Träume, aber längst nicht alle arbeiten daran, diese auch zu verwirklichen. Das Future Project hat in Dutzenden von staatlichen Schulen in den USA »Traumregisseure« eingeführt. Seit der Gründung der Organisation konnten sie Tausenden von Schülern dabei helfen, auf ihre Bestimmung hinzuarbeiten.

Auf der DreamCon habe ich eine junge Frau aus New York kennengelernt, die davon träumte, Polizistin zu werden, um für Sicherheit und Ordnung zu sorgen. Ihr »Traumregisseur« schlug ihr vor, sich genauer über die verschiedenen Berufsmöglichkeiten in der Strafverfolgung zu informieren, die infrage kommen könnten. Nach weiteren Recherchen strebt das Mädchen nun eine Karriere beim FBI an und ermittelt gerade, welche Abschlüsse und weiteren Ausbildungen nötig sind, um dieses Ziel zu erreichen. Außerdem habe ich einen alleinerziehenden Vater aus New Haven getroffen, der noch zur Schule geht. Die Mutter seiner kleinen Tochter, so verriet er mir, »hat sich nicht gekümmert«. Sein Traum wäre es, erzählte er, während er mir auf seinem Handy Fotos von der Kleinen zeigte, eine Gruppe alleinerziehender Väter zu gründen, die sich gegenseitig dabei unterstützen, mit der Vaterrolle zurechtzukommen. Gegenwärtig organisiert er in New Haven Treffen mit anderen jungen Vätern aus seinem Bekanntenkreis. In einem nächsten Schritt möchte er diese Organisation auf andere Städte ausdehnen und ein nationales Netzwerk aufbauen.

Mangino und Balakrishna haben festgestellt: Wenn die Schüler auf ihre Bestimmung hinarbeiten, hat das auch für andere Lebensbereiche Vorteile. Schüler, die mit den »Traumregisseuren« zusammenarbeiteten, begeisterten sich stärker für das Lernen, kamen regelmäßiger zum Unterricht und zeigten mehr Empathie und Eigeninitiative. Vier von fünf sagten, sie hätten »etwas erreicht, was sie nicht für möglich gehalten hätten«, und fast alle der ehemaligen Teilnehmer des Programms geben an, dass sie die positiven Auswirkungen noch immer spüren und im Studium, im Beruf oder bei einer Firmengründung erfolgreich sind. Zudem empfinden sie eine stärkere Bestimmung. Bei der Konferenz verriet mir ein Neuntklässler, er habe mehr Selbstvertrauen, seitdem er seiner Bestimmung folge. Ein anderer erklärte, weil er jetzt mit seinem Traumregisseur daran arbeite, seiner Berufung als Künstler zu folgen, verkaufe er auf der Straße keine Drogen mehr. Ein Mädchen, das Ärztin werden wollte, sagte, sie habe bessere Noten, seit sie auf ihren Traum hinarbeite, und motiviere auch ihren kleinen Bruder dazu, sich in der Schule mehr anzustrengen.

Die Maßnahmen von Mangino und Balakrishna sind Teil einer größeren Entwicklung in unserer Kultur. Ein Sozialwissenschaftler hat ermittelt, dass das Interesse der Gesellschaft an der Bestimmung heutzutage so stark ist wie in den letzten 200 Jahren nicht.[13] Diese Beschäftigung mit der eigenen Bestimmung zeigt sich nicht nur im Bereich der Bildung, sondern auch in der Wirtschaft, denn immer mehr Unternehmen definieren sich nicht mehr nur über den Profit, sondern über ihren Beitrag zur Gesellschaft.

Das gilt beispielsweise für Life is Good, ein Bekleidungsunternehmen, das die Brüder Bert und John Jacobs 1994 gründeten. Laut Bert und John begann die Geschichte von Life is Good nicht erst mit der Gründung des Unternehmens, sondern bereits in ihrer Kindheit.[14] Die Jungen waren die jüngsten von sechs Geschwistern und wuchsen in Needham, Massachusetts, einem Vorort von Boston, auf. Das Leben im Haus der Jacobs war nach allgemeinen Maßstäben hart. Im ersten Stock des kleinen Hauses gab es keine Heizung. Der Vater war jähzornig, und oft fehlte das Geld für die Dinge des täglichen Bedarfs. Joan, die Mutter, scherzte oft, sie kaufe Lebensmittel, die keiner mochte, damit nicht so viel gegessen würde.

Trotz alledem war Joan eine unverzagte, fröhliche Frau, die immer positiv dachte. Jeden Abend forderte sie am Esstisch alle sechs Kinder auf, etwas Gutes zu berichten, das ihnen an jenem Tag widerfahren war. Die Kinder erzählten dann beispielsweise, sie hätten eine Rolling-Stones-CD im Müll gefunden, einen lustigen Witz gehört oder in der Schule etwas Cooles gelernt, und die Atmosphäre im Zimmer änderte sich. Alle lachten und strahlten. Joans Optimismus tat allen gut. »Mir ist es ganz recht, wenn mir das Geld ausgeht«, sagte sie, denn »dann muss ich nicht mehr darüber nachdenken, was ich noch alles einkaufen muss.« Von ihr lernten die Jungen, dass es auf die richtige Einstellung ankommt, nicht nur auf die Lebensumstände. Und auf dieser Erkenntnis beruht die Vision hinter Life is Good.

1989, als sie Mitte 20 waren, gründeten Bert und John eine

Firma, die bedruckte T-Shirts entwarf, die die beiden in Boston auf der Straße verkauften. Zudem reisten sie die ganze Ostküste rauf und runter und boten die Shirts in Studentenwohnheimen an der Tür an. Mit jeder Tour verdienten sie gerade genug für die nächste. Sie schliefen in ihrem Van, ernährten sich von Erdnussbutterbroten und duschten nur alle paar Tage.

Unterwegs hatten sie viel Zeit für Gespräche. Während einer Fahrt unterhielten sie sich darüber, wie die Medien die Menschheit Tag für Tag mit Geschichten von Mord, Vergewaltigung, Krieg und Leiden überfluten. Sie waren sich einig: Natürlich geschehen schlimme Dinge, über die jeder Bescheid wissen sollte, aber dennoch ist die Welt auch voller guter Nachrichten. Sie dachten an Joan, der es immer gelungen war, Licht ins Dunkel zu bringen, und beschlossen, die Werte ihrer Mutter in ihrer Arbeit zu verewigen. So wollten sie ein Symbol schaffen, das sich gegen den Zynismus in der Welt stellt – einen Superhelden, dessen besondere Fähigkeit der Optimismus war.

John skizzierte ein grinsendes Strichmännchen auf einem T-Shirt und nannte die Figur Jake. Zu Hause in Boston veranstalteten die beiden eine Party und hängten das neue T-Shirt an der Wand auf. Ihre Freunde fanden es toll. Einer schrieb neben dem Shirt an die Wand: »Dieser Typ hat das Leben verstanden«, mit einem Pfeil auf Jake, der das Hauptsymbol von Life is Good werden sollte.

Die Brüder fassten diesen Satz in drei Wörtern zusammen: life is good – das Leben ist schön. Dann druckten sie das Strichmännchen Jake und den Slogan auf 48 T-Shirts, die sie an einem Stand auf einem Bürgersteig in Cambridge anboten. In weniger als einer Stunde waren alle Shirts verkauft – so etwas hatten sie noch nie erlebt. Das war 1994. Damals besaßen sie zusammen 78 Dollar. Heute leiten sie eine Lifestyle-Marke, die 100 Millionen Dollar wert ist.

Als sie ihr Unternehmen starteten, verkündeten die Brüder, ihnen sei es wichtig, das Leben anderer Menschen positiv zu beeinflussen, so wie sie es bei ihrer Mutter erlebt hatten. Dann geschah etwas Unerwartetes. Plötzlich bekamen sie Briefe und E-Mails von Menschen, die schwierige Lebensphasen durchstehen mussten oder hinter sich hatten, zum Beispiel eine Krebserkrankung, den Verlust eines geliebten Menschen, Obdachlosigkeit und Naturkatastrophen. Sie schrieben, dass sie Kleidung von Life is Good trugen, um eine Chemotherapie oder eine Amputation zu überstehen oder einen Verlust zu bewältigen, wie eine Frau, die bei den Anschlägen vom 11. September 2001 ihren Mann verloren hatte, einen Feuerwehrmann, dessen Lebensmotto »Life is Good« gelautet hatte. Man schrieb ihnen, wie bewegend die Botschaft von Life is Good sei und wie man nach Schicksalsschlägen das Leben mehr zu schätzen wisse und dankbarer dafür sei.

Bert und John wussten anfangs nicht, was sie mit diesen Briefen anfangen sollten. »Ich glaube, als wir uns unseren Slogan einfallen ließen, war uns gar nicht klar, was für eine weitreichende Bedeutung er hatte«, sagte John. Während sie versuchten, ihr kleines Unternehmen in Gang zu halten, lasen sie die Briefe, freuten sich darüber – und verstauten sie in einer Schublade. Erst im Jahr 2000 beschlossen sie, die Briefe bei Personalversammlungen und unternehmensweiten Zusammenkünften vorzulesen, damit jeder merkte, dass die engagierte

Arbeit das Leben anderer Menschen spürbar veränderte. Die Briefe erinnern alle Mitarbeiter daran, dass ihr Einsatz einem größeren Zweck dient und Optimismus verbreitet. »Wenn der tägliche Trott dazu führt, dass der Wert unserer Arbeit aus dem Blick gerät«, schreiben Bert und John, »geben uns die motivierenden Geschichten Auftrieb und erinnern uns daran, dass wir alle zu einem viel größeren Stamm gehören.«

Seit 2010 haben die Mitarbeiter von Life is Good noch eine weitere Quelle, aus der sie Sinn schöpfen können. In diesem Jahr startete das Unternehmen einen gemeinnützigen Zweig mit dem Namen Life is Good Kids Foundation, der sich für Kinder einsetzt, die von Krankheiten, Gewalt, Missbrauch, Armut und anderen Problemen betroffen sind. Das Hauptprogramm der Stiftung heißt Playmakers und bietet Fortbildungen und Workshops für Lehrer, Sozialarbeiter, Krankenhauspersonal und andere Menschen, die mit Kindern arbeiten. Bei diesen Programmen werden sie über den Stand der Forschung zu Optimismus und Resilienz unterrichtet und lernen, wie sie das Leben der Kinder, mit denen sie zu tun haben, mit diesen Erkenntnissen verbessern können. Jedes Jahr spendet Life is Good 10 Prozent der Einnahmen für bedürftige Kinder. Seit der Gründung hat die Stiftung über 6000 Playmaker geschult, die sich täglich dafür einsetzen, über 120 000 Kinder zu einem besseren Leben zu verhelfen.[15]

Durch dieses soziale Engagement sorgen die Mitarbeiter in allen Bereichen jetzt nicht mehr nur dafür, dass ihre Kunden die Kraft des Optimismus spüren, sondern verhelfen auch benachteiligten Kindern zu einem besseren Leben. Jedem im Unternehmen ist klar, so erläuterte Bert, dass gute Umsatzzahlen nicht nur Rentabilität und Wachstum als Unternehmen fördern, sondern auch Kindern helfen, die Hilfe wirklich nötig haben.

»Ich bin die meiste Zeit mit dem Entladen von Lastwagen und anderen Hilfsarbeiten beschäftigt«, sagte Ian Mitchell, der in New Hampshire im Lager von Life is Good arbeitet, »und ich weiß, dass ich den Kindern helfe, wenn ich meine Arbeit gut mache.«[16] Craig Marcantonio, einem Grafikdesigner aus der Zentrale des Unternehmens in Boston, geht es genauso: »Manchmal nimmt einen die tägliche Arbeit sehr in Beschlag«, sagte er, »dann tut es gut, wenn man bei den monatlichen Design-Meetings erfährt, was die Playmakers so machen und dass die eigene Arbeit dazu beiträgt, dass Optimismus verbreitet wird und andere Menschen Hoffnung schöpfen können.«[17] Allison Shablin, die Rezeptionistin bei Life is Good, sagte, selbst wenn sie Anrufe beantworte und Besucher begrüße, wisse sie, dass sie Anteil an etwas Größerem habe. »Ich arbeite für eine Firma, die sehr viel Gutes für andere tut, und darauf bin ich ungeheuer stolz«, sagte sie.[18]

Life is Good verkörpert das, was der Unternehmer Aaron Hurst als »neue Sinnökonomie« bezeichnet.[19] Genau wie die landwirtschaftliche Ökonomie im 19. Jahrhundert der industriellen Ökonomie weichen musste, weicht die Informationsökonomie gegenwärtig einer Ökonomie, bei der der Sinn im Vordergrund steht, argumentiert Hurst. Er ist Gründer der Taproot Foundation, einer mehrere Milliarden Dollar schweren Stiftung, die Vermarkter, Designer und andere Fachleute mit gemeinnützigen Organisationen zusammenbringt, die Hilfe gebrauchen können. Die Sinnökonomie, schreibt Hurst, »definiert sich über den Wunsch nach mehr Sinn im Leben. In dieser Ökonomie liegt der Wert darin, einen Sinn für Mitarbeiter und Kunden zu schaffen – indem Bedürfnisse erfüllt werden, die über die eigenen hinausgehen, persönliches Wachstum möglich wird und eine Gemeinschaft entsteht«. Neben Nischenfirmen wie der New Belgium Brewing Company, The Container Store oder Virgin Atlantic, die den Sinn als Rückgrat ihrer Unternehmen betrachten, definieren sich auch etablierte Konzerne wie Pepsi, Deloitte und Morgan Stanley neu und rücken dabei den Sinn in den Mittelpunkt.

Das mag überraschen, doch es gibt durchaus einen Grund, wieso die Wirtschaft diese Ideen aufgreift – wenn sie einen Sinn verfolgen, fördern Unternehmen auch den Gewinn. In ihrem Buch *Conscious Capitalism* betonen John Mackey von Whole Foods und Raj Sisodia vom Babson College, dass immer mehr sinnorientierte Unternehmen entstehen, die unter ihren Mitarbeitern und Kunden sowie in der Gesellschaft insgesamt Sinnkulturen erschaffen, und dass diese finanziell besser dastehen als ihre Konkurrenten.[20] Dies liegt zum Teil daran, dass die Kunden gezielt nach solchen Firmen suchen. Wie Sisodia mit seinen Kollegen schrieb: »Immer mehr Menschen streben nach mehr Sinn im Leben, statt einfach nur ihren Besitz zu mehren.«[21] Doch wie Bert und John festgestellt haben, trägt eine sinnorientierte Kultur auch dazu bei, dass ein Unternehmen floriert.

Heutzutage sind etwa 70 Prozent aller Angestellten in ihrer Arbeit entweder »nicht engagiert« – das bedeutet, sie sind nicht voll dabei, setzen sich nicht besonders ein und verspüren keine Begeisterung für ihre Tätigkeit – oder »aktiv distanziert«[22], und weniger als die Hälfte aller Berufstätigen ist mit dem eigenen Job zufrieden[23]. Wer jedoch bei der Arbeit einen Sinn sieht, ist engagierter, produktiver und deutlich eher bereit, bei seinem Arbeitgeber zu bleiben.[24]

> *Diesen Menschen ist klar, dass ihre tägliche Aufgabe die Welt positiv verändert.*

Diesen Menschen ist klar, dass ihre tägliche Aufgabe, so unbedeutend sie auch scheinen mag, die Welt positiv verändert – und das, so der Stand der Forschung, wirkt äußerst motivierend.[25] Eine Studie von Teresa Amabile von der Harvard Business School kam zu dem Ergebnis: »Eine tiefe Bindung zur eigenen Tätigkeit lässt sich nicht effektiver herstellen als durch die Förderung einer sinnerfüllten Arbeit.«[26]

Auch im Ruhestand brauchen wir eine Bestimmung

Sinnkulturen können auch dramatische Folgen für unsere Gesundheit haben. Das wird besonders deutlich, wenn wir uns mit Menschen jenseits des 65. Geburtstags befassen, einer rasch wachsenden Bevölkerungsgruppe. Leider werden ältere Menschen in den letzten Lebensjahrzehnten häufig ausgegrenzt – oder Schlimmeres. Forschungen zeigen, dass Misshandlung und Vernachlässigung älterer Menschen vor allem in Einrichtungen wie Pflegeheimen ein ernstes Problem darstellen.[27] In einer Studie gaben beispielsweise 40 Prozent der Beschäftigten in Pflegeheimen zu, dass sie die Bewohner mit

Beschimpfungen oder durch Anschreien psychologisch misshandelten, ihnen Nahrung vorenthielten oder sie »in unangemessener Weise isolierten«.[28] In einer anderen Studie sagten etwa vier von zehn Heimbewohnern aus, sie seien selbst schon einmal misshandelt worden oder hätten die Misshandlung anderer miterlebt.

Ich weiß noch ganz genau, wie ich zum ersten Mal in ein Pflegeheim kam. Die Atmosphäre war deprimierend. Böden und Wände waren verdreckt, die Tabletts, auf denen die Bewohner ihr Essen bekamen, waren schmutzig, in der Luft lag ein übler Geruch. Das düstere Umfeld spiegelte sich in der schlechten Verfassung der Bewohner selbst. Sie waren hilflos, verwirrt und orientierungslos. Die meisten bekamen nie Besuch, um ihre kognitive und körperliche Gesundheit schien es schlecht bestellt zu sein. Schließlich sahen sie keinen Grund, sich fit zu halten.

So muss es nicht sein. Auch in einem Pflegeheim ist es durchaus möglich, gesund zu altern, doch dazu braucht es eine vollkommen andere Kultur als diejenige, die die meisten von uns kennen. In den 1970er-Jahren führten zwei Forscherinnen, Ellen Langer und Judith Rodin, ein mittlerweile klassisches psychologisches Experiment durch, das verdeutlicht, wie eine solche Kultur aussehen müsste.[29]

Nachdem sie lange ein unabhängiges Leben geführt haben, fällt es älteren Menschen oft schwer, sich an ein Pflegeheim zu gewöhnen, in dem sie häufig als hilflos betrachtet werden. Im Laufe der Monate und Jahre verlässt sie erwartungsgemäß der Lebenswille. Langer und Rodin wollten herausfinden, ob sich diese Entwicklung umkehren lässt. Sie wählten eine Gruppe von Pflegeheimbewohnern aus, denen sie jeweils eine Zimmerpflanze für ihr Zimmer gaben. Der einen Hälfte der Bewohner sagte man, die Schwestern auf der Etage würden sich um das Gewächs kümmern, die anderen waren selbst für die Pflanze verantwortlich. Die Personen in der zweiten Gruppe durften sich ihre Pflanze jeweils selbst aussuchen, bestimmen, wo im Zimmer sie aufgestellt wurde, und nach eigenem Ermessen entscheiden, wann sie gegossen werden musste. Sie hatten die Aufgabe, sich um die Pflanze zu kümmern.

Als die Psychologinnen die beiden Gruppen nach anderthalb Jahren erneut untersuchten, stellten sie fest, dass es denjenigen, die sich um die Pflanze kümmerten, deutlich besser ging als denjenigen, die nicht dafür verantwortlich waren. Die Pflanzengruppe war sozialer, aufmerksamer, fröhlicher, aktiver und gesünder. Besonders überraschte es die Forscherinnen, dass diejenigen, die sich der Pflanzenpflege widmeten, tatsächlich länger lebten. Während der 18-monatigen Experimentphase waren weniger Teilnehmer gestorben als in der Vergleichsgruppe. Eine minimale Veränderung hatte das Leben der Personen, die Langer und Rodin untersuchten, erheblich beeinflusst.

Warum hatte die Pflanzenbetreuung diese Auswirkungen? Die Patienten im Pflegeheim fühlten sich für das Gewächs verantwortlich, und das gab ihnen das Gefühl, ihr Umfeld selbst zu kontrollieren. Die Pflanze war ihre »Sache«, wie Albert Camus es nennen würde – eine Bestimmung in ihrem sonst so eintönigen Leben, und das motivierte sie. Aktuelle Forschungen bestätigen: Ältere Menschen, die nach eigenen Angaben mehr Sinn im Leben sehen, leben länger als diejenigen, die weniger Sinn erkennen.[30] Sie haben einen Grund, wieso sie morgens aufstehen – und sogar einen Grund weiterzuleben.

Tatsächlich deuten immer mehr Forschungsergebnisse darauf hin, dass ein sinnerfülltes Leben vor diversen Leiden schützen kann. So hat man beispielsweise einen Zusammenhang zwischen einem solchen Sinn und einer längeren Lebensdauer[31], einem besseren Immunsystem[32] und mehr grauer Gehirnmasse[33] erkannt. Insbesondere eine Bestimmung zu finden hat nachweislich zahlreiche gesundheitliche Vorteile. Sie senkt das Risiko für leichte kognitive Beeinträchtigungen[34], Alzheimer und Schlaganfälle[35]. Bei Menschen, die an einer Herzerkrankung leiden, verringert eine Bestimmung die Wahrscheinlichkeit eines Infarkts[36] – und wer keine Bestimmung hat, weist ein höheres Risiko für Herz-Kreislauf-Krankheiten[37] auf.

Weshalb genau Sinn und Gesundheit so eng miteinander verknüpft sind, ist noch nicht eindeutig geklärt, doch manche Psychologen spekulieren[38], dass Menschen mit einem sinnerfüllten Leben möglicherweise besser auf sich achtgeben[39]. Forschungen zeigen, dass diese Leute seltener rauchen und trinken, mehr Sport treiben, mehr schlafen und sich gesünder ernähren. Zudem neigen sie eher dazu, medizinische Vorsorgeangebote in Anspruch zu nehmen.[40] »Wenn man in sein Leben investiert«, so hat es Sinnforscher Michael Steger formuliert, »investiert man in Gesundheit.«[41] Diese Erkenntnisse haben angesichts steigender Gesundheitskosten, einer rasch alternden Bevölkerung und einer längeren Lebenserwartung auch politische Folgen. Laut Weltgesundheitsorganisation wird sich der Anteil der über 60-Jährigen bis Mitte des Jahrhunderts weltweit verdoppeln[42] – und in den Vereinigten Staaten wird im Jahr 2050 ein Fünftel der Bevölkerung älter als 65 Jahre sein.[43]

Leider lassen Forschungen erkennen, dass das Gefühl einer

Bestimmung mit zunehmendem Alter sinkt.[44] Mit dem Ruhestand wird die hauptsächliche Identität – als Mutter, Jugendtrainer, Arzt, Vorgesetzter – schwächer oder schwindet ganz, und oft fällt es schwer, die alte Rolle durch eine neue zu ersetzen. Können Sinnkulturen dabei helfen, ein gesünderes Leben zu führen? Davon sind viele innovative Köpfe überzeugt. Marc Freedman beispielsweise ist der Gründer einer Organisation namens Encore.org, die für ältere Erwachsene das tut, was das Future Project für Teenager leistet – sie regt dazu an, im Rentenalter eine neue Bestimmung zu finden.[45]

Viele Menschen stellen sich den Ruhestand als endlosen Urlaub vor, in dem man Golf spielt, Zeit am Strand verbringt oder ohne die Verantwortungen jüngerer Jahre verreisen kann. Diese Sichtweise ist durchaus verständlich. Nachdem das Leben lange mit Lernen, Familie und Arbeit ausgefüllt war, ist es ganz natürlich, dass man sich nach einer Auszeit sehnt. Problematisch ist allerdings, dass diese Einstellung dem Leben jeden Sinn nimmt. Wer nichts zu tun hat, hat auch keine Bestimmung.

Wer nichts zu tun hat, hat auch keine Bestimmung.

»Nichts ist so unerträglich für den Menschen, als sich in einer vollkommenen Ruhe zu befinden, ohne Leidenschaft, ohne Geschäfte, ohne Zerstreuung, ohne Beschäftigung«, schrieb der französische Philosoph Blaise Pascal in seinen *Pensées*. »Er wird dann sein Nichts fühlen, seine Preisgegebenheit, seine Unzulänglichkeit, seine Abhängigkeit, seine Ohnmacht, seine Leere. Unaufhörlich wird aus dem Grund seiner Seele der Ennui aufsteigen, die Schwärze, die Traurigkeit, der Kummer, der

Verzicht, die Verzweiflung.«[46] Ist ein älterer Mensch dagegen davon überzeugt, noch eine Rolle in der Gesellschaft zu spielen, behält er ein starkes Gefühl einer Bestimmung.

Freedman möchte den Ruhestand radikal umdefinieren – von reiner Freizeit hin zu einer Zeit, in der Menschen die Fähigkeiten und Erfahrungen, die sie im Laufe eines Lebens erworben haben, zum Wohle der Gesellschaft einsetzen. Encore ermöglicht dies, indem Rentner jeweils für ein Jahr an sozial engagierte Organisationen vermittelt werden. Die ehemalige Ingenieurin Pam Mulhall beispielsweise war für Encore bei einer Organisation namens Crossroads for Women in Albuquerque tätig.[47] Dort erstellte sie mit ihren technischen Fähigkeiten eine Datenbank, über die suchtkranke und obdachlose Frauen eine Unterkunft und Arbeit finden konnten. Nach ihrem Einsatz über Encore arbeiten viele Rentner in Teil- oder Vollzeit weiter bei der betreffenden Organisation oder setzen ihre Fähigkeiten für andere gemeinnützige Zwecke ein.

Neben diesem Programm führt Encore zudem ein Geschichten-Archiv von Leuten, die »Encore-Karrieren« gestartet haben – und diese Geschichten, hofft Encore, werden die Sicht auf den Ruhestand verändern und andere dazu animieren, am Lebensabend noch eine neue Bestimmung zu finden. So zum Beispiel Tom Hendershot, dessen Geschichte auf der Encore-Website erzählt wird, ein ehemaliger Polizist, der mittlerweile Dinosaurier-Kunst produziert und Ausstellungen für Museen veranstaltet.[48] Menschen wie Mulhall und Hendershot engagieren sich aktiv im »zweiten Akt« ihres Lebens, wie Freedman es nennt – und obwohl dieser zweite Akt sich oft erheblich vom ersten unterscheidet, gibt es in der Regel einen Zusammenhang zwischen der ursprünglichen beruflichen Laufbahn und der »Zugabe«.

Auch mithilfe des öffentlichen Sektors lassen sich Sinnkulturen schaffen. 2006 startete die Weltgesundheitsorganisation (WHO) das Projekt Global Age-Friendly Cities, um Kommunalpolitiker dazu anzuhalten, ihre Gemeinden altenfreundlich zu gestalten.[49] Auch die Stadt New York hat sich das Anliegen der WHO auf die Fahnen geschrieben und dient mittlerweile als Vorbild für andere Kommunen, die das Leben für ihre älteren Einwohner lebenswert gestalten wollen.[50] Der Vorsitzende der New York Academy of Medicine, Dr. Jo Ivey Boufford, war an der Festlegung der WHO-Kriterien für eine altenfreundliche Stadt beteiligt und engagierte sich für die Umsetzung des Konzepts in New York. »Age-Friendly New York City« wurde 2007 als Partnerschaft zwischen der Academy, dem Bürgermeisteramt und dem Stadtrat eingeführt und soll Gesundheit und Wohlergehen älterer Erwachsener fördern, indem die Stadt inklusions- und menschenfreundlicher wird. »Aus Sicht der Stadt«, sagt Lindsay Goldman von der Academy, die das Projekt leitet, »lohnt sich das auch finanziell. Die Förderung von Gesundheit und Wohlergehen bedeutet, dass weniger Menschen hilfebedürftig werden und Sozialversicherungsprogramme oder Leistungen der Stadt in Anspruch nehmen müssen.«

Zum Projektstart veranstalteten die Verantwortlichen kommunale Foren und Schwerpunktgruppen in den fünf Stadtbezirken, um von älteren New Yorkern zu erfahren, was ihnen an der Stadt gefiel und was nicht. Einige Aspekte kamen immer wieder zur Sprache, doch insgesamt ließen sich die allermeisten Antworten unter einem alles überspannenden Thema zusammenfassen. Wie die meisten Menschen wünschten sich auch die New Yorker einfach ein gutes, erfülltes Leben. Doch je älter sie wurden, desto schwieriger ließ sich dieses Ziel erreichen. Einige Probleme waren praktischer Natur, zum Beispiel Fußgängersicherheit und ein Mangel an erschwinglichem Wohnraum. Andere sagten, sie würden gerne weiterhin so stark am gesellschaftlichen Leben teilnehmen wie früher, fürchteten jedoch, man würde sie wegen ihres Alters ausgrenzen oder gering schätzen – manche hatten sogar schon entsprechende Erfahrungen gemacht. »Ich würde gerne etwas tun, auf das ich stolz sein kann«, sagte ein New Yorker. »Das Älterwerden macht mir nichts aus. Aber ich will noch aktiv sein.«

In den letzten zehn Jahren haben die Programmverantwortlichen den Dialog fortgesetzt und viele Initiativen gestartet, mit denen die Anregungen der älteren New Yorker umgesetzt werden. So installierte das Verkehrsamt beispielsweise an Bushaltestellen mehr Wartehäuschen mit Sitzen und durchsichtigen Wänden, in denen die Senioren es bequem hatten und sich sicher fühlen konnten. In der Stadt wurden mehr Bänke aufgestellt, um Spaziergänge zu fördern, und manche Schwimmbäder haben spezielle Öffnungszeiten nur für Senioren eingeführt, damit die älteren Menschen nicht von kleinen Kindern umgerannt werden. Diese Veränderungen sind zwar klein, aber wirkungsvoll. In einer hektischen Stadt, in der die Fortbewegung sehr anstrengend sein kann, machen diese Verbesserungen das Leben für Ältere etwas leichter und geben ihnen die Möglichkeit, besser am Leben in ihrer Gemeinschaft teilzunehmen und so das Gefühl von Zugehörigkeit zu stärken. »Die Menschen kommen zusammen«, sagte eine Frau während einer Seniorenschwimmstunde. »Und wenn man mit Leuten im eigenen Alter – in unserem Alter, sollte ich wohl sagen – zusammen ist, ist man weniger gehemmt.«

Diese altenfreundlichen Maßnahmen sollen nicht nur Unterstützung und Hilfe leisten, sondern den Senioren auch die Gelegenheit geben, ihre Stärken zum Wohle der Gemeinschaft einzusetzen – eine Bestimmung im Leben zu finden. Die Initiative Success Mentor, zu Deutsch Erfolgsmentor, bringt beispielsweise ältere Personen mit gefährdeten Schulkindern zusammen. Im Rahmen von Success Mentor betreuen und unterstützen Dutzende von Erwachsenen Schüler an Schulen in der ganzen Stadt. Dank dieser Programme erzielen die Schüler bessere Leistungen und haben seltener disziplinarische Schwierigkeiten.[51] Doch auch die Älteren profitieren: Studien zeigen, dass Erwachsene, die in ihrer Gemeinschaft ehrenamtlich als Mentoren tätig werden, körperlich und geistig bei besserer Gesundheit sind.

Pflegeheime, in denen Vernachlässigung und Misshandlung an der Tagesordnung sind, könnten schon bald ein Relikt vergangener Zeit sein, weil Sinnkulturen entstehen, die die Rolle älterer Menschen in der Gesellschaft neu definieren. Von Marc Freedman bei Encore bis hin zu den Beamten in New York erkennen immer mehr Menschen, dass ältere Erwachsene einen wichtigen Beitrag zur Gesellschaft leisten können und in dem Wunsch, sich einzubringen, unterstützt werden sollten. »Es ist schwer, ein sinnerfülltes Leben mit einer Bestimmung zu führen«, so Lindsay Goldman, »wenn man all das, was man im Leben gerne getan hat, nicht mehr kann.« Das will New York nun ändern, indem man die Möglichkeiten für ältere Erwachsene ausbaut.

Gegenseitiges Zuhören wirkt Wunder

Die Erfahrung eines größeren Ganzen und die eigene Bestimmung finden, sind nicht die einzigen Säulen, auf die sich Einrichtungen stützen, um Sinnkulturen zu schaffen. Das altenfreundliche New York City arbeitet daran, das Zugehörigkeitsgefühl älterer Menschen zu stärken, indem man betont, dass sie geschätzte Mitglieder der Gesellschaft sind. In St. Mark's und bei DreamCon kommen Menschen mit gleichen Interessen zusammen und bilden eine einzigartige Gemeinschaft. Und genauso sind die Mitarbeiter bei Life is Good ein verschworener Trupp Optimisten – und Bert und John haben eine überzeugende Geschichte geschaffen, die Ursprung und Bedeutung der Marke erläutert. Die Säulen von Zugehörigkeit und Geschichten definieren auch die Mission einer weiteren Organisation, die sich der Schaffung einer Sinnkultur widmet – StoryCorps, ein Projekt für mündliche Überlieferungen, das der Journalist Dave Isay ins Leben gerufen hat.

Isays Faszination für Geschichten begann bereits vor etlichen Jahren.[52] Nach seinem Abschluss an der New York University wollte der 22-Jährige eigentlich ein Medizinstudium anschließen, als ein Spaziergang durch das East Village sein Leben veränderte. Er kam an einem Ladenlokal vorbei, das interessant aussah, ging hinein und lernte das Besitzerehepaar kennen – Angel und Carmen Perez. Ihr Laden voller Selbsthilfebücher war für Menschen bestimmt, die eine Suchterkrankung hinter sich hatten. Im Gespräch erfuhr Isay, dass die beiden heroinabhängig gewesen waren, dass Carmen

HIV-infiziert war und dass die beiden davon träumten, vor Carmens Tod ein Suchtmuseum zu eröffnen. »Sie zeigten mir maßstabsgetreue Modelle des Gebäudes«, schrieb Isay, »die sie aus Zungenspateln und Sperrholz errichtet hatten. Sie hatten Blaupausen für jede Etage und komplexe Zeichnungen aller Ausstellungsstücke.«

Das Gespräch bewegte Isay sehr, noch am selben Tag rief er die örtlichen Fernseh- und Radiosender an, um ihnen vorzuschlagen, über Angel und Carmen zu berichten. Niemand hatte Interesse, nur eine kleine Radiostation namens WBAI. Da gerade kein Reporter verfügbar war, fragte der Nachrichtenleiter, ob Isay den Bericht selbst erstellen könnte. »Als ich zurück in den Laden kam, mich zu den beiden setzte und die Aufnahmetaste an meinem Recorder drückte«, sagte Isay, »wusste ich, dass ich das für den Rest meines Lebens tun würde.«

Die nächsten zwei Jahrzehnte lang berichtete Isay als Radioproduzent und Dokumentarreporter über, wie er es nennt, die »Underdogs in entlegenen Winkeln des Landes«. Er widmete sich den Menschen, die von der Gesellschaft für gewöhnlich übersehen werden: Häftlinge, Drogensüchtige, Obdachlose und Arme – Menschen wie Carmen und Angel. Die Interviews mit diesen Personen zeigten ihm, wie oft schon das bloße Zuhören bewirkt, dass sich das Gegenüber geschätzt, respektiert und ernst genommen fühlt. So entsteht das Gefühl von Zugehörigkeit. Wenn er seinen Interviewpartnern die üblichen Fragen stellte – Wie wollen Sie anderen in Erinnerung bleiben? Was ist Ihnen wichtig? Worauf sind Sie stolz? –, merkte er, dass sie den Rücken strafften und ihre Augen strahlten. Isay begriff, dass diese Menschen nie zuvor in dieser Weise zu ihrem Leben befragt worden waren; niemand hatte jemals echtes Interesse für ihre Geschichten gezeigt.

Als aus einer seiner Radioreportagen über eines der letzten Obdachlosen-Nachtquartiere in New York ein Buch entstand, zeigte er den Obdachlosen, die er interviewt hatte, die Druckfahnen. »Einer der Männer«, schrieb Isay, »sah sich seine Geschichte an, nahm sie in die Hände und tanzte im wahrsten Sinne des Wortes durch das alte Hotel, während er rief: ›Ich existiere! Ich existiere!‹« Isay traute seinen Augen nicht. »Mir wurde erstmals klar«, schrieb er, »wie viele Menschen unter uns sich vollkommen unsichtbar fühlen, glauben, dass ihr Leben wertlos ist, und fürchten, dass man sie irgendwann vergessen wird.« Zuhören, erkannte Isay, ist »ein Akt der Liebe« – eine Möglichkeit, Menschen das Gefühl zu geben, dass sie und ihre Geschichten wichtig sind. Forschungen bestätigen das: Gegenseitiges Geschichtenerzählen stärkt die Verbindung zwischen dem Zuhörer und dem Erzähler und gibt Menschen das Gefühl, dass das eigene Leben einen Sinn, Würde und einen Wert hat.[53]

Gegenseitiges Geschichtenerzählen gibt Menschen das Gefühl, dass ihr Leben einen Sinn, Würde und einen Wert hat.

2003 gründete Isay StoryCorps, um ganz normalen Menschen die Chance zu bieten, ihre Geschichten zu erzählen und gehört zu werden. Mit der StoryBooth, der Erzählkabine, schaffte er einen intimen Raum, in dem zwei Menschen zusammenkommen, um sich zuzuhören und so einander Wertschätzung zu zeigen. Die erste StoryBooth wurde im Bahnhof Grand Central in New York eröffnet. Diese schloss zwar 2008 wieder, doch mittlerweile gibt es neue Kabinen sowohl in New York als auch in Atlanta, Chicago und San Francisco sowie eine mobile Kabine, die durch das ganze Land reist. Was in diesen Kabinen, die wie Metallkapseln aussehen, passiert, ist immer das Gleiche: Zwei Menschen, die einander wichtig sind, treffen sich und führen 40 Minuten lang ein intimes, ungestörtes Gespräch. Dabei übernimmt die eine Person die Rolle des Fragenden, die andere erzählt aus ihrem Leben. Eine weitere Person, eine Art Moderator, nimmt das Interview auf.

Nach dem Gespräch erhalten die Teilnehmer eine Aufzeichnung ihrer Unterhaltung. Mit Erlaubnis der Teilnehmer wird eine Kopie der Aufnahme an das American Folklife Center in der Kongressbibliothek in Washington, D. C., geschickt und dort archiviert, sodass die Teilnehmer ein wenig unsterblich werden. Die Sitzungen sind kostenlos: Jeder kann einen Termin für eine Aufnahme vereinbaren, und Zehntausende haben es bereits gemacht. Isay hofft, dass StoryCorps die »Weisheit der Menschheit« bewahren kann, indem die verschiedensten Lebensgeschichten und Erinnerungen von Menschen aus dem ganzen Land zusammengetragen werden.

Doch StoryCorps verfolgt auch noch ein grundlegenderes Ziel. Mit den Geschichten möchte die Organisation bestimmte negative Aspekte der gegenwärtigen Kultur wie den Materialismus bekämpfen, der laut Forschungen dazu führt, dass die Menschen sich in erster Linie nur mit sich selbst befassen und das Leben als weniger sinnvoll empfinden.[54] 2008 führte StoryCorps den »Nationalen Tag des Zuhörens« ein, der Amerikaner dazu anregen soll, am Black Friday, dem großen Shopping-Tag nach Thanksgiving, mit Angehörigen, Freunden und Nahestehenden Gespräche und Lebensgeschichten aufzuzeichnen. 2015 taufte man diese Initiative gegen den Konsumterror in »Großes-Thanksgiving-Zuhören« um. In Zusammenarbeit mit Schulen aus dem ganzen Land forderte StoryCorps Schüler und Schülerinnen auf, die Geschichte eines älteren Verwandten per Handy-App aufzunehmen – so sollten mit einer Technologie, die Menschen oft voneinander entfremdet und isoliert, zwischenmenschliche Beziehungen aufgebaut werden. »Wir möchten die Menschen wachrütteln und ihnen vor Augen führen, was wirklich wichtig ist«, so Isay.

Im Oktober 2015 reiste ich zum StoryCorps-Büro in Chicago, um von einigen Teilnehmern zu erfahren, wie sie das Erzählen ihrer Geschichte erlebt hatten. Als ich auf ein Paar wartete, das sich noch in der Kabine befand, sprach mich eine Moderatorin namens Yvette an. Sie sagte, eine Frau, die eigentlich einen Termin für sich und ihre Freundin gemacht hatte, brauche eine Interviewpartnerin, weil die Freundin es nun doch nicht schaffe. Ob ich einspringen würde?

Die Frau hieß Mary Anna Elsey, war 51 Jahre alt und Lehrerin aus South Carolina; in Chicago war sie nur für das Wochenende.[55] Mary Anna und ich unterhielten uns erst ein paar Minuten, bevor wir uns in der Kabine an einen kleinen Tisch setzten. Yvette stellte das Mikrofon vor uns auf und schloss dann die Tür, damit uns in dem holzgetäfelten Raum keine Geräusche und äußeren Einflüsse ablenken konnten. Das Licht war gedämpft, der Raum schmucklos. Wir schalteten unsere Mobiltelefone aus. In dieser geradezu weihevollen Atmosphäre konnten Mary Anna und ich uns nur aufeinander konzentrieren. Yvette hantierte mit dem Aufnahmegerät. Dann gab sie uns stumm das Zeichen, dass wir mit dem Gespräch beginnen sollten.

Schon bevor wir die Kabine betraten, hatte ich von Mary Anna erfahren, dass sie als Baby adoptiert worden war. Nun bat ich sie, mir die Geschichte ihrer Adoption zu erzählen. »Meine Eltern stellten irgendwann fest, dass sie keine Kinder bekommen konnten«, begann sie in ihrem Südstaatenakzent. »Das war Ende der 50er-, Anfang der 60er-Jahre. Der Arzt sagte, das wäre ein zulässiger Scheidungsgrund. Doch das wollten die beiden nicht, sie entschieden sich für eine Adoption.« Das Paar adoptierte Mary Annas ältere Geschwister und nahm dann Mary Anna 1964 zu sich, als sie erst 18 Tage alt war.

Es gibt zwei Möglichkeiten, mit einer Adoption umzugehen, so Mary Anna. Entweder ist man dankbar, dass man von den Adoptiveltern angenommen wurde, oder man ist wütend, weil die leiblichen Eltern das nicht taten. Mary Anna gehörte zur ersten Gruppe. »Ich habe meine Adoption nie infrage gestellt, weil ich Mom und Dad so lieb hatte«, sagte sie. Als sie älter wurde, entwickelte Mary Anna jedoch das Bedürfnis, mehr über ihre leiblichen Eltern herauszufinden. Zwar hat sie ihre Kindheit als Zeit voller Wärme in Erinnerung, weiß allerdings noch genau, dass sie eher einzelgängerisch war und sich oft ein wenig einsam fühlte. In der Schule hatte sie immer Freunde, doch trotzdem fühlte sie sich von anderen isoliert. Auch Depressionen machten ihr zu schaffen. Sie dachte, wenn sie ihre leiblichen Eltern ausfindig machen könnte, würde sie sich selbst und ihr emotionales Durcheinander ein wenig besser verstehen.

Nachdem sie ihr zweites Kind zur Welt gebracht hatte, schrieb Mary Anna an die Behörden und bat um Informationen über ihre leiblichen Eltern. Sieben Tage später kannte sie den Namen ihrer leiblichen Mutter. Sie erfuhr, dass Effie in der Highschool Zweitbeste der ganzen Klasse gewesen war, dass sie als Krankenschwester arbeitete und nicht verheiratet war, als sie 1963 mit Mary Anna schwanger wurde. Und sie stellte fest, dass sie Effie bereits auf einer Hochzeit und auf einer Beerdigung getroffen hatte, ohne zu wissen, wer sie eigentlich war.

Außerdem erfuhr sie, dass Effie mittlerweile in Charleston lebte. Als Mary Anna ihrem Ehemann davon berichtete, schlug er vor, seinen Onkel Donald, der in Charleston als Kinderpsychologe tätig war, zu fragen, ob er Effie vielleicht kannte. »Er rief also seinen Onkel an«, erzählte Mary Anna, »und fragte: ›Donald, kennst du zufällig eine Krankenschwester namens Effie?‹ Und Donald erwiderte: ›Ja, sie steht direkt neben mir, willst du mit ihr sprechen?‹ Mein Mann sagte: ›Donald, das ist Mary Annas Mutter.‹ Er fragte ungläubig: ›Effie?‹, und sie drehte sich um und sah ihn nur an.«

Einige Wochen später trafen sich Mary Anna und Effie in Charleston bei einem herzlichen Mittagessen. Mary Anna versicherte, dass sie es gut getroffen hatte, Effie berichtete von ihren beiden Söhnen. Außerdem erklärte sie, sie habe Mary Anna zur Adoption freigegeben, weil sie der Kleinen ein besseres Leben ermöglichen wollte. Anschließend gingen die beiden Frauen getrennte Wege und begegneten sich nie wieder.

Das Treffen half Mary Anna, sich selbst und ihre Beziehung zu ihren drei Töchtern in einem anderen Licht zu sehen. »Man kann sich kaum vorstellen«, so Mary Anna, »wie es

Effie ergangen sein muss, als sie ein Baby erwartete, obwohl sie wusste, dass sie es nicht behalten konnte, und sich schließlich entschloss, das Kind wegzugeben. Inwieweit wurde meine Persönlichkeit – mein Temperament – wohl durch die Erlebnisse im Mutterleib beeinflusst?« Konnten ihre Einsamkeit und ihre Depressionen darauf zurückzuführen sein, dass sie ihre ersten 17 Tage auf der Welt in einem Kinderheim zugebracht hatte, ohne verlässliche, starke Bezugsperson? Mary Anna dachte über Effies »schwere« und »mutige« Entscheidung nach, ihr Kind aufzugeben, damit es ein besseres Leben führen konnte. Und ihr wurde klar, dass sie sich niemals zu einer solchen Entscheidung hätte durchringen können.

Bei dem Gespräch in der Kabine beschäftigte sich Mary Anna sehr mit der Mutterrolle. Sie und ihr Mann würden bald allein im Haus sein. Eine ihrer Töchter studierte Pharmazie, die andere wollte in Kürze ein Jurastudium beginnen. Und die jüngste war im letzten Jahr auf der Highschool. Da Mary Anna sich in erster Linie über die Mutterschaft definierte – vor allem deshalb, weil sie ihre eigene leibliche Mutter niemals kennengelernt hatte –, war es für sie sehr schwer, die eigenen Kinder loszulassen.

»Was bedeutet es für dich, Mutter zu sein?«, fragte ich.

Mary Anna presste die Lippen aufeinander und fächelte sich mit den Händen Luft zu. »Du bringst mich noch zum Weinen, Emily«, sagte sie lachend.

Als Mutter habe man das Ziel, erläuterte sie, die Kinder darauf vorzubereiten, in der Welt allein zurechtzukommen. Ihre größte Leistung im Leben sei es, dieses Ziel erreicht zu haben: Gemeinsam mit ihrem Mann hatte sie drei starke, selbstständige Mädchen großgezogen, die sie nicht mehr brauchten. »Das ist an der Mutterrolle so besonders schwer«, sagte Mary Anna und fing tatsächlich an zu weinen. Die nächsten Worte brachte sie nur unter Tränen hervor: »Irgendwann brauchen sie dich nicht mehr.«

»Wie soll ich jetzt einen Sinn und eine Bestimmung finden«, fragte sie, »nachdem ich meine wichtigste und anspruchsvollste Lebensaufgabe hinter mir habe?«

Das Interview war zu Ende. Mary Anna und ich verließen die Kabine und unterhielten uns noch weiter. Ich erkundigte mich, wie es für sie gewesen war, in der Kabine ihre Geschichte zu erzählen. Sie hatte es als reinigend empfunden: »Ich hatte das Gefühl, gehört zu werden«, sagte sie, »dass mir jemand zuhören wollte.« Sie habe in der Kabine Dinge gesagt, die sie in einem normalen Gespräch mit Freunden und Nahestehenden zu Hause niemals geäußert hätte. Irgendwie habe die Kabine sie veranlasst, sich zu öffnen, und das habe ihr geholfen, einen Sinn zu erkennen.

In den 40 Minuten in der Kabine hatte Mary Anna Erkenntnisse über vergangene Erlebnisse und ihre gegenwärtigen Beziehungen gewonnen. »Dass ich mich so einsam fühle«, sagte sie, »hat damit zu tun, dass ich mich niemandem anvertraue. Ich behalte meine Gedanken und Gefühle für mich. Mir ist jetzt klar, dass ich mehr mit anderen sprechen sollte – das wäre nicht nur gut für mich, sondern auch für meine Mitmenschen. Wenn wir uns etwas erzählen, erfüllt das zwei Zwecke. Wir verstehen uns selbst besser und unterstützen gleichzeitig Menschen, die das Gleiche durchmachen wie wir.«

Außerdem hinterlassen wir ein Vermächtnis. Mary Anna

kam deshalb zu StoryCorps, weil sie ihren Enkeln und Urenkeln gerne eine Aufzeichnung ihrer Geschichte hinterlassen wollte. »Gemessen an dem, was auf der Welt vor sich geht, wirken wir so unbedeutend. Nach einigen Generationen weiß niemand mehr, wer man war«, so Mary Anna. »So habe ich die Möglichkeit, dauerhafte Spuren zu hinterlassen.«

Schlusswort

Der Tod, das meinte Mary Anna, ist eine große Herausforderung, die es zu überwinden gilt, wenn man ein sinnerfülltes Leben führen will. Wenn unser Leben sowieso irgendwann enden muss und man uns schon bald vergessen wird, wo ist dann der Sinn in dem, was wir tun? Dieses Problem veranlasste Will Durant dazu, den Brief an seine Freunde zu schreiben. Da der Philosoph nicht fest an ein Leben nach dem Tod glaubte, suchte er nach »einem Sinn, der durch den Tod nicht ausgelöscht werden kann«.

Gibt es so etwas?

William Breitbart, der Leiter der Abteilung für Psychiatrie und Verhaltenswissenschaften am Memorial Sloan Kettering Cancer Center in New York, ist auf die terminale Pflege unheilbar kranker Krebspatienten spezialisiert.[1] Er hat den Großteil seines Lebens der Herausforderung gewidmet, die der Tod für den Sinn darstellt. Seine bahnbrechende Forschung zeigt: Das Schreckgespenst des Todes führt Menschen zwar oft zu dem Schluss, ihr Leben sei bedeutungslos, kann jedoch auch bewirken, dass sie darin einen Sinn erkennen wie nie zuvor. Die Beschäftigung mit dem Tod kann bei der richtigen geistigen Einstellung sogar bewirken, dass wir ein sinnerfüllteres Leben führen und Frieden finden, wenn der letzte Moment auf Erden gekommen ist.

Sinn und Tod, so glaubt Breitbart, sind zwei Seiten einer Medaille – die beiden grundlegenden Herausforderungen des menschlichen Seins. Wie soll der Mensch ein endliches Leben führen? Wie können wir dem Tod würdevoll und ohne Verzweiflung ins Gesicht blicken? Was entschädigt uns für die Tatsache, dass wir sterben werden? Diese Fragen gehen Breitbart ständig durch den Kopf, wenn er mit Patienten arbeitet, denen die letzte Hürde des Lebens bevorsteht.

Sinn und Tod sind die beiden grundlegenden Herausforderungen des menschlichen Seins.

Breitbart wurde 1951 geboren und wuchs an der Lower East Side in Manhattan auf. Seine Eltern, Juden aus Ostpolen, waren nur knapp Hitlers Konzentrationslagern entkommen. Während des Krieges hatten sie sich in den Wäldern vor den Nazis versteckt, sein Vater kämpfte im Untergrund im Widerstand. Nach Kriegsende lernten sich die beiden in einem Vertriebenenlager kennen und heirateten dort. Als sie nach Amerika kamen, brachten sie die Erinnerungen an die Kriegsjahre mit. Breitbarts Kindheit war von dieser tragischen Vergangenheit geprägt. Jeden Morgen fragte ihn seine Mutter am Frühstückstisch: »Wieso bin ich hier?« Wieso, fragte sie sich, durfte sie leben, während so viele andere gestorben waren?

»Ich wuchs mit dem Gefühl auf, ich müsse das Überleben meiner Eltern rechtfertigen und etwas in der Welt schaffen, das so bedeutsam war, dass sich mein Leben lohnte. Deshalb ist es kein Zufall«, lachte er, »dass ich im Sloan Kettering gelandet bin, wo die Bewohner gestreifte Kleidung tragen und dem Tod ins Auge schauen.«

Breitbart kam 1984 an die Klinik, weil er »am Übergang zwischen Leben und Tod« leben wollte. Damals war die AIDS-Epidemie auf ihrem Höhepunkt, unzählige junge Männer in

Breitbarts Alter starben. »Ständig wurde ich gebeten, beim Sterben zu helfen«, sagte er. Außerdem arbeitete er mit Patienten, die an Krebs im Endstadium litten. »Wenn ich deren Zimmer betrat, hörte ich: ›Ich habe nur noch drei Monate zu leben. Wenn das alles ist, hat das Leben für mich keinen Wert und keinen Sinn mehr.‹ Diese Reaktion war nicht ungewöhnlich. Man sagte mir: ›Wenn Sie mir helfen wollen, dann töten Sie mich.‹«

»Dauernd hörte ich, wie wichtig eine positive Einstellung sei«, sagte eine Frau, eine ehemalige Führungskraft bei IBM, die jetzt an Darmkrebs litt. »Ich bin aber nicht Lance Armstrong. Ich wollte lieber heute als morgen ins Grab.«[2] Wenn Tod Nichtexistenz bedeutet, so argumentierten Breitbarts Patienten, welchen Sinn kann das Leben dann haben? Und wenn das Leben keinen Sinn hat, wieso sollte man dann den Krebs erdulden?

In den 1990ern war Sterbehilfe nicht nur in Breitbarts Kreisen ein aktuelles Thema. Dr. Jack Kevorkian, damals als Dr. Death bekannt, hatte 1990 den ersten Patienten geholfen, ihrem Leben ein Ende zu setzen.[3] Nach eigenen Aussagen leistete er in den darauffolgenden acht Jahren weiteren 130 Patienten Sterbehilfe. Während man in den Vereinigten Staaten die ethischen Aspekte des assistierten Suizids diskutierte, wurde diese Praktik in anderen Ländern nach und nach zugelassen. 1996 erlaubte das Northern Territory, ein Bundesterritorium von Australien, den assistierten Suizid, hob dieses Gesetz später jedoch wieder auf. Im Jahr 2000 waren die Niederlande das erste Land, das eine Selbsttötung mit ärztlicher Unterstützung legalisierte.[4] 2006 machten die Vereinigten Staaten einen großen Schritt in diese Richtung, als das Oberste Gericht im Fall *Gonzales gegen Oregon* entschied, dass Bundesstaaten die Regelung zum assistierten Suizid selbst festlegen dürfen. Heutzutage ist dies in Kalifornien, Vermont, Montana, Washington und Oregon erlaubt.[5] 2014 veröffentlichte das *Journal of Medical Ethics* einen Bericht[6], in dem von zunehmendem »Suizidtourismus« die Rede war. Zwischen 2009 und 2012 hatte sich die Anzahl der Menschen, die nach Zürich in der Schweiz reisten, wo assistierter Suizid erlaubt ist, verdoppelt.

Je häufiger Breitbart von der Beihilfe zur Selbsttötung hörte, desto mehr fragte er sich, was genau die Todkranken dazu trieb, ihrem Leben ein Ende zu setzen. Damals arbeitete er an einer Reihe von Studien zum Thema Schmerz und Erschöpfung am Lebensende und ließ die Testpersonen deshalb zusätzlich beantworten, ob sie den Wunsch nach einem schnelleren Tod verspürten. Er ging davon aus, dass die Todkranken ihr Leben beenden wollten, weil sie schreckliche Schmerzen litten. Doch Breitbart und seine Kollegen stellten fest, dass das nicht immer zutraf. Diejenigen, die sich einen schnelleren Tod wünschten, litten unter dem Gefühl der Sinnlosigkeit, unter Depressionen und Hoffnungslosigkeit. Sie lebten in einem »existenziellen Vakuum«.[7] Auf Breitbarts Frage, wieso sie gerne assistierten Suizid in Anspruch nehmen wollten, gaben sie an, dass sie im Leben keinen Sinn mehr sahen.

Breitbart wusste, dass man Depressionen behandeln konnte – dagegen gab es Medikamente und fortschrittliche Psychotherapie –, doch gegen die Sinnlosigkeit war er machtlos. 1995 jedoch entdeckte er einen Weg. Er wurde zum Project on Death in America eingeladen, einer Initiative, die das Sterben erträglicher machen will. Breitbart und seine Projektkollegen – darunter Philosophen, ein Mönch und andere Ärzte – sprachen ausführlich über den Tod und den Sinn des Lebens, »gewürzt mit Verweisen auf Denker wie Nietzsche, Kierkegaard und Schopenhauer«, so Breitbart.

»Plötzlich erkannte ich«, erläuterte Breitbart, »wie wichtig der Sinn ist – die Suche nach einem Sinn, das Bedürfnis, einen Sinn zu schaffen, die Fähigkeit, Sinn zu erleben – die grundlegende Motivationskraft des menschlichen Verhaltens. So etwas wurde im Medizinstudium nicht gelehrt!« Breitbart war überzeugt: Wenn es ihm gelingen würde, seinen Patienten zu einem Sinn zu verhelfen, könnte er ihre Selbstmordgedanken und -wünsche reduzieren, sie vor Depressionen schützen, ihre Lebensqualität erhöhen und ihnen Hoffnung auf die Zukunft schenken. Kurz gesagt, er glaubte, er würde ihnen bis zum Ende zu einem lebenswerten Leben verhelfen.

Er entwickelte ein Gruppentherapieprogramm, bei dem sechs bis acht Krebspatienten in acht Sitzungen zu einem Beratungsworkshop zusammenkommen.[8] Jede Sitzung trägt auf spezielle Weise dazu bei, einen Sinn zu erkennen. In der ersten Sitzung werden die Patienten gebeten, sich »eine oder zwei Erfahrungen oder Augenblicke ins Gedächtnis zu rufen, in denen Ihnen das Leben besonders sinnvoll erschien – ganz gleich, ob bedeutsam oder profan«.

In der zweiten Sitzung geht es um die Identität »davor und danach« – also darum, wer die Personen *vor der Krebsdiagnose* und wer sie *nach der Diagnose* waren.[9] Die Frage »Wer bin ich?« soll sie ermutigen, die Identitäten zu erkennen, in denen sie den größten Sinn sehen. Eine Frau antwortete: »Ich bin eine

Tochter, eine Mutter, eine Großmutter, eine Schwester, eine Freundin und eine Nachbarin ... Ich kann sehr zurückhaltend sein und teile nicht immer all meine Bedürfnisse und Sorgen mit anderen. Außerdem arbeite ich in letzter Zeit daran, Liebe und Zuneigung und andere Gaben von meinen Mitmenschen anzunehmen.« Ihrer Ansicht nach veränderte sie sich durch die Krankheit: »Ich mag es nicht, wenn man sich um mich kümmert, aber ich gewöhne mich langsam daran ... genau genommen ist das vermutlich die Sache, die mir seit meiner Erkrankung am stärksten aufgefallen ist. Dass ich besser akzeptieren kann, dass andere Menschen etwas für mich tun möchten.«

In den dritten und vierten Sitzungen berichten die Patienten den anderen in der Gruppe aus ihrem Leben. »Wenn Sie auf Ihr Leben und Ihre Vergangenheit zurückschauen«, lautet die Frage, »welche Erinnerungen, Beziehungen, Traditionen und so weiter haben Sie besonders geprägt?« Zudem sprechen sie über die eigenen Erfolge, die Dinge, auf die sie stolz sind, und das, was sie noch erleben möchten. Die Patienten überlegen sich, was sie anderen Menschen vermitteln möchten. Als Hausaufgabe sollen sie einem Nahestehenden ihre Lebensgeschichte erzählen.

Die fünfte Sitzung ist eine der schwierigsten. Hier geht es um die Grenzen des Lebens – wobei der Tod die größte Grenze von allen ist. Die Patienten sprechen darüber, was für sie ein »guter« Tod ist: ob sie zu Hause oder im Krankenhaus sterben möchten, wie ihre Beerdigung aussehen wird, wie sie sich wünschen, dass ihre Familie damit zurechtkommt, und wie sie denen, die sie geliebt haben, in Erinnerung bleiben wollen.

In den nächsten beiden Sitzungen beschäftigen sie sich mit

»kreativen« und »auf Erfahrungen beruhenden« Sinnquellen – den Menschen, Orten, Projekten und Vorstellungen, durch die sie ihre wichtigsten Werte ausdrücken und eine »Verbindung zum Leben« herstellen konnten. Sie besprechen ihre Verantwortungen und »unerledigten Aufgaben« und was sie daran hindert, diese Ziele zu erreichen. Zudem werden sie gebeten, darüber nachzudenken, welche Rolle Liebe, Schönheit und Humor in ihrem Leben gespielt haben. An dieser Stelle nennen viele Menschen ihre Familien. Andere erzählen von der Arbeit oder von Hobbys wie der Gartenpflege. Die frühere IBM-Mitarbeiterin erwähnte den Anblick der Statue der Siegesgöttin Nike von Samothrake, die sie als junge Frau im Louvre gesehen hatte.

In der letzten Sitzung erörtern die Patienten ihre Hoffnungen für die Zukunft und ihr Vermächtnis, den Teil ihrer Persönlichkeit, der nach ihrem Tod weiterleben wird. Sie stellen der Gruppe ein »Vermächtnisprojekt« vor, in der Regel etwas, das darstellt, wie sie in Erinnerung bleiben möchten. Ein Mann brachte ein aus Holz geschnitztes Herz in Form der keltischen Dreifaltigkeit mit. »Das werde ich meinen Kindern vermitteln«, sagte er, »dass es ewige Liebe gibt und dass ich immer für sie da sein werde, auch wenn ich schon lange gestorben bin.«[10]

Breitbart führte drei randomisierte kontrollierte Experimente mit der sinngebenden Psychotherapie durch, die mehreren Hundert Patienten erteilt wurde.[11] Als er die Ergebnisse mit seinen Kollegen analysierte, erkannte Breitbart, dass die Therapie wirklich etwas bewirkte. Nach den acht Sitzungen hatte sich die Einstellung der Patienten zu Leben und Sterben verändert. Der drohende Tod erfüllte sie weniger mit Hoffnungslosigkeit und Angst. Sie wollten nicht mehr sterben. Ihr geistiges Wohlbefinden verbesserte sich. Sie verspürten eine höhere Lebensqualität. Und natürlich empfanden sie das Leben als sinnvoller. Diese Effekte ließen mit der Zeit nicht nach, sondern verstärkten sich sogar. Als Breitbart eine der Patientengruppen zwei Monate später erneut befragte, stellte er fest, dass sie noch häufiger Sinn und geistiges Wohlbefinden verspürten, während Angst, Hoffnungslosigkeit und der Wunsch nach einem schnellen Tod zurückgegangen waren. Die Zeitspanne zwischen der Diagnose und dem Tod, so stellte Breitbart fest, bietet die Möglichkeit zu »außerordentlichem Wachstum«.[12] Die ehemalige IBM-Mitarbeiterin beispielsweise war nach ihrer Diagnose anfangs am Boden zerstört – doch durch die Therapie erkannte sie: »Ich muss mich gar nicht so sehr anstrengen, im Leben einen Sinn zu finden. Wo ich auch hinsehe, überall gibt es Sinn zu entdecken.«[13]

> *»Wo ich auch hinsehe, überall gibt es Sinn zu entdecken.«*

Breitbarts Ideen finden großen Zuspruch. Ärzte in Italien, Kanada, Deutschland, Dänemark und anderen Ländern verwenden seine Therapiemethoden, um hoffnungslose, verzweifelte Patienten dabei zu unterstützen, einen Sinn zu erkennen. »Die Reaktion in unserem Fachbereich war gigantisch«, so Breitbart. »Früher hat sich niemand damit befasst, doch plötzlich geht es überall um das Thema Sinn.«

Breitbart hatte seine Psychotherapie zur Sinnfindung eigentlich für Todkranke entwickelt, aber die Erkenntnisse seiner Forschung können allen Menschen helfen, ein besseres Leben zu führen. Ganz gleich, wie nah oder fern der Tod für jeden von uns sein mag – der Gedanke an die Sterblichkeit zwingt uns dazu, unser Leben kritisch zu betrachten und zu überlegen, was wir daran ändern würden, um es sinnerfüllter zu gestalten. Psychologen bezeichnen es als »Sterbebett-Test«.[14] Stellen Sie sich vor, dass Ihr Leben zu Ende geht. Vielleicht hat ein schlimmer Unfall oder eine fatale Diagnose plötzlich Ihre Lebensspanne reduziert, oder Sie haben ein langes, gesundes Leben geführt und sind jetzt 80 oder 90 Jahre alt. Wenn Sie auf dem Sterbebett liegen, nur noch wenige Tage zu leben haben und darüber nachdenken, wie Sie Ihr Leben gelebt, was Sie getan oder nicht getan haben – sind Sie dann zufrieden mit dem, was Sie sehen? Haben Sie ein gutes, erfüllendes Leben geführt? Sind Sie froh, dieses Leben gehabt zu haben? Wenn Sie Ihr Leben noch einmal leben könnten, was würden Sie dann anders machen?

Viele Menschen, deren Tod tatsächlich unmittelbar bevorsteht, fürchten, dass ihr Leben nicht sinnvoll genug war. Bronnie Ware, eine ehemalige Palliativpflegerin, stellte fest, dass ihre Patienten am Lebensende fast immer ganz ähnliche Dinge bedauerten. Am häufigsten bereuten sie, nicht ihren wahren Zielen und Bestimmungen gefolgt zu sein, zu viel in die berufliche Karriere investiert und zu wenig Zeit mit den Kindern und Ehepartnern verbracht sowie den Kontakt zu ihren Freunden vernachlässigt zu haben.[15] Sie wünschten, sie hätten sich mehr Zeit für den Aufbau der Säulen des Sinns genommen.

Breitbart hat viel darüber nachgedacht, wie eine andere Personengruppe den Tod sieht – die Opfer und Überlebenden des Holocaust. Nachdem er sich dem Project on Death in America angeschlossen hatte, las er das Buch ... *trotzdem Ja zum Leben sagen. Ein Psychologe erlebt das Konzentrationslager* des Holocaust-Überlebenden Viktor Frankl, in dem dieser von seinen Erlebnissen in Konzentrationslagern berichtet. Das Buch beeindruckte Breitbart genauso wie viele Millionen anderer Menschen, und auf dieser Grundlage konzipierte er seine Therapie zur Sinnfindung. Jedem der Patienten in seiner Therapie schenkt er ein Exemplar von Frankls Buch, in der Hoffnung, dass der Kampf dieses Mannes gegen das Leid ihnen Erkenntnisse vermitteln und Trost spenden kann, auch wenn sie unter gänzlich anderen Umständen leben.

Im September 1942 wurde Frankl, ein jüdischer Psychiater und Neurologe aus Wien, verhaftet und mit seiner Frau und seinen Eltern in ein Konzentrationslager gebracht.[16] Drei Jahre später, als sein Lager befreit wurde, war der Großteil seiner Familie, darunter auch seine Frau, verstorben – er selbst jedoch, der Gefangene mit der Nummer 119104, hatte überlebt.

In ... *trotzdem Ja zum Leben sagen* beschreibt Frankl, wie wichtig es ist, im Leiden einen Sinn zu erkennen. Die Lagerinsassen verloren alles – ihre Familien, ihre Freiheit, ihre früheren Identitäten und ihren Besitz. Infolgedessen kamen viele zu dem Schluss, dass sich das Leben nicht mehr lohnte, und gaben jede Hoffnung auf. Manche sahen jedoch nach wie vor einen Sinn in ihrem Leben. Frankl erkannte, dass die Häftlinge, die selbst unter den schrecklichsten Umständen ein Gefühl von Sinn fanden oder behielten, das Leiden weitaus besser ertragen konnten als diejenigen, denen das nicht gelang. Wer einen Grund zum Überleben hatte, so argumentierte er, war angesichts von Hunger, Krankheit, Erschöpfung und der allgemeinen Entwürdigung des Lagerlebens »überlebensfähiger«.

Frankl arbeitete in den Lagern als Therapeut und berichtet in seinem Buch von zwei selbstmordgefährdeten Häftlingen, die er dort betreute. Wie viele andere in ihrem Umfeld glaubten auch diese beiden Männer, sie hätten nichts mehr, für das sich das Leben lohne. »In beiden Fällen«, schreibt Frankl, »ging es darum, ihnen klarzumachen, dass das Leben noch etwas von ihnen erwartete; in der Zukunft wurde etwas von ihnen erwartet.« Bei dem einen der Männer war es sein kleines Kind, das noch lebte. Bei dem anderen, einem Wissenschaftler, eine Buchreihe, die er gerne beenden wollte. Je mehr Häftlinge Frankl begutachtete, desto klarer wurde ihm, dass die Männer und Frauen, die das »Warum« ihrer Existenz kannten, wie Nietzsche es beschrieb, fast jedes »Wie« erdulden konnten.

Zudem war er beeindruckt davon, wie manche Menschen trotz der unmenschlichen Bedingungen ihre Würde bewahren konnten, indem sie selbst entschieden, wie sie auf das Leiden reagierten, das man ihnen und anderen auferlegte. »Wir, die wir im Konzentrationslager waren«, schrieb er, »können uns noch an die Männer erinnern, die durch die Baracken gingen, andere trösteten und ihren letzten Brotkrusten weggaben. Es mögen wenige gewesen sein, aber sie sind der lebende Beweis dafür, dass alles einem Menschen genommen werden kann, nur eines nicht: die letzte Freiheit, über den eigenen Umgang mit einer Situation zu entscheiden.«

Vor seiner Deportation hatte Frankl sich als einer der führenden Psychiater in Wien etabliert. Sein Interesse für Psychologie und die Frage nach dem Sinn war schon in jungen Jahren stark ausgeprägt gewesen. Als er etwa 13 Jahre alt war, verkündete ein Lehrer vor der Klasse: »Das Leben ist nichts anderes als ein Verbrennungsprozess, ein Oxidationsvorgang.« Davon wollte Frankl nichts wissen. »Wenn das so ist«, rief er und sprang aus der Bank auf, »was hat denn das ganze Leben dann für einen Sinn?« Einige Jahre später begann er, mit Sigmund Freud zu korrespondieren, und schickte ihm einen selbstverfassten Artikel. Freud war von Frankls Talent beeindruckt und sandte den Artikel zur Veröffentlichung an die *Internationale Zeitschrift für Psychoanalyse.* (»Ich hoffe, Sie haben dagegen keine Einwände«, schrieb Freud dem Jugendlichen.)

Während und nach dem Medizinstudium zeichnete Frankl sich weiter aus. So richtete er nicht nur ein Zentrum zur Vermeidung von Selbsttötungen bei Jugendlichen ein – ein Vorläufer seiner Arbeit in den Lagern –, sondern entwickelte auch seinen unverwechselbaren Beitrag zur Psychologie: die Logotherapie. Frankl war davon überzeugt, der Mensch habe einen »Willen zum Sinn«, und dieser Drang, im Leben einen Sinn zu finden, sei »die primäre Motivationskraft des Menschen«. Deshalb verfolgte die Logotherapie das Ziel, Not und Leid der Patienten dadurch zu lindern, dass man ihnen half, in ihrem Leben einen Sinn zu erkennen. 1941 hatten Frankls Theorien international Anerkennung gefunden, und er arbeitete als Leiter der Neurologie im Wiener Rothschild-Spital, wo er sein Leben und seine Karriere riskierte, indem er psychisch Kranken falsche Diagnosen stellte, um ihre Ermordung durch die Nazis zu verhindern.

Im gleichen Jahr stand Frankl vor einer Entscheidung, die sein Leben ändern sollte. Seine beruflichen Erfolge und die

Bedrohung durch die Nazis hatten ihn veranlasst, ein Visum für Amerika zu beantragen, das ihm auch gewährt wurde. Zu diesem Zeitpunkt hatten die Nazis bereits begonnen, Juden in Konzentrationslager zu deportieren, zunächst die älteren. Frankl wusste, es war nur eine Frage der Zeit, bis man seine Eltern holen würde. Außerdem wusste er, dass es dann seine Verantwortung sein würde, für sie da zu sein und ihnen zu helfen. Dennoch war er versucht, nach Amerika auszuwandern, wo ihn sowohl Sicherheit als auch beruflicher Erfolg erwarteten.

Frankl wusste nicht, was er tun sollte, und suchte den Stephansdom auf, um einen klaren Kopf zu bekommen. Während er der Orgelmusik lauschte, fragte er sich wieder und wieder: »Soll ich meine Eltern zurücklassen? ... Soll ich mich verabschieden und sie ihrem Schicksal überlassen?« Wo lag seine Verantwortung? Er hoffte auf einen »Wink des Himmels«.

Den fand er, als er nach Hause zurückkam. Auf dem Tisch lag ein Stück Marmor. Sein Vater erklärte, es stamme aus den Trümmern einer der Synagogen, die die Nazis zerstört hatten. Das Marmorstück zeigte ein Fragment eines der Zehn Gebote – das vierte, das verlangt, Vater und Mutter zu ehren. Daraufhin beschloss Frankl, in Wien zu bleiben und auf die Sicherheit und die große Karriere zu verzichten, die ihm in den Vereinigten Staaten geboten wurden. Er verzichtete auf ein bequemes Leben, um seiner Familie und später anderen Häftlingen in den Lagern zu dienen. Während der drei Jahre im Lager begann der Tag für Frankl meist sehr ähnlich. Er wachte vor Sonnenaufgang auf und musste mehrere Kilometer weit zu einem trostlosen Arbeitsplatz marschieren, an dem er mit seinen Mithäftlingen Gräben im gefrorenen Boden aushob, während die Nazi-Aufseher mit Gewehren und Peitschen über sie wachten. Während des Marsches pfiff der Winterwind durch ihre zerlumpte Kleidung. Sie waren halbverhungert und erschöpft, und wer vor Schwäche nicht mehr allein laufen konnte, stützte sich auf seinen Nebenmann. Im Dunkeln mühten sie sich nach Kräften, nicht über die Steine auf dem Weg zu stolpern, während die Nazis sie mit Gewehrkolben vorwärtstrieben. Wer zurückfiel, wurde von den Wachposten geschlagen und getreten.

Eines Tages gelang es Frankl, die Erniedrigung dieser morgendlichen Routine zu durchbrechen. Während er vor sich hin marschierte, wandte sich der Häftling an seiner Seite zu ihm um und flüsterte: »Wenn unsere Frauen uns jetzt sehen könnten! Hoffentlich geht's ihnen in ihren Lagern besser; hoffentlich ahnen sie nichts davon, wie es uns geht.« Diese Bemerkung führte dazu, dass Frankl an seine Frau Tilly dachte, die in ein anderes KZ gebracht worden war. Frankl wusste nicht, wo sie sich befand oder ob sie überhaupt noch lebte, doch er behielt den Gedanken an sie an diesem Morgen fest im Kopf, und das gab ihm Hoffnung. »Ich höre sie antworten«, erinnerte er sich später, »ich sehe sie lächeln, ich sehe ihren fordernden und ermutigenden Blick, und – leibhaftig oder nicht – ihr Blick leuchtet jetzt mehr als die Sonne, die soeben aufgeht.«

Dann erlebte Frankl eine Offenbarung. Während des kalten, erbarmungslosen Marsches, bei dem ihn nur die warme Erinnerung an Tilly trösten konnte, wurde ihm klar, dass er den Sinn des Lebens erkannt hatte. »Das erste Mal im Leben«, erläutert er, »erfahre ich die Wahrheit dessen, was so viele Dichter besungen haben, was so viele Denker als der Weisheit letzten Schluss herausgestellt haben.« Diese Wahrheit, so schreibt er, laute, »dass Liebe irgendwie das Letzte und das Höchste ist, zu dem sich menschliches Dasein aufzuschwingen vermag. Ich erfasste nun den Sinn des Letzten und Äußersten, was menschliches Dichten und Denken und Glauben auszusagen hat: *Der Mensch wird durch Liebe und in der Liebe erlöst.*«

> *»Der Mensch wird durch Liebe und in der Liebe erlöst.«*
> VIKTOR FRANKL

Während er über diese Gedanken nachsann, spielte sich vor ihm eine hässliche Szene ab. Ein Häftling war gestolpert und gestürzt, sodass andere Häftlinge wie Dominosteine ebenfalls umfielen. Ein Nazi-Posten kam angerannt und schlug mit der Peitsche auf sie ein. Doch nicht einmal dieser Inbegriff der Grausamkeit oder die anderen entsetzlichen Gräuel, die er bis dahin erlebt hatte oder bis zu seiner Befreiung noch erleben sollte, konnten seine neue Überzeugung erschüttern, dass der Sinn des Lebens in der Liebe lag.

»Ich erfasse«, schreibt er, »dass der Mensch, wenn ihm nichts mehr bleibt auf dieser Welt, selig werden kann, und sei es auch nur für Augenblicke, im Innersten hingegeben an das Bild des geliebten Menschen. In der denkbar tristesten äußeren Situation, in eine Lage hineingestellt, in der er sich nicht verwirklichen kann durch ein Leisten, in einer Situation, in der seine einzige Leistung in einem rechten Leiden – in einem aufrechten Leiden bestehen kann, in solcher Situation vermag der Mensch im liebenden Schauen, in der Kontemplation des geistigen Bildes, das er vom geliebten Menschen in sich trägt, sich zu erfüllen. Das erste Mal in meinem Leben bin ich imstande zu begreifen, was gemeint ist, wenn gesagt wird: ›Die Engel sind selig im endlos liebenden Schauen einer unendlichen Herrlichkeit.‹«

Die Liebe bildet natürlich den Mittelpunkt eines sinnerfüllten Lebens. Die Liebe zieht sich durch alle Säulen des Sinns und kommt auch in den Geschichten der Menschen, von denen ich berichtet habe, immer wieder zur Sprache. Denken Sie nur an die SCA-Mitglieder, die Spenden für ihren kranken Freund sammelten. Oder an Ashley Richmond, die den Giraffen im Zoo von Detroit ein schöneres Leben ermöglicht. Oder an Emeka Nnaka, der sich nach seinem Unfall für andere engagiert. Oder an Jeff Ashby, der sich dafür einsetzt, dass andere Menschen den Overview-Effekt erleben können. Oder an Shibvon, die erreichen will, dass verletzliche Kinder ein besseres Leben führen können als sie selbst.

Der Akt der Liebe beginnt mit der Definition von Sinn: Er beginnt, wenn man über das Selbst hinaus eine Verbindung zu etwas Größerem herstellt und sich dafür einsetzt. Frankl schreibt: »Mensch sein zeigt immer und ist ausgerichtet auf etwas anderes oder jemand anderes als man selbst – sei es einen Sinn zu erfüllen oder einen anderen Menschen zu treffen. Je mehr man sich selbst vergisst – indem man sich selbst einem Zweck hingibt, um zu dienen oder um von einer anderen Person geliebt zu werden, desto menschlicher ist man.«

Das ist die Kraft des Sinns. Es ist keine große Offenbarung. Es ist das Innehalten, um einen Zeitungsverkäufer zu begrüßen oder einen Kollegen aufzumuntern, der niedergeschlagen wirkt. Es ist der Einsatz für andere, damit diese gesünder leben oder Kinder ein gutes Vorbild haben. Es ist das überwältigende Gefühl unter dem Sternenzelt oder der Besuch einer mittelalterlichen Andacht. Es ist das Café für Veteranen, die es im Leben nicht leicht haben. Es ist das aufmerksame Zuhören, wenn ein geliebter Mensch seine Geschichte erzählt. Es ist die Fürsorge für eine Pflanze. Für sich genommen sind das nur kleine Gesten. Doch alle zusammen machen sie die Welt heller.

Für sich genommen sind das nur kleine Gesten. Doch alle zusammen machen sie die Welt heller.

Dank

Dass es dieses Buch überhaupt gibt, zeugt von der Großzügigkeit der Menschen, die ich meine Familie, Freunde und Kollegen nennen darf. Sie haben mich viele Jahre lang bestärkt, unterstützt und inspiriert – und falls dieses Buch wertvolle Erkenntnisse liefert, ist das ihnen zu verdanken.

Meine Eltern haben mir vorgelebt, was es bedeutet, ein sinnerfülltes Leben zu führen, mir beigebracht, welche zentrale Rolle Liebe und Mitgefühl in einem bedeutungsvollen Leben spielen, und mir geholfen, im Alltäglichen das Schöne und Gute zu erkennen – die kleinen Sinnmomente, die die Welt erhellen. Zudem bin ich ihnen auf ewig für die vielen Opfer dankbar, die sie für mich gebracht haben, dafür, dass sie mir mein Leben lang mit Rat und Tat zur Seite standen, meine Neugier förderten und mich ermutigt haben, kreativ und eigenständig zu denken. Sie kannten mich besser als ich mich selbst und halfen mir, den richtigen Weg zu finden, als ich nicht weiterwusste. Auch meinem Bruder Tristan bin ich unendlich dankbar, denn er war immer bereit, meine vielen (manchmal nervigen) Fragen zu beantworten – »Empfindest du eine Bestimmung?«, »Was gibt deinem Leben einen Sinn?«, »Denkst du je darüber nach, was dein Vermächtnis sein könnte?« und so weiter –, und offenbarte mir wichtige Erkenntnisse zum Thema Sinn. Er hat großen Anteil an dem Kapitel zur Bestimmung und lieferte mir die Perspektive eines jungen Erwachsenen zur Suche nach einem Sinn.

Ohne meine unglaublichen Agenten Bridget Wagner Matzie und Todd Shuster würde es dieses Buch nicht geben. Bridget und Todd sahen ein Potenzial, wo ich keines erkannte, und halfen mir, aus meinem Wust von Ideen ein konkretes Buchprojekt zu gestalten. Sie begleiteten mich nicht nur durch die Veröffentlichungsphase, sondern waren immer für mich da, um Ideen zu suchen, Fragen zu beantworten und zu den zahlreichen Vorschlägen und Entwürfen, die ich einschickte, Stellung zu nehmen. Fleißigere Agenten oder hilfsbereitere Freunde kann man sich nicht vorstellen.

Rachel Klayman ist die Lektorin meiner Träume: hochintelligent, kreativ, engagiert und liebenswürdig. Sie ließ ihre Liebe und Sorgfalt sowie ein hohes Maß an Begeisterung und Fachwissen in dieses Buch einfließen – und war in vielerlei Hinsicht der Superstar dieses Projekts. Die einfühlsamen Briefe, Kommentare und redaktionellen Vorschläge meiner Co-Lektorin Emma Berry haben dieses Buch entscheidend weitergebracht. Es war mir eine Ehre, mit den beiden zu arbeiten.

Das Team bei Crown hat sich unermüdlich dafür eingesetzt, dieses Buch zur Welt zu bringen, und ich danke der Werbeleiterin Rachel Rokicki, der stellvertretenden Marketingleiterin Lisa Erickson, Art Director Chris Brand und Redaktionsassistent Jon Darga. Vielen Dank auch an Kevin Callahan, Lauren Dong, Lance Fitzgerald, Wade Lucas, Mark McCauslin, Sarah Pekdemir, Annsley Rosner, Courtney Snyder, Molly Stern und Heather Williamson. Judith Kendra, Nicole Winstanley, Nick Garrison, Regine Dugardyn und meine anderen internationalen Verleger brachten dieses Werk einem weltweiten Publikum nahe.

Jonathan Haidt und Martin Seligman, die mich während der Arbeit an diesem Buch betreuten, sorgten für die intellektuelle Anleitung und Inspiration. Jon brachte mir bei, wie man bekannte Themen unter neuen Gesichtspunkten beleuchtet. Marty setzte sich von Anfang an für dieses Buch ein und war immer bereit, E-Mails zu beantworten, Entwürfe zu lesen oder sich gegen meine fehlerhafte Argumentation zur Wehr zu setzen. Auch Adam Grant bin ich zu Dank verpflichtet, denn er zeigte mir nicht nur, welche Rolle Sinn und Bestimmung in Organisationen und darüber hinaus spielen, sondern machte mich auch mit einigen faszinierenden Menschen bekannt, die ein Musterbeispiel für Sinn sind – einer von ihnen wird in diesem Buch vorgestellt. Und ohne Jeffery Hart, Marlene Heck und David Wykes hätte ich niemals den Mut gefunden, eine Laufbahn als Autorin einzuschlagen. Mein Dank geht ebenfalls an Julia Annas, Roy Baumeister, Paul Bloom, William Damon, Ed Diener, Angela Duckworth, Jane Dutton, Barbara Fredrickson, Emily Garbinsky, Veronika Huta, Scott Barry Kaufman, Laura King, Anthony Kronman, Russell Muirhead, Andrew Newberg, Ken Pargament, James Pawelski, Judy Saltzberg, Michael Steger, Roger Ulrich, Kathleen Vohs, Susan Wolf, Paul Wong und Amy Wrzesniewski, die ihr Wissen und ihre Zeit mit mir geteilt haben.

Im Laufe der Jahre gab es immer wieder Kollegen, die mich ermutigt und inspiriert haben. James Panero verdanke ich meinen ersten Job als Autorin; er war mir ein engagierter Mentor und ist ein großherziger Freund. Von Tunku Varadarajan habe ich den Wert eines eigenwilligen Geistes zu schätzen gelernt – und die schöneren Dinge im Leben. Chris Dauer hat meine Entfaltung und meine Ideen großzügig gefördert. Roger Kimball gewährte mir ein Zuhause und ein Zweitstudium bei *The New Criterion.* David Yezzi, Cricket Farnsworth, Eric Simpson, Brian Kelly, Rebecca Hecht, Mary Ross und Rebecca Litt haben für einen unterhaltsameren, anregenderen Alltag gesorgt. Susan Arellano, Melanie Kirkpatrick, Eric Kraus, Paul und Emma Simpson sowie Marisa Smith öffneten für mich Türen und machten eine Karriere als Autorin überhaupt erst möglich. Und James Hamblin von *The Atlantic* förderte die Entstehung dieses Buchs, das sich aus meinem Artikel mit dem Titel »Glücklichsein ist nicht alles im Leben« entwickelte.

Freunde spornten mich immer wieder an und waren stets bereit, mit mir über das Thema »Sinn« zu sprechen, insbesondere Jennifer Aaker, Catherine Amble, Dan Bowling, Anne Brafford, Leona Brandwene, Eleanor Brenner, Emily Brolsma, Lauren Caracciola, Meghan Danton, Taylor Dryman, Jordan und Samara Hirsch, Kian und Lexi Hudson, Liz Kahane, Willie Kalema, Zak Kelm, Taylor Kreiss, Amita Kulkarni, Emily Larson, Cory Muscara, Emma Palley, Lucy Randall, Mike Schmidt, Bit Smith, Carol Szurkowski, Ali Tanara, Layli Tanara, Paolo Terni, Dan Tomasulo, Emily Ulrich, Marcy Van Arnam, Christine Wells und David Yaden. Meine ganze große Familie hat dieses Projekt mit Liebe, Unterstützung und Ermutigung gefördert.

Jennifer Aaker, Adam Grant, Charlie Hill, Roger Kimball, Darrin McMahon, James Panero, Lucy Randall, Reb Rebele, Judy Saltzberg, Martin Seligman und David Yaden haben sich allesamt die Zeit genommen, Entwürfe dieses Buches zu lesen. Durch ihre Anmerkungen konnte ich mich als Denkerin und Autorin verbessern.

Das Kapitel zur Transzendenz hätte ohne Ginny und Mark Dameron ganz anders ausgesehen – sie sagten, am McDonald-Observatorium und in Marfa, Texas, würde ich Mysterium und Schönheit finden, und hatten damit Recht. Unseren gemeinsamen Gesprächen verdanke ich zudem tiefere Einblicke in die Sinnkulturen – und ihre Unterstützung, Begeisterung und Freude an diesem Projekt hat dazu beigetragen, dass es Gestalt annahm. Mit der Verwandtschaft habe ich wirklich Riesenglück!

Außerdem möchte ich die vielen Menschen erwähnen, die mir Einzelheiten zu ihrem Leben, ihrer Lebensaufgabe und den Quellen, aus denen sie Sinn schöpfen, anvertraut haben – von Forschern in Psychologielabors bis hin zu ganz gewöhnlichen Menschen, die ein außergewöhnliches Leben führen. Nicht alle werden in diesem Buch namentlich genannt, doch sie alle haben es in ganz bestimmter Weise mitgestaltet und inspiriert. Das Schönste an der Arbeit an diesem Buch war die Begegnung mit diesen Menschen, von denen ich mehr erfahren und lernen durfte. Viele nahmen sich auch die Zeit, die Ereignisse aus ihrem Leben und ihrer Forschungsarbeit genauer zu überprüfen. Alle Fehler oder Auslassungen, die sich noch finden, sind ganz allein mir zuzuschreiben.

Zu guter Letzt Charlie Dameron. Charlie war vom Anfang bis zum Ende der Engel an meiner Seite. Er las jeden einzelnen Projektentwurf, kommentierte jede Manuskriptfassung und war mit mir in Fort Davis, Tangier, Cleveland und an vielen anderen Orten. Gemeinsam haben wir auf der ganzen Welt nach Sinn gesucht, doch das Sinnvollste, was ich während der Arbeit an diesem Werk vollbracht habe, war die Hochzeit mit diesem wundervollen Mann, vor dem ich höchste Achtung habe. Er hat mich dazu gebracht, mich als Autorin und als Mensch weiterzuentwickeln, mir gezeigt, wie man besser und stärker liebt, und mir Selbstvertrauen verliehen, als ich voller Zweifel war. Jeder Tag mit ihm ist reicher und erfüllter als der Tag zuvor.

Anmerkungen

Vorwort

1. Vielen Dank an den Psychologen Michael Steger, einen Experten für die Sinnfrage, der mir den Zusammenhang zwischen der Geschichte von Gilgamesch und der Suche nach einem Sinn aufzeigte.
2. Dabei handelt es sich um zwei eigenständige Fragen, die jedoch eng miteinander verknüpft sind. Wer den Sinn des Lebens an sich erkannt hat, findet leichter einen Sinn im eigenen Leben, und ein sinnerfülltes Leben führt wiederum dazu, dass das Leben insgesamt als bedeutungsvoller empfunden wird. In vielen religiösen und kulturellen Traditionen geht man beispielsweise davon aus, dass ein Mensch, der ein sinnerfülltes Leben führt, den Sinn des Lebens an sich besser erkennt – dieser wiederum ist als Gott, Liebe oder Dasein definiert. Wer dagegen den Sinn des Lebens nicht kennt, so könnte man sagen, kann kaum ein sinnerfülltes Leben führen.
3. Charles Taylor behandelt in *A Secular Age* (Cambridge: Belknap Press, 2007) (dt.: *Ein säkulares Zeitalter,* Suhrkamp 2009) wie die unangefochtene Autorität der Religion in der westlichen Welt im Laufe der Zeit der Säkularisation weichen musste, in der die Religion nur noch eine Option darstellt – ein Weg von vielen, der zu einem sinnerfüllten Leben führt.
4. Tobin Grant, »Graphs: 5 Signs of the ›Great Decline‹ of Religion in America«, Religion News Service, 1. August 2014. Grant schreibt: »Die Religiosität in den Vereinigten Staaten macht gerade eine Entwicklung durch, die man als ›Großen Rückgang‹ bezeichnen könnte. Rückläufige Tendenzen in der Vergangenheit lassen sich damit nicht vergleichen. In den letzten 15 Jahren ist die Religiosität doppelt so stark zurückgegangen wie in den 1960er- und 1970er-Jahren. … Im Jahr 2013 war die Religiosität geringer als in jedem anderen Jahr, für das Messungen möglich sind«. Siehe Tobin Grant, »The Great Decline: 61 Years of Religiosity in One Graph, 2013 Hits a New Low«, Religion News Service, 5. August 2014. Eine eingehendere akademische Beschäftigung mit dem Rückgang der Religion findet sich in Tobin J.

Grant, »Measuring Aggregate Religiosity in the United States, 1952–2005«, *Sociological Spectrum* 28, Nr. 5 (2008): 460–476.

5. Taylor, *A Secular Age* (dt.: *Ein säkulares Zeitalter).* »Unsere Kultur ist von dem allgemeinen Empfinden geprägt«, schreibt Taylor, »dass mit dem Verschwinden des Transzendenten etwas verloren gegangen sein könnte«, 107.

Einleitung: Die Suche nach dem Sinn

1. Das traf zu meiner Studienzeit zu – und gilt nach wie vor für viele geisteswissenschaftliche Fakultäten –, doch in den letzten zehn Jahren hat die Beschäftigung mit dem Thema Sinn, gutes Leben und Tugend in der akademischen Philosophie eine Renaissance erlebt. Das zeigt sich z. B. in der Arbeit von Julia Annas, Susan Wolf, Kristján Kristjánsson, Nancy Snow und Franco Trivigno. In *Education's End: Why Our Colleges and Universities Have Given Up on the Meaning of Life* (New Haven: Yale University Press, 2007) behandelt Anthony T. Kronman, wieso sich die Philosophie (und die Humanwissenschaften im Allgemeinen) nicht mehr mit der Sinnfrage befassen. Der Sozialwissenschaftler Jonathan Haidt, der sich in seinem Buch *The Happiness Hypothesis* (New York: Basic Books, 2006) (dt.: *Die Glückshypothese,* VAK 2009) mit Philosophie und Psychologie befasst, schrieb an anderer Stelle, er habe das College besucht, »weil ich den Sinn des Lebens suchte, und ich dachte, ein Philosophiestudium würde mir dabei helfen. Ich war enttäuscht. Die Philosophie befasste sich mit vielen grundlegenden Fragen des Seins und Wissens, doch die Frage ›Was ist der Sinn des Lebens?‹ wurde nie behandelt.« Zitiert in Susan Wolf, *Meaning in Life and Why It Matters* (Princeton: Princeton University Press, 2010), 93.
2. Siehe Dan Berrett, »A Curriculum for the Selfie Generation«, *The Chronicle of Higher Education,* 6. Juni 2014. Zudem sprach ich mit Yale-Professor Miroslav Volf, dem Leiter des Yale Center for Faith and Culture und Gründer des Life Worth Living Program, über das auf dem Campus neu erwachte Interesse an einem Sinn (am 24. September 2014). Die Frage nach einem guten Leben hat auch in der Philosophie und Literatur Fuß gefasst. Siehe z. B. James O. Pawelski und D. J. Moores (Hg.), *The Eudaimonic Turn: Well-Being in Literary Studies* (Madison, New Jersey: Fairleigh Dickinson University Press, 2013).

3. Aktuelle Forschungen zum Thema Wohlbefinden gibt es nicht nur in der Positiven Psychologie, sondern auch in der allgemeinen Psychologie, der Wirtschaftswissenschaft und in anderen Forschungszweigen. Zudem ist festzuhalten, dass sich etliche Psychologen bereits vor dem Aufkommen der Positiven Psychologie mit dem Wohlbefinden befassten und dabei zum Teil auf die Humanwissenschaften stützten. Siehe z. B. Carol D. Ryff und Corey Lee M. Keyes, »The Structure of Psychological Well-Being Revisited«, *Journal of Personality and Social Psychology* 69, Nr. 4 (1995): 719–727; sowie Alan S. Waterman, »Two Conceptions of Happiness: Contrasts of Personal Expressiveness (Eudaimonia) and Hedonic Enjoyment«, *Journal of Personality and Social Psychology* 64, Nr. 4 (1993): 678–691. Siehe auch Richard M. Ryan und Edward L. Deci, »Self-Determination Theory and the Facilitation of Intrinsic Motivation, Social Development, and Well-Being«, *American Psychologist* 55, Nr. 1 (2000): 68–78. Andere Forscher befassten sich mit der Sinnfrage, so etwa Roy Baumeister, Laura King, Brian Little, Dan McAdams und Paul Wong.
4. An der Entstehung der Positiven Psychologie und der Entwicklung ihrer Zielsetzung waren nicht nur Sozialwissenschaftler, sondern auch Philosophen beteiligt, darunter Robert Nozick und Daniel Robinson. Wie Human- und Naturwissenschaften in der Positiven Psychologie zusammenlaufen, zeigen Christopher Peterson und Martin E. P. Seligman, *Character Strengths and Virtues: A Handbook and Classification* (New York: Oxford University Press, 2004). Siehe auch die Arbeit von James Pawelski.
5. Einen guten Überblick über die Positive Psychologie und ihre Entwicklung liefern Martin E. P. Seligman, *Authentic Happiness: Using the New Positive Psychology to Realize Your Potential for Lasting Fulfillment* (New York: Free Press, 2002) (dt.: *Der Glücks-Faktor: Warum Optimisten länger leben,* Bastei-Lübbe 2005) und *Flourish: A Visionary New Understanding of Happiness and Well-Being* (New York: Free Press, 2011) (dt.: *Flourish – Wie Menschen aufblühen: Die Positive Psychologie des gelingenden Lebens,* Kösel 2012); sowie Seligman und Mihaly Csikszentmihalyi, »Positive Psychology: An Introduction«, *American Psychologist* 55, Nr. 1 (2000): 5–14.
6. Einen empfehlenswerten Überblick über die Forschung zum Thema Glück liefert Sonja Lyubomirsky, *The How of Happiness: A New Approach to Getting the Life You Want* (New York: Penguin Books, 2008) (dt.: *Glücklich sein: Warum Sie es in der Hand haben, zufrieden zu leben,* Campus 2008) und

The Myths of Happiness: What Should Make You Happy, but Doesn't, What Shouldn't Make You Happy, but Does (New York: Penguin Books, 2014).

7. Ed Diener, ein Pionier der Glücksforschung, schickte mir am 16. April 2014 per E-Mail eine Grafik, die die Zunahme der Glücksforschung (die Forscher als subjektives Wohlbefinden bezeichnen) illustrierte.
8. Ausführlich erörtert wird der Glücks-Zeitgeist in einem Buch von John F. Schumaker, *In Search of Happiness: Understanding an Endangered State of Mind* (Westport, Connecticut: Praeger, 2007). Einen kurzen Überblick über die Geschichte des Glücksbegriffs und darüber, wie sich das Streben nach Glück in Amerika zu einem kulturellen Phänomen entwickelte, liefern Shigehiro Oishi, Jesse Graham, Selin Kesebir und Iolanda Costa Galinha in »Concepts of Happiness across Time and Cultures«, *Personality and Social Psychology Bulletin* 39, Nr. 5 (2013): 559–577.
9. Carlin Flora, »The Pursuit of Happiness«, *Psychology Today*, 1. Januar 2009.
10. Nach meiner eigenen Analyse anhand von Google Trends im Jahr 2013.
11. Rhonda Byrne, *The Secret* (New York: Atria Books, 2006), 100 (dt.: *The Secret – Das Geheimnis*, Arkana 2007).
12. Die steigende Anzahl von Depressionserkrankungen und Selbsttötungen wird in Kap. 1 erörtert, die zunehmende soziale Isolation und deren Folgen in Kap. 2.
13. Siehe Iris B. Mauss, Maya Tamir, Craig L. Anderson und Nicole S. Savino, »Can Seeking Happiness Make People Unhappy? Paradoxical Effects of Valuing Happiness«, *Emotion* 11, Nr. 4 (2011): 807–815. Weitere Forschungen von Mauss zeigen auf, wie das Streben nach Glück einsam macht: Iris B. Mauss, Nicole S. Savino, Craig L. Anderson, Max Weisbuch, Maya Tamir und Mark L. Laudenslager, »The Pursuit of Happiness Can Be Lonely«, *Emotion* 12, Nr. 5 (2012): 908. Mehr dazu, wie das gezielte Streben nach Glück unglücklich macht, findet sich in Teil vier bei Jonathan W. Schooler, Dan Ariely und George Loewenstein, »The Pursuit and Assessment of Happiness Can Be Self-Defeating«, in Isabelle Brocas und Juan D. Carrillo (Hg.), *The Psychology of Economic Decisions: Volume 1: Rationality and Well-Being* (Oxford: Oxford University Press, 2003), 41 – 70. Die Vorzüge des Glücklichseins sowie die Nachteile, die entstehen, wenn man dem Glück übergroßen Wert beimisst, erörtern June Gruber, Iris B. Mauss und Maya Tamir in »A Dark Side of Happiness? How, When, and Why Happiness Is Not Always Good«, *Perspectives on Psychological Science* 6, Nr. 3 (2011): 222–233.

In einer anderen Abhandlung, die die Erkenntnisse aus zwei Studien darlegt, betonten Sozialwissenschaftler, dass der »die Kultur durchdringende Wert, der dem Glück beigemessen wird, einen Risikofaktor für Symptome und Diagnose einer Depression darstellen kann«: Brett Q. Ford, Amanda J. Shallcross, Iris B. Mauss, Victoria A. Floerke und June Gruber, »Desperately Seeking Happiness: Valuing Happiness Is Associated with Symptoms and Diagnosis of Depression«, *Journal of Social and Clinical Psychology* 33, Nr. 10 (2014): 890–905.

14. John Stuart Mill, *Utilitarianism* (Indianapolis: Hackett Publishing Company, 2001), 10 (dt.: *Der Utilitarismus*, Reclam 2006).
15. Dieses Zitat stammt aus Robert Nozick, *The Examined Life: Philosophical Meditations* (New York: Touchstone, 1989), 100 (dt.: *Vom richtigen, guten und glücklichen Leben*, dtv 1993). Die übrigen Angaben zur Erlebnismaschine stammen aus *The Examined Life*, 99–108 sowie von Nozick, *Anarchy, State, and Utopia* (New York: Basic Books, 2013), 43–45 (dt.: *Anarchie – Staat – Utopia*, Lau Verlag 2011).
16. Siehe Ed Diener und Shigehiro Oishi, »Are Scandinavians Happier than Asians? Issues in Comparing Nations on Subjective Well-Being«, in Frank Columbus (Hg.), *Asian Economic and Political Issues: Volume 10* (Hauppauge, New York: Nova Science, 2004), 1–25; Shigehiro Oishi, Ed Diener und Richard E. Lucas, »The Optimum Level of Well-Being: Can People Be Too Happy?« *Perspectives on Psychological Science* 2, Nr. 4 (2007): 346–360, und Schumaker, *In Search of Happiness*.
17. Die Analyse in diesem Absatz stammt hauptsächlich von Nozick, *The Examined Life*. Dort schreibt er: »Uns ist wichtig, was wirklich geschieht … Wir wünschen uns eine bedeutsame Verbindung zur Realität und wollen nicht in einer Trugwelt leben.« In *Anarchy, State, and Utopia* nennt er drei miteinander verknüpfte Gründe, aus denen wir die Erlebnismaschine ablehnen. Erstens wollen wir »bestimmte Dinge *tun*«, zweitens »wollen wir eine bestimmte Person *sein*«, und drittens würde uns »die Erlebnismaschine auf eine Welt beschränken, die nur so viel Tiefgang und Bedeutung haben kann, wie sich der Mensch vorzustellen vermag«, 43.
18. Siehe z. B. Richard M. Ryan und Edward L. Deci, »On Happiness and Human Potentials: A Review of Research on Hedonic and Eudaimonic Well-Being«, *Annual Review of Psychology* 52, Nr. 1 (2001): 141–166; Veronika Huta und Alan S. Waterman, »Eudaimonia and Its Distinction from Hedonia:

Developing a Classification and Terminology for Understanding Conceptual and Operational Definitions«, *Journal of Happiness Studies* 15, Nr. 6 (2014): 1425–1456; sowie Corey L. M. Keyes und Julia Annas, »Feeling Good and Functioning Well: Distinctive Concepts in Ancient Philosophy and Contemporary Science«, *The Journal of Positive Psychology* 4, Nr. 3 (2009): 197–201. Zudem betonen Forscher, dass sich unsere Motivation unterscheidet – manche Menschen motiviert das Streben nach Glück, andere das Streben nach einem Sinn, und das wirkt sich wiederum auf ihr Verhalten und ihr Empfinden aus. Mehr zu den verschiedenen Sichtweisen auf das Wohlbefinden erfährt man bei Christopher Peterson, Nansook Park und Martin E. P. Seligman, »Orientations to Happiness and Life Satisfaction: The Full Life Versus the Empty Life«, *Journal of Happiness Studies* 6, Nr. 1 (2005): 25–41; Veronika Huta, »The Complementary Roles of Eudaimonia and Hedonia and How They Can Be Pursued in Practice«, in Stephen Joseph (Hg.), *Positive Psychology in Practice: Promoting Human Flourishing in Work, Health, Education and Everyday Life,* (Hoboken, New Jersey: John Wiley & Sons, 2015), 159–168; Veronika Huta, »An Overview of Hedonic and Eudaimonic Well-Being Concepts«, in Leonard Reinecke und Mary Beth Oliver (Hg.), *Handbook of Media Use and Well-Being,* Kap. 2 (New York: Routledge, 2015); sowie Veronika Huta, »Eudaimonic and Hedonic Orientations: Theoretical Considerations and Research Findings«, in Joar Vittersø (Hg.), *Handbook of Eudaimonic Well-Being* (Dordrecht, Niederlande: Springer, 2016).

19. Das Material in diesem Absatz stammt zum größten Teil von Darrin M. McMahon, *Happiness: A History* (New York: Grove Press, 2006). Zudem habe ich ein Gespräch mit McMahon geführt und ihm von 2014 bis 2016 etliche E-Mails geschrieben.
20. Sigmund Freud, *Civilization and Its Discontents* (New York: W. W. Norton & Company, 1989), 25 (dt.: *Das Unbehagen in der Kultur).* Freud selbst hielt das Glücklichsein nicht für den Sinn des Lebens, glaubte aber, dass die meisten Menschen dies tun.
21. Zitiert in Michael F. Steger, Todd B. Kashdan und Shigehiro Oishi, »Being Good by Doing Good: Daily Eudaimonic Activity and Well-Being«, *Journal of Research in Personality* 42, Nr. 1 (2008): 22–42.
22. Zitiert in McMahon, *Happiness,* 218.
23. Sozialwissenschaftler messen das Glücksempfinden auf unterschiedliche Weise. Besonders häufig kommt die Subjektive Wohlbefindensskala zum

Einsatz, mit der die Forscher das hedonische Glücksgefühl ermitteln; das erläutern Ryan und Deci in »On Happiness and Human Potentials« sowie Todd B. Kashdan, Robert Biswas-Diener und Laura A. King in »Reconsidering Happiness: The Costs of Distinguishing between Hedonics and Eudaimonia«, *The Journal of Positive Psychology* 3, Nr. 4 (2008): 219–233. Die Subjektive Wohlbefindensskala umfasst zwei Unterskalen, nämlich den PANAS (Positive-Affektivität-Negative-Affektivität-Fragebogen), der den emotionalen und affektiven Zustand misst, und die Skala zur Beurteilung der Lebenszufriedenheit, in der die Befragten Aussagen wie »Meine Lebensbedingungen sind hervorragend« und »Bislang habe ich im Leben alles erreicht, was mir wichtig war« bewerten sollen. Andere Verfahren zur Messung des Glücksempfindens erläutern Sonja Lyubomirsky und Heidi S. Lepper, »A Measure of Subjective Happiness: Preliminary Reliability and Construct Validation«, *Social Indicators Research* 46, Nr. 2 (1999): 137–155; Daniel Kahneman, Alan B. Krueger, David A. Schkade, Norbert Schwarz und Arthur A. Stone, »A Survey Method for Characterizing Daily Life Experience: The Day Reconstruction Method«, *Science* 306, Nr. 5702 (2004): 1776–1780; Daniel Kahneman, »Objective Happiness«, in Daniel Kahneman, Edward Diener und Norbert Schwarz (Hg.), *Well-Being: The Foundations of Hedonic Psychology* (New York: Russell Sage Foundation, 1999), 3–25; sowie Mihaly Csikszentmihalyi und Jeremy Hunter, »Happiness in Everyday Life: The Uses of Experience Sampling«, *Journal of Happiness Studies* 4, Nr. 2 (2003): 185–199. Mit diesen Methoden wird das hedonische Glücksempfinden gemessen, andere Forscher liefern jedoch eine weiter gefasste Definitionen von Glück. In *Authentic Happiness* (dt.: *Der Glücks-Faktor)* argumentiert Seligman beispielsweise, Glück beruhe auf drei Säulen: positiven Gefühlen, Engagement und Sinn. Später fasste er ein gutes Leben weiter und nahm auch die Säule Beziehungen und Zielerreichung in die Definition auf. Dieses neue Modell bezeichnete er als »Theorie des Wohlbefindens« oder »Aufblühen« im Gegensatz zu »echtem Glücklichsein« (siehe Seligman, *Flourish*). Interessanterweise sprechen Psychologen, wenn ihre Definitionen des Wohlbefindens über positive Empfindungen und Gefühle hinausgehen, meist nicht von Glücklichsein, sondern wählen Begriffe wie Aufblühen oder psychologisches Wohlbefinden.

24. Man könnte einwenden, *hedonia* und *eudaimonia* seien im Grunde nur zwei verschiedene Arten des Glücklichseins, von denen sich die eine auf Genuss

und die andere auf den Sinn stützt. Allerdings wird Glück in unserer Kultur gemeinhin als Zustand verstanden, der von guten Gefühlen, positiven Emotionen und Genuss geprägt ist, während *eudaimonia*, oder ein sinnerfülltes Leben, ein aktiver Zustand ist, der anstrengend sein und negative Emotionen mit sich bringen kann. Deshalb habe ich mich dazu entschlossen, diese Unterscheidung vorzunehmen. Zudem sind die Begriffe »Sinn« und »eudaimonia« bei mir gleichbedeutend, da meine Definition von Sinn im Wesentlichen die verschiedenen Aspekte der *eudaimonia* umfasst, welche die verschiedenen in diesem Absatz zitierten Quellen anführen.

25. Der Absatz über Aristoteles stützt sich auf Aristoteles, *The Nicomachean Ethics* (dt.: *Die Nikomachische Ethik)*, Eintrag »Ethik des Aristoteles« in der *Stanford Encyclopedia of Philosophy*, plato.stanford.edu/entries/aristotle-ethics/; Gespräch der Autorin mit der Philosophin Julia Annas am 23. September 2014 und späterer E-Mail-Verkehr; sowie McMahon, *Happiness*.
26. Julia Annas erläuterte mir im Gespräch, dass das, was Aristoteles mit *eudaimonia* meinte, nach Ansicht der Philosophie mit dem Begriff »Glück« nicht adäquat ausgedrückt wird. Siehe auch Rosalind Hursthouse, *On Virtue Ethics* (Oxford: Oxford University Press, 1999), die schreibt, *»eudaimonia* lässt sich besser mit ›Aufblühen‹ übersetzen als mit ›Glück‹«, 10.
27. Aristoteles, *The Nicomachean Ethics*, 6.
28. Aristoteles glaubte auch, ein Mensch könne nur aufblühen, wenn bestimmte äußere Umstände – genügend Geld, Freunde, günstiges Schicksal und Gesundheit – erfüllt sind.
29. Siehe beispielsweise Ryan und Deci, »On Happiness and Human Potentials«; Huta und Waterman, »Eudaimonia and Its Distinction from Hedonia«; Carol D. Ryff, »Psychological Well-Being Revisited: Advances in the Science and Practice of Eudaimonia«, *Psychotherapy and Psychosomatics* 83, Nr. 1 (2013): 10–28; sowie Steger et al., »Being Good by Doing Good«.
30. Die konkrete Definition in der Psychologie lautet Genuss, positive Gefühle, Behagen, Nichtvorhandensein von Belastungen und negativen Gefühlen sowie Vergnügen.
31. Siehe Steger et al., »Being Good by Doing Good«.
32. Veronika Huta und Richard M. Ryan, »Pursuing Pleasure or Virtue: The Differential and Overlapping Well-Being Benefits of Hedonic and Eudaimonic Motives«, *Journal of Happiness Studies* 11, Nr. 6 (2010): 735–762.
33. Richard M. Ryan, Veronika Huta und Edward L. Deci, »Living Well: A Self-

Determination Theory Perspective on Eudaimonia«, in Antonella Delle Fave (Hg.), *The Exploration of Happiness: Present and Future Perspectives* (Dordrecht, Niederlande: Springer Science+Business Media, 2013), 119.

34. Siehe Michael F. Steger, »Meaning in Life: A Unified Model«, in Shane J. Lopez und Charles R. Snyder (Hg.), *The Oxford Handbook of Positive Psychology,* dritte Auflage (Oxford: Oxford University Press, im Druck); sowie Roy Baumeister, *Meanings of Life* (New York: The Guilford Press, 1991).
35. Siehe beispielsweise Kashdan et al., »Reconsidering Happiness«.
36. In den folgenden Abhandlungen erläutert Huta diese Unterscheidung zwischen Sinn und Glück sehr anschaulich. Sowohl *hedonia* als auch *eudaimonia,* so stellt sie dar, beziehen sich in unterschiedlicher Weise auf die psychische Gesundheit, und beide können auf die Spitze getrieben werden, obwohl der Sinn laut Forschungen eine höhere und prosozialere Form des Wohlbefindens darstellt als *hedonia:* Huta, »The Complementary Roles of Eudaimonia and Hedonia and How They Can Be Pursued in Practice«; Huta, »An Overview of Hedonic and Eudaimonic Well-Being Concepts«; und Huta, »Eudaimonic and Hedonic Orientations«.
37. Roy F. Baumeister, Kathleen D. Vohs, Jennifer L. Aaker und Emily N. Garbinsky, »Some Key Differences between a Happy Life and a Meaningful Life«, *The Journal of Positive Psychology* 8, Nr. 6 (2013): 505–516.
38. Die Forscher ermittelten nicht, welche Menschen viel Sinn und wenig Glück oder viel Glück und wenig Sinn verspürten. Vielmehr stellten sie fest, welches Maß an Glück und Sinn jeder Einzelne angab, und stellten dann eine Verbindung zwischen den einzelnen Variablen her. Sie schreiben: »Sinnerfüllung und Glück sind positiv korreliert und haben damit viel gemeinsam. Viele Faktoren, wie die Verbundenheit mit anderen Menschen, das Gefühl von Produktivität und dass man nicht einsam oder gelangweilt ist, fördern beides gleichermaßen. Dennoch unterscheiden sie sich auch, und diese Untersuchung soll die wesentlichen Unterschiede in den Korrelaten von Glück (korrigiert um Sinn) und Sinnerfüllung (korrigiert um Glück) ermitteln.«
39. Bei der Analyse von fünf Datensätzen zu fast 3000 Menschen stellte Huta bei 33 Prozent der Teilnehmer viel Glück und wenig Sinn fest, bei 26 Prozent viel Sinn und wenig Glück, bei 20 Prozent hohe Werte für beides und bei weiteren 20 Prozent geringe Werte für beides – somit gibt es einen Unterschied zwischen Glück und Sinn. E-Mail an die Autorin vom 28. Oktober 2014.

40. Huta und Ryan, »Pursuing Pleasure or Virtue«, Studie 4.
41. John Stuart Mill, *Autobiography* (London: Penguin Books, 1989), 117 (dt.: *Autobiographie*, Philosophie Bibliothek 2011).
42. Siehe, wie bereits erwähnt, Huta und Ryan, »Pursuing Pleasure or Virtue«; Peterson et al., »Orientations to Happiness and Life Satisfaction« sowie Steger et al., »Being Good by Doing Good«. Siehe auch Keyes und Annas, »Feeling Good and Functioning Well«, deren Erkenntnisse implizieren, dass Sinn wirkungsvoller vor psychischen Erkrankungen schützt als Glück, wie Keyes mir in einer E-Mail vom 31. März 2016 erläuterte. Zudem sagte er, man habe herausgefunden, dass *eudaimonia* besser vor dem Tod schütze als *hedonia*. Eine weitere Studie kam zu der Erkenntnis, dass *eudaimonia* im Gegensatz zu *hedonia* mit einer gesünderen genetischen Signatur in Verbindung gebracht wird: Barbara L. Fredrickson, Karen M. Grewen, Kimberly A. Coffey, Sara B. Algoe, Ann M. Firestine, Jesusa M. G. Arevalo, Jeffrey Ma und Steven W. Cole, »A Functional Genomic Perspective on Human Well-Being«, *Proceedings of the National Academy of Sciences* 110, Nr. 33 (2013): 13684–89. Zudem kann das Streben nach Glück, wie bereits erläutert, unglücklich machen. Mittlerweile deuten Forschungsergebnisse darauf hin, dass bedeutungsvolles Verhalten wie freundliche Gesten, die Äußerung von Dankbarkeit, das Festlegen bedeutsamer Ziele sowie die Pflege sozialer Beziehungen das Glücklichsein fördert. Eine Zusammenfassung dieser Forschung findet sich bei Lyubomirsky, *The How of Happiness* (dt.: *Glücklich sein).*
43. Geläufiger ist die Schreibweise »Derwisch«, zum Beispiel von den drehenden Derwischen. »Darwisch« ist die persische Transliteration.
44. Diese Zeile stammt aus dem Sufi-Gedicht »Das Matnawi«. Im Versammlungshaus wurde es immer auf Farsi gesungen, die englische Übersetzung stammt von meinen Eltern Tim und Fataneh Smith.
45. Farid ud-Din Attar, *The Conference of the Birds*, translated by Afkham Darbandi and Dick Davis (New York: Penguin Classics, 1984), 30 (dt.: *Die Konferenz der Vögel*, Marix-Verlag 2008).
46. Mehr zum Sufismus bei Javad Nurbakhsh, *Discourses on the Sufi Path* (New York: Khaniqahi Nimatullahi Publications, 1996) und *Der Pfad: Sufi Praxis* (Verlag Khanigah-i Nimatullahi, 2010); Seyyed Hossein Nasr, *The Garden of Truth* (PT Mizan Publika, 2007); Robert Frager und James Fadiman, *Essential Sufism* (New York: Harper-Collins, 1999).

Die Sinnkrise

1. Die Angaben zur Biografie von Durant stammen aus Will Durant, *Fallen Leaves: Last Words on Life, Love, War, and God* (New York: Simon & Schuster, 2014), *On the Meaning of Life* (Dallas, Texas: Promethean Press, 2005), *Transition: A Mental Autobiography* (New York: Touchstone, 1955); sowie Will und Ariel Durant, *A Dual Autobiography* (New York: Simon & Schuster, 1977).
2. Martin E. P. Seligman, *The Optimistic Child: A Proven Program to Safeguard Children Against Depression and Build Lifelong Resilience* (Boston: Houghton Mifflin, 2007).
3. Laura A. Pratt, Debra J. Brody und Qiuping Gu, »Antidepressant Use in Persons Aged 12 and Over: United States, 2005–2008«, National Center for Health Statistics Data Brief Nr. 76, Oktober 2011.
4. Zitiert in T. M. Luhrmann, »Is the World More Depressed?«, *New York Times*, 24. März 2014.
5. David M. Cutler, Edward L. Glaeser und Karen E. Norberg, »Explaining the Rise in Youth Suicide« in Jonathan Gruber (Hg.), *Risky Behavior Among Youths: An Economic Analysis* (Chicago: University of Chicago Press, 2001), 219–270.
6. Sabrina Tavernise, »U.S. Suicide Rate Surges to a 30-Year High«, *New York Times*, 22. April 2016. Aktuell liegt die Selbstmordrate bei 13 Fällen pro 100 000 Einwohner. Zum Vergleich: Im Jahr 1932 während der Großen Depression erreichte die Suizidrate in den Vereinigten Staaten ihren Höchstwert (22,1 Fälle pro 100 000 Einwohner), am niedrigsten war sie im Jahr 2000 (10,4 Fälle pro 100 000 Einwohner). Siehe auch »CDC: US Suicide Rate Hits 25-Year High«, Associated Press, 8. Oktober 2014; Feijun Luo, Curtis S. Florence, Myriam Quispe-Agnoli, Lijing Ouyang und Alexander E. Crosby, »Impact of Business Cycles on US Suicide Rates, 1928–2007«, *American Journal of Public Health* 101, Nr. 6 (2011): 1139–1146; und Tony Dokoupil, »Why Suicide Has Become an Epidemic – And What We Can Do to Help«, *Newsweek*, 23. Mai 2013.
7. »Suicide: Facts at a Glance«, Centers for Disease Control, cdc.gov/violenceprevention/pdf/suicide_factsheet-a.pdf.
8. Nach Schätzungen der Weltgesundheitsorganisation nehmen sich jedes Jahr mehr als 800 000 Menschen das Leben. Siehe »Suicide Data«, who.int/mental_health/prevention/suicide/suicideprevent/en.

9. Shigehiro Oishi und Ed Diener, »Residents of Poor Nations Have a Greater Sense of Meaning in Life than Residents of Wealthy Nations«, *Psychological Science* 25, Nr. 2 (2014): 422–430.
10. Die Selbstmordraten stammen von der WHO, »Suicide Rates Data by Country«, http://apps.who.int/gho/data/node.main.MHSUICIDE?lang=en.
11. Maia Szalavitz, »Why the Happiest States Have the Highest Suicide Rates«, *Time*, 25. April 2011.
12. Diese Erkenntnisse stammen aus einer von den Centers for Disease Control (CDC) unterstützten repräsentativen Stichprobe unter erwachsenen US-Bürgern. Die Forscher stellten fest, dass ein Viertel aller Amerikaner die Aussage »Ich habe eine feste Vorstellung davon, was meinem Leben einen Sinn verleiht«, entschieden verneinten, teilweise verneinten oder neutral sahen. Und die Aussage »Ich habe einen erfüllenden Lebenszweck gefunden« wurde von 40 Prozent entschieden verneint, teilweise verneint oder neutral gesehen. Siehe Rosemarie Kobau, Joseph Sniezek, Matthew M. Zack, Richard E. Lucas und Adam Burns, »Well-Being Assessment: An Evaluation of Well-Being Scales for Public Health and Population Estimates of Well-Being among US Adults«, *Applied Psychology: Health and Well-Being* 2, Nr. 3 (2010): 272–297.
13. Huston Smith, *The World's Religions* (New York: HarperCollins, 1991), 276 (dt.: *Die sieben großen Religionen der Welt*, Goldmann 2004).
14. Informationen über Tolstois Leben habe ich aus den folgenden Quellen bezogen: Leo Tolstoy, *Confession*, as translated by David Patterson (New York: W. W. Norton & Company, 1983) (dt.: Leo Tolstoi, *Meine Beichte*, Insel 2010); Rosamund Bartlett, *Tolstoy: A Russian Life* (New York: Houghton Mifflin Harcourt, 2011); A. N. Wilson, *Tolstoy* (New York: W. W. Norton & Company, 1988); sowie Gary Saul Morson, »Leo Tolstoy«, Britannica.com.
15. In seiner Tolstoi-Biografie rät Wilson, man solle Tolstois Rückschau auf das eigene Leben nur unter Vorbehalt lesen. Vor seinem Zusammenbruch hat die Frage nach Sinn und Moral Tolstoi eindeutig sehr zu schaffen gemacht – und genauso offensichtlich erlebte er in dieser Lebensphase eine Sinnkrise.
16. Meine Kenntnisse über Camus' Lebensgeschichte und Überzeugungen stammen in erster Linie von Robert Zaretsky, *A Life Worth Living: Albert Camus and the Quest for Meaning* (Cambridge, Massachusetts: Belknap Press, 2013); Olivier Todd, *Albert Camus: A Life* (New York: Carroll & Graf, 2000) (dt.: *Albert Camus: Ein Leben*, Rowohlt 1999); sowie Albert Camus, *The Myth of Sisyphus*

and Other Essays (New York: Vintage International, 1991) (dt.: *Der Mythos des Sisyphos,* Rowohlt 2000).

17. Das betont Terry Eagleton, zitiert in Zaretsky, *A Life Worth Living.*
18. Jean-Paul Sartre, *Existentialism and Human Emotions* (New York: Citadel, 1987), 49 (dt.: *Der Existentialismus ist ein Humanismus,* Rowohlt 2000).
19. Antoine de Saint-Exupéry, *The Little Prince,* translated by Richard Hough (Boston: Mariner Books, 2000) (dt.: *Der kleine Prinz,* Karl Rauch Verlag 2004). Die Zitate stehen nicht in der richtigen Reihenfolge. Der Prinz begegnet zunächst dem Fuchs und zähmt ihn, während der Fuchs dem Prinzen erklärt, wieso es sich lohnt, etwas zu zähmen. Dann erzählt er dem Prinzen, wenn er zu den Rosen zurückkehre, werde er erkennen, wieso seine eigene Rose etwas Besonderes sei. Als der Prinz zurückkommt, sagt ihm der Fuchs, für das, was man sich vertraut gemacht habe, sei man für immer verantwortlich. Das jedoch hatte der Prinz bereits beim Anblick der Rosen gelernt.
20. Michael I. Norton, Daniel Mochon und Dan Ariely, »The ›IKEA Effect‹: When Labor Leads to Love«, *Journal of Consumer Psychology* 22, Nr. 3 (2012): 453–460.
21. Gene Smiley, »Great Depression«, aus *Concise Encyclopedia of Economics,* econlib.org/library/Enc/GreatDepression.html.
22. Luo et al., »Impact of Business Cycles on US Suicide Rates, 1928–2007«.
23. Der Zusammenhang zwischen Arbeitslosigkeit und Selbstmord ist eindeutig erwiesen. Einige beispielhafte Studien zu diesem Thema sind Glyn Lewis und Andy Sloggett, »Suicide, Deprivation, and Unemployment: Record Linkage Study«, *British Medical Journal* 317, Nr. 7168 (1998): 1283–1286; Stephen Platt, »Unemployment and Suicidal Behaviour: A Review of the Literature«, *Social Science & Medicine* 19, Nr. 2 (1984): 93–115; sowie A. Milner, A. Page und A. D. Lamontagne, »Cause and Effect in Studies on Unemployment, Mental Health and Suicide: A Meta-analytic and Conceptual Review«, *Psychological Medicine* 44, Nr. 5 (2014): 909–917.
24. David Friend und die Herausgeber von *Life, The Meaning of Life: Reflections in Words and Pictures on Why We Are Here* (Boston: Little, Brown and Company, 1991).

DIE ERSTE SÄULE: Sich zugehörig fühlen

1. Ich war zweimal auf Tangier, am 27. Mai 2013 und am 15. und 16. November 2014. Meine Schilderung fasst die Eindrücke von beiden Aufenthalten

zusammen. Das Gespräch mit Edward Pruitt führte ich am 8. September 2015. Zudem informierte ich mich aus folgenden Quellen über Tangier: Kirk Mariner, *God's Island: The History of Tangier* (New Church, Virginia: Miona Publications, 1999); Kate Kilpatrick, »Treasured Island«, *Aljazeera America*, 11. Mai 2014; »As Bones of Tangier Island's Past Resurface, Chesapeake Bay Islanders Fret about Their Future«, Associated Press, 23. April 2013; und Harold G. Wheatley, »This Is My Island, Tangier«, *National Geographic*, November 1973.

2. Nathaniel M. Lambert, Tyler F. Stillman, Joshua A. Hicks, Shanmukh Kamble, Roy F. Baumeister und Frank D. Fincham, »To Belong Is to Matter: Sense of Belonging Enhances Meaning in Life«, *Personality and Social Psychology Bulletin* 39, Nr. 11 (2013): 1418–1427.
3. Roy F. Baumeister und Mark R. Leary, »The Need to Belong: Desire for Interpersonal Attachments as a Fundamental Human Motivation«, *Psychological Bulletin* 117, Nr. 3 (1995): 497–529.
4. Das Material für diesen Abschnitt stammt von Deborah Blum, *Love at Goon Park: Harry Harlow and the Science of Affection* (New York: Basic Books, 2011), 31–60 (dt.: *Die Entdeckung der Mutterliebe: Die legendären Affenexperimente des Harry Harlow*, Beltz 2010); Robert Karen, *Becoming Attached: First Relationships and How They Shape Our Capacity to Love* (Oxford: Oxford University Press, 1998), 13–25; sowie René Spitz, *Trauer: Eine Bedrohung im Säuglingsalter*, Video aus dem Jahr 1947, canal-u.tv/video/cerimes/absence_maternelle_et_traumatisme_ de_l_enfance.10347. Mehr zu *Psychological Care of Infant and Child* von John Watson bei Ann Hulbert, »He Was an Author Only a Mother Could Love«, *Los Angeles Times*, 11. Mai 2003.
5. Eine Handvoll Ärzte und Psychologen erkannte durchaus, dass Kinder emotionale Zuwendung benötigen, darunter der Kinderarzt Harry Bakwin, in den 1930er-Jahren Leiter der Abteilung für Pädiatrie im Bellevue Hospital in New York. Dort sorgte er für Veränderungen, die die Gesundheit der Kinder in seiner Obhut entscheidend besserten: Er ließ Schilder aufhängen, die Zuwendung fördern sollten – »Beim Betreten dieses Säuglingszimmers bitte ein Baby auf den Arm nehmen«, lautete eine Aufschrift (siehe Karen, *Becoming Attached*, 20) –, und unter seiner Leitung wurden die Krankenschwestern auf der Station »dazu angehalten, die Kinder zu bemuttern und mit ihnen zu schmusen, sie auf den Arm zu nehmen und mit ihnen zu spielen, und die Eltern wurden aufgefordert, die Kleinen zu besu-

chen. Diese Vorgehensweise hatte dramatische Veränderungen zur Folge: Obwohl sich die Infektionsgefahr erhöhte, sank die Sterblichkeitsrate bei Kindern unter einem Jahr rapide von 30 bis 35 auf weniger als 10 Prozent«, zitiert in Frank C. P. van der Horst und René van der Veer, »Loneliness in Infancy: Harry Harlow, John Bowlby and Issues of Separation«, *Integrative Psychological and Behavioral Science* 42, Nr. 4 (2008): 325–335. Erst viele Jahre später wurden Bakwins bahnbrechende Ideen allgemein umgesetzt, und dies ist in erster Linie René Spitz zu verdanken.

6. Siehe René A. Spitz, »Hospitalism: An Inquiry into the Genesis of Psychiatric Conditions in Early Childhood«, *The Psychoanalytic Study of the Child* 1 (1944): 53–74, und René A. Spitz, »Hospitalism: A Follow-up Report«, *The Psychoanalytic Study of the Child* 2 (1946), 113–117. Karen erläutert in *Becoming Attached,* dass Spitz' Methodik in dieser Studie nicht einwandfrei war, was für die meisten Methoden der psychologischen Forschung jener Zeit gilt – spätere Forschungen, beispielsweise von John Bowlby und Harry Harlow, bestätigten jedoch die negativen Folgen, die Vernachlässigung und Liebesentzug für kleine Kinder haben.
7. Das herzzerreißende Video ist online abrufbar: canal-u.tv/video/cerimes/absence_maternelle_et_ traumatisme_de_l_enfance.10347.
8. John T. Cacioppo und William Patrick, *Loneliness: Human Nature and the Need for Social Connection* (New York: W. W. Norton & Company, 2008).
9. Cacioppo und Patrick, *Loneliness,* 5.
10. »Loneliness among Older Adults: A National Survey of Adults 45+«, Bericht von Knowledge Networks und Insight Policy Research für *AARP: The Magazine,* September 2010.
11. Konkret wurde gefragt, mit wie vielen Personen die Befragten in den letzten sechs Monaten über wichtige Dinge gesprochen hatten. Miller McPherson, Lynn Smith-Lovin und Matthew E. Brashears, »Social Isolation in America: Changes in Core Discussion Networks over Two Decades«, *American Sociological Review* 71, Nr. 3 (2006): 353–375. Die Forscher sind der Ansicht, dass die Daten den Anstieg der sozialen Isolation möglicherweise überbewerten, ermittelten später jedoch einen »70-prozentigen Anstieg der sozialen Isolation zwischen 1985 und 2004«, zitiert in McPherson, Smith-Lovin und Brashears, »Models and Marginals: Using Survey Evidence to Study Social Networks«, *American Sociological Review* 74, Nr. 4 (2009): 670–681. Einige Forscher haben das Ausmaß der von McPherson und seinen Kollegen fest-

gestellten Isolation infrage gestellt, die meisten Quellen sind sich jedoch einig, dass der soziale Zusammenhalt nachlässt. Siehe Robert D. Putnam, *Bowling Alone: The Collapse and Revival of American Community* (New York: Simon & Schuster, 2000).

12. Siehe Nathaniel M. Lambert, Tyler F. Stillman, Roy F. Baumeister, Frank D. Fincham, Joshua A. Hicks und Steven M. Graham, »Family as a Salient Source of Meaning in Young Adulthood«, *The Journal of Positive Psychology* 5, Nr. 5 (2010): 367–376; Peter Ebersole, »Types and Depth of Written Life Meanings«, in Paul T. P. Wong und Prem S. Fry (Hg.), *The Human Quest for Meaning: A Handbook of Psychological Research and Clinical Applications* (Mahwah, New Jersey: Lawrence Erlbaum Associates, Publishers, 1998); sowie Dominique Louis Debats, »Sources of Meaning: An Investigation of Significant Commitments in Life«, *Journal of Humanistic Psychology* 39, Nr. 4 (1999): 30–57.
13. Siehe Tyler F. Stillman, Roy F. Baumeister, Nathaniel M. Lambert, A. Will Crescioni, C. Nathan DeWall und Frank D. Fincham, »Alone and Without Purpose: Life Loses Meaning Following Social Exclusion«, *Journal of Experimental Social Psychology* 45, Nr. 4 (2009): 686–694.
14. Émile Durkheim, *Suicide: A Study in Sociology* (New York: Free Press, 1971) (dt.: *Der Selbstmord*, Suhrkamp 1995).
15. Oishi und Diener, »Residents of Poor Nations Have a Greater Sense of Meaning in Life than Residents of Wealthy Nations«.
16. Der Einfluss der Religiosität auf das Sinnempfinden war so stark, dass der allgemeine Trend der Studie – dass das Sinnempfinden in wohlhabenderen Ländern schwächer ausgeprägt ist – für manche Länder umgekehrt wurde. Einige reiche Länder wie die Vereinigten Arabischen Emirate erzielten relativ hohe Sinn-Werte, während der Sinn in einigen armen Ländern wie Haiti relativ gering ausgeprägt war, und zwar je nachdem, wie religiös die Einwohner nach eigenen Angaben waren. Vor diesem Hintergrund gilt: Wenn man zwei gleichermaßen religiöse Menschen in zwei verschiedenen Ländern betrachtet, so wird die Person in dem ärmeren Land ihr Leben aufgrund der genannten anderen sozialen Faktoren mit höherer Wahrscheinlichkeit als sinnerfüllter bezeichnen als die Person in dem reicheren Land und umgekehrt.
17. Jean M. Twenge, Brittany Gentile, C. Nathan DeWall, Debbie Ma, Katharine Lacefield und David R. Schurtz, »Birth Cohort Increases in Psychopathology

among Young Americans, 1938–2007: A Cross-Temporal Meta-analysis of the MMPI«, *Clinical Psychology Review* 30, Nr. 2 (2010): 145–154.

18. Richard Eckersley und Keith Dear, »Cultural Correlates of Youth Suicide«, *Social Science & Medicine* 55, Nr. 11 (2002): 1891–1904. Der Zusammenhang zwischen Individualismus und jugendlichem Selbstmord war bei männlichen Personen deutlich stärker ausgeprägt als bei weiblichen.
19. Putnam, *Bowling Alone,* 283.
20. Mona Chalabi, »How Many Times Does the Average Person Move?« FiveThirtyEight, 29. Januar 2015.
21. Carl Bialik, »Seven Careers in a Lifetime? Think Twice, Researchers Say«, *Wall Street Journal,* 4. September 2010.
22. Am 26. September 2015.
23. Die Informationen in diesem Abschnitt stammen aus zahlreichen Gesprächen, die ich während der Veranstaltung in Cleveland geführt habe, unter anderem mit Howard Fein und einem Mann, den ich James nenne (weil er mich gebeten hat, weder seinen Namen noch Angaben zu seiner Person preiszugeben). Zudem habe ich im Herbst 2015 mehrere Gespräche mit SCA-Mitgliedern in Ann Arbor geführt, darunter mit Kay Jarrell am 11. September 2015 und Carol und Matt Lagemann am 21. September 2015. Mit SCA-Mitglied Kat Dyer, die im Raum Chicago lebt, führte ich am 16. September 2015 ein Telefonat, mit Diana Paxson, einer der Gründerinnen der SCA, am 23. September 2015.
24. Siehe Roy F. Baumeister und Brad J. Bushman, *Social Psychology and Human Nature: Brief Version* (Belmont, California: Thomson Wadsworth, 2008), Kap. 10.
25. Siehe Baumeister und Bushman, *Psychology and Human Nature,* insbesondere Kap. 10; sowie Angela J. Bahns, Kate M. Pickett und Christian S. Crandall, »Social Ecology of Similarity: Big Schools, Small Schools and Social Relationships«, *Group Processes & Intergroup Relations* 15, Nr. 1 (2012): 119–131. Die Entstehung von Freundschaften wird auch durch andere Faktoren mitbestimmt, z. B. die Offenheit gegenüber anderen. Siehe Karen Karbo, »Friendship: The Laws of Attraction«, *Psychology Today,* 1. November 2006.
26. Zumindest die meisten. Ein SCA-Mitglied berichtete mir von einem Mitglied, das zu anderen Menschen in der SCA ständig unverschämt war und schließlich aus der Organisation ausgeschlossen wurde.

27. Informationen zu hochqualitativen Verbindungen von Jane E. Dutton, *Energize Your Workplace: How to Create and Sustain High-Quality Connections at Work* (San Francisco: Jossey-Bass, 2003); Jane E. Dutton und Emily D. Heaphy, »The Power of High-Quality Connections«, in Kim S. Cameron, Jane E. Dutton und Robert E. Quinn (Hg.), *Positive Organizational Scholarship: Foundations of a New Discipline* (San Francisco: Berrett-Koehler, 2003), 263–278; und Gespräch der Autorin mit Jane Dutton am 2. April 2014. Duttons Arbeit konzentriert sich auf hochqualitative Verbindungen am Arbeitsplatz, diese Verbindungen können jedoch auch auf den privaten Bereich übertragen werden.
28. Jonathan, ein Freund und Kommilitone aus dem Studiengang Positive Psychologie, berichtete diese Geschichte 2013 in einem Seminar. Am 18. Oktober 2015 befragte ich ihn eingehender dazu.
29. Siehe Stillman et al., »Alone and Without Purpose«; Jean M. Twenge, Kathleen R. Catanese und Roy F. Baumeister, »Social Exclusion and the Deconstructed State: Time Perception, Meaninglessness, Lethargy, Lack of Emotion, and Self-Awareness«, *Journal of Personality and Social Psychology* 85, Nr. 3 (2003): 409–423; sowie Kristin L. Sommer, Kipling D. Williams, Natalie J. Ciarocco und Roy F. Baumeister, »When Silence Speaks Louder than Words: Explorations into the Intrapsychic and Interpersonal Consequences of Social Ostracism«, *Basic and Applied Social Psychology* 23, Nr. 4 (2001): 225–243.
30. Twenge et al., »Social Exclusion and the Deconstructed State«.
31. Stillman et al., »Alone and Without Purpose«.
32. Kipling D. Williams, *Ostracism: The Power of Silence* (New York, The Guilford Press, 2001). Allerdings stellte Williams in einer an mich gerichteten E-Mail vom 1. April 2016 heraus, dass die Rolle des Zurückweisenden unter Umständen das Selbstwertgefühl steigern kann, wenn die Ausgrenzung des anderen als gerechtfertigt empfunden wird.
33. Jane E. Dutton, Gelaye Debebe und Amy Wrzesniewski, »Being Valued and Devalued at Work: A Social Valuing Perspective«, in Beth A. Bechky und Kimberly D. Elsbach (Hg.), *Qualitative Organizational Research: Best Papers from the Davis Conference on Qualitative Research,* Bd. 3 (Charlotte, North Carolina: Information Age Publishing, 2016).
34. In dieser Studie wurde insbesondere das »Sozial-Geschätztwerden« gemessen. Dutton unterscheidet zwischen Zugehörigkeit und Geschätzt-

werden und argumentiert, Ersteres beziehe sich darauf, Teil der Gruppe zu sein, während Zweiteres mit einem Gefühl von Wert zusammenhänge. Meine Definition von Zugehörigkeit umfasst beides: Man fühlt sich nicht nur dann zugehörig, wenn man Teil einer Gruppe oder Beziehung ist, sondern auch dann, wenn andere durch ihr Verhalten vermitteln, dass man wichtig und wertvoll ist.

35. Siehe auch Amy Wrzesniewski und Jane E. Dutton, »Crafting a Job: Revisioning Employees as Active Crafters of Their Work«, *Academy of Management Review* 26, Nr. 2 (2001): 179–201.
36. Diese Angaben stammen aus der PBS-Dokumentation *The Buddha*, einem Film von David Grubin, der am 8. April 2010 ausgestrahlt wurde, sowie aus Sister Vajirā und Francis Story, *Last Days of the Buddha: Mahaāparinibbāna Sutta* (Kandy, Sri Lanka: Buddhist Publication Society, 2007).

DIE ZWEITE SÄULE: Die eigene Bestimmung finden

1. Gespräch mit der Autorin, 8. Oktober 2015.
2. Die Informationen, die diesem Abschnitt zugrunde liegen, stammen zum Teil von Ashley, zum Teil aus einem Gespräch der Autorin mit Scott Carter, dem biowissenschaftlichen Leiter des Detroiter Zoos, vom 8. Oktober 2015; sie basieren des Weiteren auf einem Gespräch der Autorin mit Ron Kagan, Geschäftsführer des Detroiter Zoos, vom 7. Oktober 2015 sowie auf Vicki Croke, *The Modern Ark: The Story of Zoos: Past, Present, and Future* (New York: Simon & Schuster, 2014).
3. Stuart J. Bunderson und Jeffery A. Thompson, »The Call of the Wild: Zookeepers, Callings, and the Double-Edged Sword of Deeply Meaningful Work«, *Administrative Science Quarterly* 54, Nr. 1 (2009): 32–57.
4. William Damon, Jenni Menon und Kendall Cotton Bronk, »The Development of Purpose during Adolescence«, *Applied Developmental Science* 7, Nr. 3 (2003): 119–128. Die Autoren nennen noch eine dritte Dimension: »Im Gegensatz zum Sinn (der auf ein bestimmtes Ziel ausgerichtet sein kann oder nicht) geht es bei der Bestimmung stets darum, etwas zu erreichen und Fortschritte zu machen« (121). Meiner Ansicht nach schließt die erste Dimension der Bestimmung – also dass es sich um ein langfristiges Ziel handelt – diese dritte Dimension mit ein.
5. Eva H. Telzer, Kim M. Tsai, Nancy Gonzales und Andrew J. Fuligni, »Mexican

American Adolescents' Family Obligation Values and Behaviors: Links to Internalizing Symptoms across Time and Context«, *Developmental Psychology* 51, Nr. 1 (2015): 75–86.

6. Diese Arbeit untersucht den Zusammenhang zwischen Zielen, Bestimmung und einem sinnerfüllten Leben: Robert A. Emmons, »Personal Goals, Life Meaning, and Virtue: Wellsprings of a Positive Life«, in Cory L. M. Keyes und Jonathan Haidt (Hg.), *Flourishing: Positive Psychology and the Life Well-Lived* (Washington, D. C.: American Psychological Association), 105–128. Siehe auch David S. Yeager und Matthew J. Bundick, »The Role of Purposeful Work Goals in Promoting Meaning in Life and in Schoolwork during Adolescence«, *Journal of Adolescent Research* 24, Nr. 4 (2009): 423–452.
7. In dieser Studie wird ein Zusammenhang zwischen einem sinnerfüllten Leben und Zufriedenheit im Leben hergestellt. Die Forscher ermittelten das Maß an Sinn durch Fragen, die sich auf die Bestimmung bezogen, z. B. »Mein Leben dient einem höheren Zweck« oder »Ich bin dafür verantwortlich, die Welt zu verbessern«, Peterson et al., »Orientations to Happiness and Life Satisfaction: The Full Life versus the Empty Life«, 31.
8. Todd B. Kashdan und Patrick E. McKnight, »Origins of Purpose in Life: Refining Our Understanding of a Life Well Lived«, *Psychological Topics* 18, Nr. 2 (2009): 303–313.
9. Er beschreibt diese Studie in William Damon, *The Path to Purpose: How Young People Find Their Calling in Life* (New York: Simon & Schuster, 2009).
10. David S. Yeager, Marlone D. Henderson, David Paunesku, Gregory M. Walton, Sidney D'Mello, Brian J. Spitzer und Angela Lee Duckworth, »Boring but Important: A Self-Transcendent Purpose for Learning Fosters Academic Self-Regulation«, *Journal of Personality and Social Psychology* 107, Nr. 4 (2014): 559–580.
11. Martha L. Sayles, »Adolescents' Purpose in Life and Engagement in Risky Behaviors: Differences by Gender and Ethnicity«, Dissertation, ProQuest Information & Learning, 1995, zitiert in Damon et al., »The Development of Purpose During Adolescence«.
12. Damon, *The Path to Purpose,* 60. Bei der Analyse der ersten Datenwelle im Jahr 2006 stellten Damon und seine Kollegen fest, dass nur 20 Prozent der befragten jungen Leute eine Bestimmung sahen. 25 Prozent hatten im Wesentlichen keinerlei Bestimmung, während die verbleibenden Teilnehmer entweder »Träumer« waren, die zwar Wünsche hatten, aber nicht wussten,

wie sie diese verwirklichen sollten, oder aber »Dilettanten«, die verschiedene Bestimmungen ausprobierten, ohne eine genaue Vorstellung davon zu haben, wieso sie das taten.

13. Damon, *The Path to Purpose*, 60.
14. Gespräch mit der Autorin am 10. Dezember 2014 und 15. Januar 2015.
15. Das folgende Dokument zeigt, dass zwischen 1980 und Mitte der 1990er-Jahre bei den meisten Straftaten ein Zuwachs zu verzeichnen war: Patrick A. Langan und Matthew R. Durose, »The Remarkable Drop in Crime in New York City«, bei der Internationalen Konferenz zur Kriminalität im Jahr 2003 (3. bis 5. Dezember) in Rom, Italien, vorgelegtes Dokument. Abruf am 10. März 2016 von scribd.com/doc/322928/Langan-rel.
16. Der ehemalige Polizeibeamte Howard Safir meinte dazu: »In der Vergangenheit waren viele Drogengangs in der Lower East Side fest verwurzelt.« John Sullivan, »Once More, Lower East Side Is the Focus of Drug Arrests«, *New York Times*, 7. August 1997.
17. Als ich Coss fragte, wie viel Gewalt er erlebt oder verübt hatte, erwiderte er: »Von mir ist nie Gewalt ausgegangen, aber sie ergab sich einfach. Man hat mich ausgeraubt, gefesselt, ist bei mir eingebrochen.«
18. Laut Website der Regierung von New York City handelte es sich um einen »bedeutenden Fall« im Jahr 2009.
19. Von der Website von Defy Ventures: defyventures.org.
20. Siehe beispielsweise Literatur zu selbstkonkordanten Zielen oder Zielen, die zu unseren Werten und unserer Identität passen: Kennon M. Sheldon and Andrew J. Elliot, »Goal Striving, Need Satisfaction, and Longitudinal Well-Being: The Self-Concordance Model«, *Journal of Personality and Social Psychology* 76, Nr. 3 (1999): 482–497; sowie Kennon M. Sheldon und Linda Houser-Marko, »Self-Concordance, Goal Attainment, and the Pursuit of Happiness: Can There Be an Upward Spiral?«, *Journal of Personality and Social Psychology* 80, Nr. 1 (2001): 152–165.
21. Siehe Erik H. Erikson, *Childhood and Society* (New York: W. W. Norton & Company, 1993) (dt.: *Kindheit und Gesellschaft*, Klett-Cotta 2005); und *Identity: Youth and Crisis* (New York: W. W. Norton & Company, 1968) (dt.: *Identität: Jugend und Krise*, Klett-Cotta 2003). Mein Dank gilt William Damon und Dan McAdams, die mir geholfen haben, Eriksons Konzept der Identität zu verstehen.
22. Erikson, *Childhood and Society, 268* (dt.: *Kindheit und Gesellschaft).*

23. Dieser Abschnitt stützt sich auf ein Gespräch der Autorin mit den Forschern Joshua Hicks am 17. Februar 2015 und Rebecca Schlegel am 9. Oktober 2015.
24. Rebecca J. Schlegel, Joshua A. Hicks, Jamie Arndt und Laura A. King, »Thine Own Self: True Self-Concept Accessibility and Meaning in Life«, *Journal of Personality and Social Psychology* 96, Nr. 2 (2009): 473–490, Studie 3. Mehr zum Zusammenhang zwischen Selbsterkenntnis und sinnerfülltem Leben in Rebecca J. Schlegel, Joshua A. Hicks, Laura A. King und Jamie Arndt, »Feeling Like You Know Who You Are: Perceived True Self-Knowledge and Meaning in Life«, *Personality and Social Psychology Bulletin* 37, Nr. 6 (2011): 745–756.
25. Das wahre Ich, so schreiben die Forscher, ist »definiert als die Eigenschaften, die man besitzt und seinen Mitmenschen gerne zeigen würde, aber aus bestimmten Gründen nicht immer zeigen kann ... die Wesenszüge, die man gegenüber den Menschen zeigen kann, die einem besonders nahestehen.« Wie in der Psychologie üblich bezeichnen sie das unaufrichtige Ich als »das aktuelle Ich«, was ein wenig verwirrend ist, und definieren dies als »Eigenschaften, die man besitzt und in der Öffentlichkeit häufig gegenüber anderen zum Ausdruck bringen kann.« Dahinter steckt die Vorstellung, dass »der Mensch sein wahres Ich nur Nahestehenden bereitwillig offenbart, bei den meisten alltäglichen Aktivitäten jedoch verbirgt«. Schlegel et al., »Thine Own Self«, 475.
26. In der Kontrollgruppe wurden den Studenten Charakterzüge gezeigt, mit denen sie zuvor ihr »aktuelles Ich« beschrieben hatten. Wer mit dem aktuellen Ich und nicht mit dem wahren Ich konfrontiert wurde, stufte das eigene Leben nach der Aufgabe nicht als sinnerfüllter ein.
27. Die eigenen Stärken lassen sich mit verschiedenen Hilfsmitteln ermitteln, z. B. mit dem Gallup StrengthsFinder oder dem VIA Survey of Character Strengths. Weitere Informationen dazu bei Tom Rath, *StrengthsFinder 2.0* (New York: Simon & Schuster, 2007); sowie Peterson und Seligman, *Character Strengths and Virtues: A Handbook and Classification.*
28. Laut Ryan Niemiec vom VIA Institute of Character bedeuten bestimmte Stärken nicht zwangsläufig, dass man eine bestimmte Laufbahn einschlagen sollte. Wichtig ist die Erkenntnis, dass man die eigenen Stärken in verschiedenen beruflichen und privaten Bereichen einsetzen kann.
29. Siehe Claudia Harzer und Willibald Ruch, »When the Job Is a Calling: The

Role of Applying One's Signature Strengths at Work«, *The Journal of Positive Psychology* 7, Nr. 5 (2012): 362–373; sowie Philippe Dubreuil, Jacques Forest und François Courcy, »From Strengths Use to Work Performance: The Role of Harmonious Passion, Subjective Vitality, and Concentration«, *The Journal of Positive Psychology* 9, Nr. 4 (2014): 335–349.

30. Sheldon und Elliot, »Goal Striving, Need Satisfaction, and Longitudinal Well-Being: The Self-Concordance Model«. Siehe auch Sheldon und Houser-Marko, »Self-Concordance, Goal Attainment, and the Pursuit of Happiness«.
31. Gespräch mit der Autorin am 6. März 2013 und 16. Oktober 2015.
32. Immanuel Kant, *Groundwork of the Metaphysics of Morals,* edited and translated by Mary Gregor and Jens Timmermann (Cambridge: Cambridge University Press, 2012), 35 (dt.: *Grundlegung zur Metaphysik der Sitten,* Meiner, Hamburg 1999). Zu dem Hinweis auf Kant hat mich folgender Zeitungsartikel angeregt: Gordon Marino, »A Life Beyond ›Do What You Love‹«, *New York Times,* 17. Mai 2014.
33. Frederick Buechner, *Wishful Thinking: A Seeker's ABC* (New York: HarperCollins, 1993), 119 (dt.: *Wunschdenken: Ein religiöses ABC,* TVZ Theologischer Verlag Zürich 2007). Der Theologe Buechner hat eine theologische Sicht auf Beruf und Berufung. Er schreibt: »Gott beruft uns in der Regel zu der Arbeit, (a) die zu tun für uns besonders wichtig ist und (b) deren Erledigung für die Welt besonders wichtig ist. … Der Ort, an den Gott dich beruft, ist der Ort, an dem deine größte Freude auf die größte Not der Welt trifft.« Die Vorstellung von einer Berufung hat tatsächlich religiösen Ursprung, wie Bunderson und Thompson in »The Call of the Wild« erörtern. Forscher, die sich mit der Berufung befassen, nehmen die religiösen Wurzeln dieser Vorstellung zur Kenntnis, definieren sie jedoch säkular. Siehe Amy Wrzesniewski, Clark McCauley, Paul Rozin und Barry Schwartz, »Jobs, Careers, and Callings: People's Relations to Their Work«, *Journal of Research in Personality* 31, Nr. 1 (1997): 21–33.
34. Nach Angaben des Bureau of Labor Statistics in einer Pressemitteilung im März 2015, bls.gov/news.release/pdf/ocwage.pdf.
35. Gespräch mit der Autorin, 18. April 2014.
36. Zitiert in Ryan D. Duffy und Bryan J. Dik, »Research on Calling: What Have We Learned and Where Are We Going?«, *Journal of Vocational Behavior* 83, Nr. 3 (2013): 428–436.
37. Adam Grant, »Three Lies About Meaningful Work«, *Huffington Post,*

6. Mai 2015. Siehe auch Stephen E. Humphrey, Jennifer D. Nahrgang und Frederick P. Morgeson, »Integrating Motivational, Social, and Contextual Work Design Features: A Meta-analytic Summary and Theoretical Extension of the Work Design Literature«, *Journal of Applied Psychology* 92, Nr. 5 (2007): 1332–1356.

38. Die Umfrage wurde 2013 von der Organisation PayScale durchgeführt. Die Liste der besonders sinnvollen Tätigkeiten, die daraus hervorgingen, findet sich hier: payscale.com/data-packages/most-and-least-meaningful-jobs/full-list.
39. Adam M. Grant, Elizabeth M. Campbell, Grace Chen, Keenan Cottone, David Lapedis und Karen Lee, »Impact and the Art of Motivation Maintenance: The Effects of Contact with Beneficiaries on Persistence Behavior«, *Organizational Behavior and Human Decision Processes* 103, Nr. 1 (2007): 53–67.
40. Jochen I. Menges, Danielle V. Tussing, Andreas Wihler und Adam Grant, »When Job Performance Is All Relative: How Family Motivation Energizes Effort and Compensates for Intrinsic Motivation«, *Academy of Management Journal* (online veröffentlicht, 25. Februar 2016).
41. S. Katherine Nelson, Kostadin Kushlev, Tammy English, Elizabeth W. Dunn und Sonja Lyubomirsky, »In Defense of Parenthood: Children Are Associated with More Joy than Misery«, *Psychological Science* 24, Nr. 1 (2013): 3–10.
42. Einen Überblick über die Forschung zu Elternschaft und Unzufriedenheit liefert Lyubomirsky, *The Myths of Happiness,* 85. »Die Beweislage ist zwar nicht eindeutig«, schreibt Lyubomirksy, »doch mehrere Studien, die lediglich das Glücksempfinden oder die Zufriedenheit von Eltern und Kinderlosen aus allen Altersgruppen und Lebenssituationen vergleichen, kommen zu dem Schluss, dass Eltern weniger glücklich sind.« Eine empfehlenswerte Zusammenfassung der komplizierten Zusammenhänge zwischen Elternschaft und Wohlbefinden ist S. Katherine Nelson, Kostadin Kushlev und Sonja Lyubomirsky, »The Pains and Pleasures of Parenting: When, Why, and How Is Parenthood Associated with More or Less Well-Being?«, *Psychological Bulletin* 140, Nr. 3 (2014): 846–895.
43. Siehe beispielsweise Nelson et al., »In Defense of Parenthood: Children Are Associated with More Joy than Misery«; sowie Debra Umberson und Walter R. Gove, »Parenthood and Psychological Well-Being Theory, Measurement, and Stage in the Family Life Course«, *Journal of Family Issues* 10, Nr. 4 (1989): 440–462.

44. Gespräch der Autorin mit Eleanor Brenner, 30. September 2015.
45. George Eliot, *Middlemarch* (Hertfordshire, United Kingdom: Wordsworth Editions Ltd., 1998), 688 (dt.: *Middlemarch,* Anaconda, Köln 2010).
46. Diese Geschichte findet sich bei Carolyn Tate, *Conscious Marketing: How to Create an Awesome Business with a New Approach to Marketing* (Milton, Australia: Wrightbooks, 2015), 44.
47. Bryan J. Dik und Ryan D. Duffy, *Make Your Job a Calling: How the Psychology of Vocation Can Change Your Life at Work* (Conshohocken, Pennsylvania: Templeton Foundation Press, 2012), 4.
48. Diese Geschichte verdanke ich meinem Freund Luis Pineda.

DIE DRITTE SÄULE: Die Welt durch Geschichten verstehen

1. Erik erzählte seine Geschichte am 9. Dezember 2014 im Rahmen einer The-Moth-Veranstaltung im Club The Players. Die Informationen stammen aus dieser Geschichte und aus einem Gespräch mit der Autorin am 26. August 2015.
2. Die Informationen zu The Moth, die Entstehungsgeschichte und die Angaben dazu, wie Geschichten gefunden und vermittelt werden, stammen aus Gesprächen der Autorin mit Green am 26. August 2015 sowie mit Catherine Burns am 18. November 2014, von der Website der Organisation, themoth.org sowie von Catherine Burns (Hg.), *The Moth* (New York: Hyperion, 2013).
3. Jefferys Geschichte findet man bei *The Moth,* themoth.org/stories/under-the-influence. Einzelheiten zu seiner Geschichte stammen aus dieser Online-Aufnahme und aus verschiedenen E-Mails, die er mir 2013 und 2014 schickte.
4. Mary Catherine Bateson, *Composing a Life* (New York: Grove Press, 2001), 1.
5. Schließlich umfasst die in der Einführung gelieferte Definition von Sinn auch Schlüssigkeit. Siehe Michael F. Steger, »Meaning in Life: A Unified Model« und Roy F. Baumeister, *Meanings of Life.* Baumeister vergleicht den Sinn des eigenen Lebens mit dem Sinn eines Satzes: Je schlüssiger, desto sinnvoller. Siehe auch Aaron Antonovsky, »The Structure and Properties of the Sense of Coherence Scale«, *Social Science & Medicine* 36, Nr. 6 (1993): 725–733.
6. Weitere Informationen zu unserem starken Drang, verstehen zu wollen, und dem Zusammenhang mit der Sinnfrage bei Steven J. Heine, Travis

Proulx und Kathleen D. Vohs, »The Meaning Maintenance Model: On the Coherence of Social Motivations«, *Personality and Social Psychology Review* 10, Nr. 2 (2006): 88–110; Jerome S. Bruner und Leo Postman, »On the Perception of Incongruity: A Paradigm«, *Journal of Personality* 18, Nr. 2 (1949): 206–223; sowie Samantha J. Heintzelman, Jason Trent und Laura A. King, »Encounters with Objective Coherence and the Experience of Meaning in Life«, *Psychological Science* (online veröffentlicht, 25. April 2013).

7. Bateson, *Composing a Life,* 34.
8. Dan P. McAdams, »The Psychology of Life Stories«, *Review of General Psychology* 5, Nr. 2 (2001): 100–122.
9. Gespräch mit der Autorin, 14. September 2015.
10. Die Angaben zu McAdams' Forschung zur narrativen Identität, zu Erlösungsgeschichten und zum Sinn stammen aus Dan P. McAdams, »The Psychology of Life Stories«; *The Redemptive Self: Stories Americans Live By* (New York: Oxford University Press, 2005); »The Redemptive Self: Generativity and the Stories Americans Live By«, *Research in Human Development* 3, Nr. 2–3 (2006): 81–100; Jack J. Bauer, Dan P. McAdams und Jennifer L. Pals, »Narrative Identity and Eudaimonic Well-Being«, *Journal of Happiness Studies* 9, Nr. 1 (2008): 81–104; sowie aus einem Gespräch mit der Autorin am 20. Mai 2014 und anschließendem E-Mail-Verkehr in den Jahren 2014 und 2015.
11. Das schreibt Jonathan Gottschall in *The Storytelling Animal: How Stories Make Us Human* (New York: Mariner Books, 2012), 161.
12. Zu finden bei Gottschall in *The Storytelling Animal.*
13. Michele Crossley, *Introducing Narrative Psychology* (Buckingham, Vereinigtes Königreich: Open University Press, 2000), 57, zitiert in Gottschall, *The Storytelling Animal,* 175.
14. So Gottschall in *The Storytelling Animal.* Siehe auch Jonathan Shedler, »The Efficacy of Psychodynamic Psychotherapy«, *American Psychologist* 65, Nr. 2 (2010): 98–109.
15. Mehr zu dem Phänomen, das der Psychologe Timothy Wilson von der University of Virginia als »Story-Editing« bezeichnet, siehe Timothy Wilson, *Redirect: Changing the Stories We Live By* (New York: Back Bay Books, 2015).
16. Adam Grant und Jane Dutton, »Beneficiary or Benefactor: Are People More Prosocial When They Reflect on Receiving or Giving?«, *Psychological Science* 23, Nr. 9 (2012): 1033–1039.
17. E-Mail von Jane Dutton vom 28. Januar 2016.

18. Laura J. Kray, Linda G. George, Katie A. Liljenquist, Adam D. Galinsky, Philip E. Tetlock und Neal J. Roese, »From What Might Have Been to What Must Have Been: Counterfactual Thinking Creates Meaning«, *Journal of Personality and Social Psychology* 98, Nr. 1 (2010): 106–118. In meiner Zusammenfassung dieses Beitrags konzentriere ich mich auf das kontrafaktische Denken im Zusammenhang mit positiven Ereignissen, die Forscher untersuchten jedoch auch negative Ereignisse.
19. Informationen zu Carlos' Geschichte aus: Carlos Eire, *Waiting for Snow in Havana: Confessions of a Cuban Boy* (New York: Simon & Schuster, 2004) (dt.: *Warten auf Schnee in Havanna,* Heyne 2003) und aus einem persönlichen Gespräch vom 9. Oktober 2015.
20. Die Angaben zu Kings Arbeit stammen aus Laura A. King und Joshua A. Hicks, »Whatever Happened to ›What Might Have Been‹? Regrets, Happiness, and Maturity«, *American Psychologist* 62, Nr. 7 (2007): 625–636; Laura A. King, »The Hard Road to the Good Life: The Happy, Mature Person«, *Journal of Humanistic Psychology* 41, Nr. 1 (2001): 51–72; sowie aus einem Gespräch mit der Autorin am 2. April 2014.
21. Bei geschiedenen Frauen, schreibt King, »bezog sich die Darstellung des verlorenen möglichen Ichs auf die aktuelle Ich-Entwicklung im Zusammenspiel mit der Zeit, die seit der Scheidung vergangen war«. King und Hicks, »Whatever Happened to ›What Might Have Been‹?«, 630.
22. Yann Martel, *Life of Pi* (Orlando, Florida: Harcourt, 2001) (dt.: *Schiffbruch mit Tiger,* Fischer 2003).
23. Don Kuiken und Ruby Sharma, »Effects of Loss and Trauma on Sublime Disquietude during Literary Reading«, *Scientific Study of Literature* 3, Nr. 2 (2013): 240–265.
24. David S. Miall und Don Kuiken, »A Feeling for Fiction: Becoming What We Behold«, *Poetics* 30, Nr. 4 (2002): 221–241.
25. Burns, *The Moth,* xiii.

DIE VIERTE SÄULE:
Sich als Teil eines größeren Ganzen erfahren

1. Für diese Passage reiste ich zweimal zum McDonald-Observatorium. Die Beschreibung meiner Fahrt zum Observatorium und das Gespräch mit William Cochran stammen vom 18./19. März 2013, als ich auch mit dem

Leiter des Observatoriums, Tom Barnes, sprach. Die Sternenparty erlebte ich bei einem zweiten Aufenthalt am 29. Juli 2014.

2. »The Oligocene Period«, Museum für Paläontologie der University of California, online abgerufen: ucmp.berkeley.edu/tertiary/oligocene.php.
3. Wer daran mitwirken möchte, kann selbst Sternenlicht auf Hinweise auf Planetenumlaufbahnen untersuchen. Über die Website planethunters.org können interessierte Laien in den Daten des Kepler-Weltraumteleskops nach Hinweisen auf Exoplaneten suchen.
4. Laut Mircea Eliade, *The Sacred and the Profane: The Nature of Religion* (Orlando, Florida: Harcourt, 1987), 175–176 (dt.: *Das Heilige und das Profane. Vom Wesen des Religiösen,* Anaconda, Köln 2008).
5. George H. Gallup Jr., »Religious Awakenings Bolster Americans' Faith«, 14. Januar 2003, gallup.com/poll/7582/ religious-awakenings-bolster-americans-faith.aspx.
6. Siehe Roland R. Griffiths, William A. Richards, Una McCann und Robert Jesse, »Psilocybin Can Occasion Mystical-Type Experiences Having Substantial and Sustained Personal Meaning and Spiritual Significance«, *Psychopharmacology* 187, Nr. 3 (2006): 268–83; Roland R. Griffiths, William A. Richards, Matthew W. Johnson, Una D. McCann und Robert Jesse, »Mystical-Type Experiences Occasioned by Psilocybin Mediate the Attribution of Personal Meaning and Spiritual Significance 14 Months Later«, *Journal of Psychopharmacology* 22, Nr. 6 (2008): 621–632; sowie Rick Doblin, »Pahnke's ›Good Friday Experiment‹: A Long-Term Follow-Up and Methodological Critique«, *The Journal of Transpersonal Psychology* 23, Nr. 1 (1991): 1–28.
7. William James, *The Varieties of Religious Experience* (London: Longmans, Green, and Co, 1905) (dt.: *Die Vielfalt religiöser Erfahrung,* Insel 2014); und Dmitri Tymoczko, »The Nitrous Oxide Philosopher«, *The Atlantic,* Mai 1996. In *The Varieties of Religious Experience* behauptet James zwar, seine »Konstitution verhindere«, dass er mystische Zustände erlebe, sodass er »davon nur aus zweiter Hand berichten« könne (379), doch die Experimente mit Stickoxid scheinen eine Ausnahme darzustellen. Einige Absätze später schreibt er ihnen eine »metaphysische Bedeutung« zu (388).
8. Doblin, »Pahnke's ›Good Friday Experiment‹«.
9. David B. Yaden, Jonathan Haidt, Ralph W. Hood, David R. Vago und Andrew B. Newberg (im Lektorat), »The Varieties of Self-Transcendent Experience«.

10. Dacher Keltner und Jonathan Haidt, »Approaching Awe, a Moral, Spiritual, and Aesthetic Emotion«, *Cognition and Emotion* 17, Nr. 2 (2003): 297–314.
11. Zitiert in Jesse Prinz, »How Wonder Works«, *Aeon*, 21. Juni 2013.
12. Michelle N. Shiota, Dacher Keltner und Amanda Mossman, »The Nature of Awe: Elicitors, Appraisals, and Effects on Self-Concept«, *Cognition and Emotion* 21, Nr. 5 (2007): 944–963.
13. Zitiert in Andrew Newberg und Eugene d'Aquili, *Why God Won't Go Away: Brain Science and the Biology of Belief* (New York: Ballantine Books, 2002), 2 (dt.: *Der gedachte Gott: Wie Glaube im Gehirn entsteht*, Piper 2003).
14. Zitiert in Newberg und d'Aquili, *Why God Won't Go Away*, 7.
15. Gespräch mit der Autorin am 2. September 2015.
16. Jon Kabat-Zinn, *Wherever You Go, There You Are* (New York: Hyperion, 1994), 4 (dt.: *Im Alltag Ruhe finden*, Fischer 2007).
17. Andrew Newberg, Abass Alavi, Michael Baime, Michael Pourdehnad, Jill Santanna und Eugene d'Aquili, »The Measurement of Regional Cerebral Blood Flow during the Complex Cognitive Task of Meditation: A Preliminary SPECT Study«, *Psychiatry Research: Neuroimaging* 106, Nr. 2 (2001): 113–122. Siehe auch Andrew Newberg, Michael Pourdehnad, Abass Alavi und Eugene d'Aquili, »Cerebral Blood Flow during Meditative Prayer: Preliminary Findings and Methodological Issues«, *Perceptual and Motor Skills* 97, Nr. 2 (2003): 625–630. Weiteres Material in diesem Abschnitt stammt aus einem Gespräch der Autorin mit Newberg am 25. April 2013.
18. Andrew Newberg und Mark Robert Waldman, *How Enlightenment Changes Your Brain: The New Science of Transformation* (New York: Avery, 2016).
19. Gespräch mit der Autorin am 17. Juli 2014.
20. Die Informationen über die Anfänge der Weltraumerkundung stammen von der Website der NASA und aus meinem Gespräch mit Ashby.
21. James H. Billington (Vorwort), *Respectfully Quoted: A Dictionary of Quotations: Compiled by the Library of Congress* (New York: Dover Publications, 2010), 328.
22. Peter Suedfeld, Katya Legkaia und Jelena Brcic, »Changes in the Hierarchy of Value References Associated with Flying in Space«, *Journal of Personality* 78, Nr. 5 (2010): 1411–1436. Siehe auch David B. Yaden, Jonathan Iwry, Kelley J. Slack, Johannes C. Eichstaedt, Yukun Zhao, George E. Vaillant und Andrew Newberg, »The Overview Effect: Awe and Self-Transcendent Experience in Space Flight«, *Psychology of Consciousness*.

23. »Edgar Mitchell's Strange Voyage«, *People*, Bd. 1, Nr. 6, 8. April 1974.
24. Ron Garan, *The Orbital Perspective: Lessons in Seeing the Big Picture from a Journey of 71 Million Miles* (Oakland, California: Berrett-Koehler, 2015).
25. »Edgar Mitchell's Strange Voyage«.
26. Dieses Zitat steht in seiner Biografie auf der Website von Mosaic Renewables.
27. Die Angaben zu Muirs Biografie stammen von Donald Worster, *A Passion for Nature: The Life of John Muir* (New York: Oxford University Press, 2008); sowie John Muir, *The Story of My Boyhood and Youth* (Boston: Houghton Mifflin, 1913), abgerufen über Google Books.
28. James Brannon, »Radical Transcendentalism: Emerson, Muir and the Experience of Nature«, *John Muir Newsletter*, Bd. 16, Nr. 1 (Winter 2006), online abgerufen über die Website des Sierra Club.
29. David Mikics (Hg.), *The Annotated Emerson* (Cambridge, Massachusetts: Belknap Press, 2012).
30. Ralph Waldo Emerson und Waldo Emerson Forbes (Hg.), *Journals of Ralph Waldo Emerson with Annotations: 1824–1832* (Boston: Houghton Mifflin, 1909), 381.
31. Robert D. Richardson, *Emerson: The Mind on Fire* (Berkeley: University of California Press, 1995), 228.
32. Paul Piff, Pia Dietze, Matthew Feinberg, Daniel M. Stancato und Dacher Keltner, »Awe, the Small Self, and Prosocial Behavior«, *Journal of Personality and Social Psychology* 108, Nr. 6 (2015): 883–899, Studie 5.
33. Mark Leary, *The Curse of the Self: Self-Awareness, Egotism, and the Quality of Human Life* (New York: Oxford University Press, 2004), 86.
34. Gespräch vom 18. Juni 2014.
35. Peter T. Furst, *Flesh of the Gods: The Ritual Use of Hallucinogens* (Prospect Heights, Illinois: Waveland Press, 1990).
36. Der Großteil der Informationen in den nächsten Absätzen stammt aus einem Gespräch vom 28. Februar 2013. Siehe auch Roland R. Griffiths und Charles S. Grob, »Hallucinogens as Medicine«, *Scientific American* 303, Nr. 6 (2010): 76–79.
37. Nicht nur halluzinogene Trips, sondern auch andere transzendente Erfahrungen können einen unerwünschten Verlauf nehmen; selbst bei der Meditation können sich schreckliche Erlebnisse einstellen. Siehe Tomas Rocha, »The Dark Knight of the Soul«, *The Atlantic*, 25. Juni 2014.

38. Informationen über Leary aus Timothy Leary, *Flashbacks: A Personal and Cultural History of an Era* (New York: G. P. Putnam's Sons, 1990) (dt.: *Denn sie wussten was sie tun: Rückblenden*, Sphinx 1986); und Robert Greenfield, *Timothy Leary: A Biography* (Orlando, Florida: Harcourt, 2006).
39. Zitiert in Laura Mansnerus, »Timothy Leary, Pied Piper of Psychedelic 60's, Dies at 75«, *New York Times*, 1. Juni 1996.
40. Die Forschungsarbeit zu Religionsführern wurde noch nicht veröffentlicht, Erkenntnisse zu den anderen drei Gruppen finden sich bei Griffiths et al., »Psilocybin Can Occasion Mystical-Type Experiences Having Substantial and Sustained Personal Meaning and Spiritual Significance«; Charles S. Grob, Alicia L. Danforth, Gurpreet S. Chopra, Marycie Hagerty, Charles R. McKay, Adam L. Halberstadt und George R. Greer, »Pilot Study of Psilocybin Treatment for Anxiety in Patients with Advanced-Stage Cancer«, *Archives of General Psychiatry* 68, Nr. 1 (2011): 71–78; sowie Matthew W. Johnson, Albert Garcia-Romeu, Mary P. Cosimano und Roland R. Griffiths, »Pilot Study of the 5-HT2AR Agonist Psilocybin in the Treatment of Tobacco Addiction«, *Journal of Psychopharmacology* 28, Nr. 11 (2014): 983–992.
41. Während der Arbeit an diesem Buch waren Griffiths und seine Kollegen im Begriff, die Studie, an der Janeen mitgewirkt hatte, Zeitschriften zur Veröffentlichung einzureichen. Eine Studie zur Wirkung einer durch Psilocybin hervorgerufenen mystischen Erfahrung bei Patienten mit Krebs im Endstadium wurde bereits veröffentlicht und konnte nachweisen, dass sich die Angstzustände reduzieren: Grob et al., »Pilot Study of Psilocybin Treatment for Anxiety in Patients with Advanced-Stage Cancer«.
42. Thich Nhat Hanh, *No Death, No Fear: Comforting Wisdom for Life* (New York: Riverhead Books, 2002), 25 (dt.: *Kein Werden, kein Vergehen: Buddhistische Weisheit für ein Leben ohne Angst*, Knaur MensSana 2008).

Persönliches Wachstum

1. An der Dinnerparty mit Sarah, Raúl, Christine und Sandy nahm ich am 19. Oktober 2014 teil. Die anderen Teilnehmer baten mich, ihre Namen zu ändern und in manchen Fällen Einzelheiten zu ihrem Leben zu verändern, um ihre Anonymität zu wahren. Die Angaben zur Dinner Party als Bewegung und Organisation sowie deren Gründung stammen aus einem Gespräch mit Lennon Flowers und Dara Kosberg am 7. Mai 2014.

2. »Forscher gehen davon aus, dass etwa 75 Prozent der Menschen einmal im Leben eine traumatische Erfahrung machen werden«, schreibt Jim Rendon in *Upside: The New Science of Post-Traumatic Growth* (New York: Touchstone, 2015), 27.
3. Ronnie Janoff-Bulman, *Shattered Assumptions: Towards a New Psychology of Trauma* (New York: Free Press, 1992).
4. Einen guten Überblick über diesen Forschungsbereich liefern Rendon, *Upside* sowie Stephen Joseph, *What Doesn't Kill Us: The New Psychology of Posttraumatic Growth* (New York: Basic Books, 2011) (dt.: *Was uns nicht umbringt: Wie es Menschen gelingt, aus Schicksalsschlägen und traumatischen Erfahrungen gestärkt hervorzugehen,* Springer Spektrum 2015).
5. Joseph, *What Doesn't Kill Us.* Joseph nennt in diesem Buch einige Ausnahmen, die die Regel bestätigen, z. B. die Arbeit von Viktor Frankl (mit dem ich mich im Schlussteil befasse). Siehe auch Kap. 1 von Richard G. Tedeschi, Crystal L. Park und Lawrence G. Calhoun (Hg.), *Posttraumatic Growth: Positive Changes in the Aftermath of Crisis* (Mahwah, New Jersey: Routledge, 1998).
6. Matthew J. Friedman, »PTSD History and Overview« auf der Website der Veteranenbehörde Veterans Administration, ptsd.va.gov/professional/PTSD-overview/ptsd-overview.asp.
7. Gespräche mit der Autorin am 30. Mai 2014 und 27. Januar 2015.
8. Robert Jay Lifton, »Americans as Survivors«, *New England Journal of Medicine* 352, Nr. 22 (2005): 2263–2265.
9. Diese Neigung wird auch als »aus Leid entstandener Altruismus« bezeichnet, so Kelly McGonigal in *The Upside of Stress: Why Stress Is Good for You, and How to Get Good at It* (New York: Avery, 2015).
10. Die Beispiele für die Mission von Überlebenden stammen von Lifton, »Americans as Survivors«, und Lauren Eskreis-Winkler, Elizabeth P. Shulman und Angela L. Duckworth, »Survivor Mission: Do Those Who Survive Have a Drive to Thrive at Work?«, *The Journal of Positive Psychology* 9, Nr. 3 (2014): 209–218.
11. McGonigal behandelt diesen Forschungsbereich in Kap. 5 von *The Upside of Stress.*
12. Rendon, *Upside.*
13. Diese Zahl, die sich auf seine Forschungen und Kenntnisse in diesem Bereich stützt, lieferte mir der Psychologe Richard Tedeschi in einer E-Mail vom 27. Januar 2015.

14. Laut der American Psychological Association »erleben fast 8 Prozent der erwachsenen Amerikaner irgendwann im Leben einmal eine PTSD«: apa.org/research/action/ptsd.aspx.
15. Die Informationen zum posttraumatischen Wachstum stammen hauptsächlich aus einem Gespräch der Autorin mit Richard Tedeschi vom 28. Januar 2015. Siehe auch Richard G. Tedeschi und Lawrence G. Calhoun, »Posttraumatic Growth: Conceptual Foundations and Empirical Evidence«, *Psychological Inquiry* 15, Nr. 1 (2004): 1–18.
16. Zitiert in Shelley Levitt, »The Science of Post-Traumatic Growth«, *Live Happy,* 24. Februar 2014.
17. Shelley E. Taylor, »Adjustment to Threatening Events: A Theory of Cognitive Adaptation«, *American Psychologist* 38, Nr. 11 (1983): 1161–1173.
18. Tedeschi und Calhoun, »Posttraumatic Growth: Conceptual Foundations and Empirical Evidence«, 6.
19. Lawrence G. Calhoun und Richard G. Tedeschi, *The Handbook of Posttraumatic Growth: Research and Practice* (New York: Psychology Press, 2006).
20. Ebenda, 5.
21. Janoff-Bulman, *Shattered Assumptions.*
22. Ebenda.
23. Ebenda.
24. Suzanne Danhauer von der Wake Forest School of Medicine, zitiert in Rendon, *Upside,* 77.
25. Die Informationen über expressives Schreiben und Pennebakers Arbeit stammen aus einem Gespräch mit der Autorin vom 22. Dezember 2014; Anna Graybeal, Janel D. Sexton und James W. Pennebaker, »The Role of Story-Making in Disclosure Writing: The Psychometrics of Narrative«, *Psychology and Health* 17, Nr. 5 (2002): 571–581; James W. Pennebaker und Janel D. Seagal, »Forming a Story: The Health Benefits of Narrative«, *Journal of Clinical Psychology* 55, Nr. 10 (1999): 1243–1254; und James W. Pennebaker, *Writing to Heal: A Guided Journal for Recovering from Trauma and Emotional Upheaval* (Oakland, Kalifornien: New Harbinger Publisher, 2004) (dt.: *Heilung durch Schreiben. Ein Arbeitsbuch zur Selbsthilfe,* Huber 2009).
26. Vicki S. Helgeson, Kerry A. Reynolds und Patricia L. Tomich, »A Meta-analytic Review of Benefit Finding and Growth«, *Journal of Consulting and Clinical Psychology* 74, Nr. 5 (2006): 797.

27. Viktor Frankl, *Man's Search for Meaning* (Boston: Beacon Press, 2006), 113 (dt.: *...trotzdem Ja zum Leben sagen. Ein Psychologe erlebt das Konzentrationslager,* dtv 2006).
28. Anne M. Krantz und James W. Pennebaker, »Expressive Dance, Writing, Trauma, and Health: When Words Have a Body«, in Ilene Serlin (Hg.), *Whole Person Healthcare,* Bd. 3 (Westport, Connecticut: Praeger, 2007), 201–229.
29. Die Geschichte von Shibvon und alle Zitate daraus stammen aus Kap. 2 von Gina O'Connell Higgins, *Resilient Adults: Overcoming a Cruel Past* (San Francisco: Jossey-Bass, 1994), 25–43. Zum Schutz der Privatsphäre hat Higgins das Pseudonym »Shibvon« verwendet und aufschlussreiche Einzelheiten zu den Personen in der Geschichte verändert. Die sonstigen Aspekte entsprechen laut Higgins den tatsächlichen Fakten.
30. Einen guten Überblick über die psychischen und physischen Folgen von Schicksalsschlägen in der Kindheit liefert Donna Jackson Nakazawa, *Childhood Disrupted: How Your Biography Becomes Your Biology, and How You Can Heal* (New York: Atria Books, 2015).
31. Diese Erkenntnisse stützen sich auf Forschungsergebnisse und sind auf der Website der Centers for Disease Control unter »Child Maltreatment: Consequences« zusammengefasst, cdc.gov/violenceprevention/ childmaltreatment/consequences.html.
32. Die Informationen in diesem Absatz stammen von Ann S. Masten, »Ordinary Magic: Resilience Processes in Development«, *American Psychologist* 56, Nr. 3 (2001): 227–238 sowie aus der E-Mail-Korrespondenz mit Masten im März 2016.
33. Zu den folgenden Absätzen über die Faktoren, mit denen sich Resilienz erklären lässt sowie den Zitaten der Kriegsgefangenen siehe Steven M. Southwick und Dennis S. Charney, *Resilience: The Science of Mastering Life's Greatest Challenges* (Cambridge: Cambridge University Press, 2012).
34. »Toxic Stress«, Center for the Developing Child der Harvard University, developingchild.harvard.edu/science/key-concepts/toxic-stress.
35. Dort predigte unter anderem der junge John McCain. Siehe Jill Zuckman, »John McCain and the POW Church Riot«, *Chicago Tribune,* 15. August 2008; und Karl Rove, »Getting to Know John McCain«, *Wall Street Journal,* 30. April 2008.
36. McGonigal, *The Upside of Stress.*

37. Der Einfluss von Erlebnissen im Kindesalter auf Stressreaktionen behandelt McGonigal, ebenda. Siehe auch Linda L. Carpenter, Cyrena E. Gawuga, Audrey R. Tyrka, Janet K. Lee, George M. Anderson und Lawrence H. Price, »Association Between Plasma IL-6 Response to Acute Stress and Early-Life Adversity in Healthy Adults«, *Neuropsychopharmacology* 35, Nr. 13 (2010): 2617–2623; sowie Pilyoung Kim, Gary W. Evans, Michael Angstadt, S. Shaun Ho, Chandra S. Sripada, James E. Swain, Israel Liberzon und K. Luan Phan, »Effects of Childhood Poverty and Chronic Stress on Emotion Regulatory Brain Function in Adulthood«, *Proceedings of the National Academy of Sciences* 110, Nr. 46 (2013): 18442–18447.
38. »The Science of Resilience and How It Can Be Learned«, *The Diane Rehm Show*, National Public Radio, 24. August 2015.
39. Michele M. Tugade und Barbara L. Fredrickson, »Resilient Individuals Use Positive Emotions to Bounce Back from Negative Emotional Experiences«, *Journal of Personality and Social Psychology* 86, Nr. 2 (2004): 320–333.
40. Beschreibung dieser Studie von Gregory M. Walton und Geoffrey L. Cohen, »A Brief Social-Belonging Intervention Improves Academic and Health Outcomes of Minority Students«, *Science* 331, Nr. 6023 (2011): 1447–1451; und E-Mail-Verkehr mit Walton im März 2016.
41. James L. Abelson, Thane M. Erickson, Stefanie E. Mayer, Jennifer Crocker, Hedieh Briggs, Nestor L. Lopez-Duran und Israel Liberzon, »Brief Cognitive Intervention Can Modulate Neuroendocrine Stress Responses to the Trier Social Stress Test: Buffering Effects of a Compassionate Goal Orientation«, *Psychoneuroendocrinology* 44 (2014): 60–70. Zudem kommunizierte ich zwischen dem 16. und 18. März 2016 per E-Mail mit Abelson über diese Studie.
42. Yeager et al., »Boring but Important: A Self-Transcendent Purpose for Learning Fosters Academic Self-Regulation«.
43. McGonigal, *The Upside of Stress*, 219.
44. Harold Kushner, *When Bad Things Happen to Good People* (New York: Anchor Books, 2004), 147 (dt.: *Wenn guten Menschen Böses widerfährt*, Gütersloher Verlagshaus 2010).
45. Meines Wissens pflegte der mittlerweile verstorbene Psychologe Christopher Peterson von der University of Michigan zu sagen, Resilienz sei die Fähigkeit, »richtig zu leiden«.

Sinnkulturen

1. Ich besuchte St. Mark's am 4. Oktober 2015 zur Messe und zur Komplet. Weitere Informationen über die Kirche und die Komplet stammen aus einem Gespräch der Autorin mit Jason Anderson am 5. Oktober 2015 sowie von Kenneth V. Peterson, *Prayer as Night Falls: Experiencing Compline* (Brewster, Massachusetts: Paraclete Press, 2013). Anderson ist der Leiter des Komplet-Chors der St. Mark's Cathedral, Peterson ein Chormitglied. Informationen zur Komplet auf der Website des Chors, complinechoir.org,
2. Die Komplet gibt es beispielsweise in der St. Andrew's Episcopal Church in Ann Arbor, Michigan, in der Christ Church in New Haven, Connecticut, in der St. David's Episcopal Church in Austin, Texas, und in der Trinity Church in New York City.
3. Peterson, *Prayer as Night Falls,* 9.
4. Paul Piff und Dacher Keltner, »Why Do We Experience Awe?«, *New York Times,* 22. Mai 2015.
5. Gene Weingarten, »Pearls Before Breakfast: Can One of the Nation's Great Musicians Cut through the Fog of a D.C. Rush Hour? Let's Find Out«, *Washington Post Magazine,* 8. April 2007.
6. Gregg Easterbrook, *The Progress Paradox: How Life Gets Better While People Feel Worse,* 250.
7. Siehe Putnam, *Bowling Alone: The Collapse and Revival of American Community;* sowie Stefano Bartolini, Ennio Bilancini und Maurizio Pugno, »Did the Decline in Social Connections Depress Americans' Happiness?«, *Social Indicators Research* 110, Nr. 3 (2013): 1033–1059.
8. Easterbrook, *The Progress Paradox,* 211.
9. Ronald Inglehart, *Culture Shift in Advanced Industrial Society* (Princeton: Princeton University Press, 1990) (dt.: *Kultureller Umbruch. Wertwandel in der westlichen Welt,* Campus 1995).
10. Robert William Fogel, *The Fourth Great Awakening and the Future of Egalitarianism* (Chicago: University of Chicago Press, 2000).
11. Damon, *The Path to Purpose: How Young People Find Their Calling in Life.*
12. Ich war am 13. Dezember 2014 bei der DreamCon und sprach mit Kanya Balakrishna sowie verschiedenen Schülern, die daran teilnahmen. Die Informationen zum Future Project stammen aus diesen Gesprächen sowie späteren E-Mails von Balakrishna und anderen an der Organisation betei-

ligten Personen. Forschungsergebnisse zum Programm Future Project finden sich unter: thefutureproject.org.

13. Gabriel Bauchat Grant, »Exploring the Possibility of an Age of Purpose«, papers.ssrn.com/sol3/papers.cfm?abstract_id=2618863.
14. Gespräch der Autorin mit John Jacobs am 12. Juni 2014 sowie Bert und John Jacobs, *Life Is Good: How to Live with Purpose and Enjoy the Ride* (Washington, D. C.: National Geographic Society, 2015).
15. Nach Aussage von Charles Veysey, Chief Business Optimist der Stiftung Life Is Good Kids Foundation, am 2. März 2016.
16. Einzelgespräch mit der Autorin am 3. November 2015.
17. Einzelgespräch mit der Autorin am 3. November 2015.
18. Einzelgespräch mit der Autorin am 3. November 2015.
19. Aaron Hurst, *The Purpose Economy: How Your Desire for Impact, Personal Growth and Community Is Changing the World* (Boise, Idaho: Elevate, 2014), 28–29. Am 3. Juni 2014 führte ich zudem ein Gespräch mit Hurst.
20. John Mackey und Raj Sisodia, *Conscious Capitalism: Liberating the Heroic Spirit of Business* (Boston: Harvard Business Review Press, 2014); siehe Anhang A, 275–289.
21. Rajendra S. Sisodia, David B. Wolfe und Jagdish N. Sheth, *Firms of Endearment: How World-Class Companies Profit from Passion and Purpose* (Upper Saddle River, New Jersey: Wharton School Publishing, 2007), 4.
22. Amy Adkins, »Majority of U.S. Employees Not Engaged Despite Gains in 2014«, Gallup, 28. Januar 2015.
23. Julianne Pepitone, »U.S. Job Satisfaction Hits 22-Year Low«, CNNMoney, 5. Januar 2010.
24. Zu »engagierter« und »deutlich eher bereit« siehe Tony Schwartz und Christine Porath, »Why You Hate Work«, *New York Times*, 30. Mai 2014. Zu »produktiver« siehe Forschungsarbeit von Adam Grant in Kap. 3 sowie Adam M. Grant, »Does Intrinsic Motivation Fuel the Prosocial Fire? Motivational Synergy in Predicting Persistence, Performance, and Productivity«, *Journal of Applied Psychology* 93, Nr. 1 (2008): 48–58.
25. Adam M. Grant, »The Significance of Task Significance: Job Performance Effects, Relational Mechanisms, and Boundary Conditions«, *Journal of Applied Psychology* 93, Nr. 1 (2008): 108–124.
26. Teresa Amabile und Steven Kramer, »How Leaders Kill Meaning at Work«, *McKinsey Quarterly*, Januar 2012.

27. Siehe Catherine Hawes, »Elder Abuse in Residential Long-Term Care Settings: What Is Known and What Information Is Needed?«, in Richard J. Bonnie und Robert B. Wallace (Hg.), *Elder Mistreatment: Abuse, Neglect, and Exploitation in an Aging America* (Washington, D. C.: National Academies Press, 2003); Claudia Cooper, Amber Selwood und Gill Livingston, »The Prevalence of Elder Abuse and Neglect: A Systematic Review«, *Age and Ageing* 37, Nr. 2 (2008): 151–160; sowie National Center on Elder Abuse, das Forschungen zur Misshandlung und Vernachlässigung älterer Menschen auf seiner Website zusammenträgt: ncea.aoa.gov/.
28. Die in diesem Absatz zitierten Studien wurden in einem Überblick über die Forschung zur Misshandlung älterer Menschen in Langzeit-Pflegeeinrichtungen zusammengefasst: Hawes, »Elder Abuse in Residential Long-Term Care Settings«.
29. Ellen Langer und Judith Rodin, »The Effects of Choice and Enhanced Personal Responsibility for the Aged: A Field Experiment in an Institutional Setting«, *Journal of Personality and Social Psychology* 34 (1976): 191–198. Zur Folgestudie siehe Judith Rodin und Ellen J. Langer, »Long-Term Effects of a Control-Relevant Intervention with the Institutionalized Aged«, *Journal of Personality and Social Psychology* 35, Nr. 12 (1977): 897–902. Eine Beschreibung dieser Studie findet sich auch in Ellen Langer, *Counterclockwise: Mindful Health and the Power of Possibility* (New York: Ballantine Books, 2009) (dt.: *Die Uhr zurückdrehen? Gesund alt werden durch die heilsame Wirkung der Achtsamkeit*, Junfermann 2011). Die Personen in der Experimentgruppe pflegten nicht nur die Pflanzen, sondern man sagte ihnen auch, sie seien selbst für ihren Tagesablauf und ihr Wohlbefinden verantwortlich. Den Personen in der Kontrollgruppe sagte man dagegen, das Pflegepersonal sei für sie verantwortlich.
30. Patricia A. Boyle, Lisa L. Barnes, Aron S. Buchman und David A. Bennett, »Purpose in Life Is Associated with Mortality among Community-Dwelling Older Persons,« *Psychosomatic Medicine* 71, Nr. 5 (2009): 574–579.
31. Neal Krause, »Meaning in Life and Mortality«, *The Journals of Gerontology Series B: Psychological Sciences and Social Sciences* 64, Nr. 4 (2009): 517–527.
32. Michael Steger, »Is It Time to Consider Meaning in Life as a Public Policy Priority?«, *Ewha Journal of Social Sciences* 30, Nr. 2 (2014): 53–78.
33. Gary J. Lewis, Ryota Kanai, Geraint Rees und Timothy C. Bates, »Neural

Correlates of the ›Good Life‹: Eudaimonic Well-Being Is Associated with Insular Cortex Volume«, *Social Cognitive and Affective Neuroscience* 9, Nr. 5 (2014): 615–618.

34. Patricia A. Boyle, Aron S. Buchman, Lisa L. Barnes und David A. Bennett, »Effect of a Purpose in Life on Risk of Incident Alzheimer Disease and Mild Cognitive Impairment in Community-Dwelling Older Persons«, *Archives of General Psychiatry* 67, Nr. 3 (2010): 304–310.
35. Eric S. Kim, Jennifer K. Sun, Nansook Park und Christopher Peterson, »Purpose in Life and Reduced Incidence of Stroke in Older Adults: ›The Health and Retirement Study‹«, *Journal of Psychosomatic Research* 74, Nr. 5 (2013): 427–432.
36. Eric S. Kim, Jennifer K. Sun, Nansook Park, Laura D. Kubzansky und Christopher Peterson, »Purpose in Life and Reduced Risk of Myocardial Infarction Among Older US Adults with Coronary Heart Disease: A Two-Year Follow-Up«, *Journal of Behavioral Medicine* 36, Nr. 2 (2013): 124–133.
37. Toshimasa Sone, Naoki Nakaya, Kaori Ohmori, Taichi Shimazu, Mizuka Higashiguchi, Masako Kakizaki, Nobutaka Kikuchi, Shinichi Kuriyama und Ichiro Tsuji, »Sense of Life Worth Living (Ikigai) and Mortality in Japan: Ohsaki Study«, *Psychosomatic Medicine* 70, Nr. 6 (2008): 709–715.
38. Michael Steger erwähnte dies in einem Vortrag bei einer Konferenz in Vancouver im Juli 2014.
39. Zur Forschung zum Zusammenhang zwischen Sinn und einer gesunden Lebensweise siehe Kristin J. Homan und Chris J. Boyatzis, »Religiosity, Sense of Meaning, and Health Behavior in Older Adults«, *The International Journal for the Psychology of Religion* 20, Nr. 3 (2010): 173–186; László Brassai, Bettina F. Piko und Michael F. Steger, »Meaning in Life: Is It a Protective Factor for Adolescents' Psychological Health?«, *International Journal of Behavioral Medicine* 18, Nr. 1 (2011): 44–51; sowie Carole K. Holahan und Rie Suzuki, »Motivational Factors in Health Promoting Behavior in Later Aging«, *Activities, Adaptation & Aging* 30, Nr. 1 (2006): 47–60.
40. Eric S. Kim, Victor J. Strecher und Carol D. Ryff, »Purpose in Life and Use of Preventive Health Care Services«, *Proceedings of the National Academy of Sciences* 111, Nr. 46 (2014): 16331–16336.
41. Aus einem Seminar, das ich im Mai 2015 bei Steger belegte.
42. »Ageing and Health«, World Health Organization, who.int/mediacentre/factsheets/fs404/en/.

43. »Rising Demand for Long-Term Services and Supports for Elderly People«, Congressional Budget Office, 26. Juni 2013.
44. Maclen Stanley, »The Pernicious Decline in Purpose in Life with Old Age«, *Psychology Today,* 15. April 2014.
45. Gespräch mit der Autorin am 10. Dezember 2014.
46. Blaise Pascal, *Pensées* (dt.: *Gedanken,* Anaconda 2011).
47. Dieses Beispiel stammt von der Encore-Website.
48. Dieses Beispiel stammt von der Encore-Website.
49. »Global Age-Friendly Cities: A Guide«, Bericht der Weltgesundheitsorganisation, 2007, who.int/ageing/ publications/Global_age_friendly_cities_Guide_English.pdf.
50. Die Informationen über die Initiative New York Age-Friendly stammen aus einem Gespräch der Autorin mit Lindsay Goldman, von der Website agefriendlynyc.com, die verschiedene Berichte über die Initiative enthält, darunter »Toward an Age-Friendly New York City: A Findings Report« (New York Academy of Medicine, 2008) und »Age Friendly NYC: Enhancing Our City's Livability for Older New Yorkers« (City of New York, 2009); sowie von Hari Sreenivasan, »Age Friendly New York City Helps Seniors Stay Active in the Big Apple«, *PBS NewsHour,* 4. September 2013.
51. »Experience Corps«-Programme gibt es in verschiedenen Städten, und Forscher haben untersucht, wie diese sich auf die beteiligten Schüler und Erwachsenen auswirken. Siehe »Research Studies«, AARP Foundation, Experience Corps, aarp.org/experience-corps/our-impact/experience-corps-research-studies.html.
52. Die Informationen über Isay und StoryCorps habe ich aus einem Gespräch mit Dave Isay vom 6. Oktober 2015 sowie aus Dave Isay (Hg.), *Listening Is an Act of Love: A Celebration of American Life from the StoryCorps Project* (New York: Penguin Books, 2007).
53. Siehe Greg J. Stephens, Lauren J. Silbert und Uri Hasson, »Speaker-Listener Neural Coupling Underlies Successful Communication«, *Proceedings of the National Academy of Sciences* 107, Nr. 32 (2010): 14425–14430; sowie Harvey Max Chochinov, Thomas Hack, Thomas Hassard, Linda J. Kristjanson, Susan McClement und Mike Harlos, »Dignity Therapy: A Novel Psychotherapeutic Intervention for Patients Near the End of Life«, *Journal of Clinical Oncology* 23, Nr. 24 (2005): 5520–5525.
54. Siehe Kathleen D. Vohs, Nicole L. Mead und Miranda R. Goode, »Merely

Activating the Concept of Money Changes Personal and Interpersonal Behavior«, *Current Directions in Psychological Science* 17, Nr. 3 (2008): 208–212; sowie Todd B. Kashdan und William E. Breen, »Materialism and Diminished Well-Being: Experiential Avoidance as a Mediating Mechanism«, *Journal of Social and Clinical Psychology* 26, Nr. 5 (2007): 521–539.

55. Gespräch mit der Autorin in und außerhalb der Kabine am 24. Oktober 2015.

Schlusswort

1. Gespräch mit der Autorin am 30. Mai 2014 sowie William Breitbart, »It's Beautiful«, *Palliative and Supportive Care* 9, Nr. 3 (2011): 331–333.
2. Zitiert in Melinda Beck, »A New View, After Diagnosis«, *Wall Street Journal*, 15. Juli 2009. Dieses und mehrere andere Zitate stammen aus Becks Artikel.
3. Dennis McLellan, »Dr. Jack Kevorkian Dies at 83; ›Dr. Death‹ Was Advocate, Practitioner of Physician-Assisted Suicide«, *Los Angeles Times*, 4. Juni 2011.
4. Marlise Simons, »Dutch Becoming First Nation to Legalize Assisted Suicide«, *New York Times*, 29. November 2000.
5. Ian Lovett, »California Legislature Approves Assisted Suicide«, *New York Times*, 11. September 2015.
6. Saskia Gauthier, Julian Mausbach, Thomas Reisch und Christine Bartsch, »Suicide Tourism: A Pilot Study on the Swiss Phenomenon«, *Journal of Medical Ethics* 41, Nr. 8 (2015): 611–617.
7. Colleen S. McClain, Barry Rosenfeld und William Breitbart, »Effect of Spiritual Well-Being on End-of-Life Despair in Terminally-Ill Cancer Patients«, *The Lancet* 361, Nr. 9369 (2003): 1603–1607; sowie William Breitbart, Barry Rosenfeld, Hayley Pessin, Monique Kaim, Julie Funesti-Esch, Michele Galietta, Christian J. Nelson und Robert Brescia, »Depression, Hopelessness, and Desire for Hastened Death in Terminally Ill Patients with Cancer«, *JAMA* 284, Nr. 22 (2000): 2907–2911.
8. Eine Beschreibung der einzelnen Phasen findet sich in William Breitbart und Allison Applebaum, »Meaning-Centered Group Psychotherapy«, in Maggie Watson und David W. Kissane (Hg.), *Handbook of Psychotherapy in Cancer Care* (Chichester, Vereinigtes Königreich: John Wiley & Sons, 2011).
9. Zitiert in Beck, »A New View, after Diagnosis«.
10. Ebenda.

11. William Breitbart, Barry Rosenfeld, Christopher Gibson, Hayley Pessin, Shannon Poppito, Christian Nelson, Alexis Tomarken, et al., »Meaning-Centered Group Psychotherapy for Patients with Advanced Cancer: A Pilot Randomized Controlled Trial«, *Psycho-Oncology* 19, Nr. 1 (2010): 21–28; William Breitbart, Shannon Poppito, Barry Rosenfeld, Andrew J. Vickers, Yuelin Li, Jennifer Abbey, Megan Olden, et al., »Pilot Randomized Controlled Trial of Individual Meaning-Centered Psychotherapy for Patients with Advanced Cancer«, *Journal of Clinical Oncology* 30, Nr. 12 (2012): 1304–1309; sowie William Breitbart, Barry Rosenfeld, Hayley Pessin, Allison Applebaum, Julia Kulikowski und Wendy G. Lichtenthal, »Meaning-Centered Group Psychotherapy: An Effective Intervention for Improving Psychological Well-Being in Patients with Advanced Cancer,« *Journal of Clinical Oncology* 33, Nr. 7 (2015): 749–754.
12. Zitiert in Beck, »A New View, after Diagnosis«.
13. Ebenda.
14. Eine Version des Sterbebett-Tests findet sich bei Peterson und Seligman, *Character Strengths and Virtues: A Handbook and Classification.*
15. Bronnie Ware, *The Top Five Regrets of the Dying: A Life Transformed by the Dearly Departing* (London: Hay House, 2012) (dt.: *5 Dinge, die Sterbende am meisten bereuen: Einsichten, die Ihr Leben verändern werden,* Goldmann 2015).
16. Für Frankls Geschichte habe ich mich auf folgende Quellen gestützt: Viktor Frankl, *Man's Search for Meaning* (dt.: *... trotzdem Ja zum Leben sagen. Ein Psychologe erlebt das Konzentrationslager);* Frankl, *Recollections: An Autobiography* (Cambridge, Massachusetts: Basic Books, 2000) (dt.: *Was nicht in meinen Büchern steht. Lebenserinnerungen,* Beltz 2002); Anna Redsand, *Viktor Frankl: A Life Worth Living* (New York: Clarion Books, 2006); und Haddon Klingberg Jr., *When Love Calls Out to Us: The Love and Lifework of Viktor and Elly Frankl* (New York: Doubleday, 2002) (dt.: *Viktor und Elly Frankl. Die Geschichte zweier außergewöhnlicher Menschen,* Facultas 2013).

Register